RESEÑAS PARA CARLA MORENO

"*En busca del Oro* es una maravillosa historia de lucha, aceptación, y de abrazar el poder de las fuerzas universales para transformarse en la búsqueda de la riqueza"

—Pat Hiban, cofundador de GoBundance, autor del *best seller*, según el *New York Times*, *6 Steps to 7 Figures*.

EN BUSCA DEL

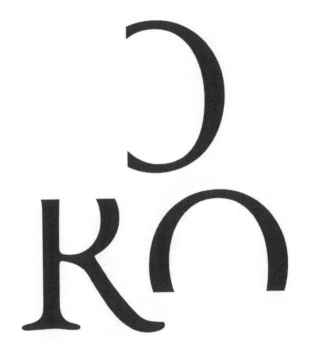

CARLA MORENO

LEGACY
launch pad
PUBLISHING

Traducido al Español por Carla Moreno y Javier Prieto

ISBN: 978-1-956955-57-6 (ebook)

ISBN: 978-1-956955-58-3 (paperback)

A mis padres, gracias por ser el cimiento que me ha permitido remontar el vuelo, y a mi esposa, mi alma eterna. Gracias por darme seguridad para mantenerme firme y, al mismo tiempo, mostrarme el valor para desplegar mis alas. Te amo.

ÍNDICE

UNAS PALABRAS DE LA AUTORA

"Eres un alquimista; haz oro de ello."

—WILLIAM SHAKESPEARE

La llegada a los treinta años trajo consigo una desoladora
tormenta de caos y confusión que me arrastró al borde del
abismo. Me sentía a la deriva en un mar emocional sin remos,
completamente perdida y desorientada; mi alma parecía desli-
zarse fuera de mi cuerpo, como la niebla que se disipa entre la
brisa. Sumergida en las profundidades de una crisis financiera,
legal y emocional, me encontraba en un plano desconocido,
como si una pieza esencial de mi ser hubiera desaparecido sin
dejar rastro.

En lo más profundo de mi dolor, me sumergí en la lectura
de los grandes pensadores y filósofos del pasado en busca de
respuestas y orientación. Descubrí que no era la única en
enfrentar estos desafíos. De repente, sentí que mi angustia e

incertidumbre tenían un mapa trazado por aquellos valientes que habían recorrido este camino antes que yo.

Cada uno de ellos bautizó con un nombre distinto a sus propias batallas, pero al final compartían una experiencia en común. Los antiguos chamanes atravesaban "el inframundo", San Juan de la Cruz se encontraba en una misteriosa "noche oscura del alma", mientras que para Dante era su propio "infierno". Todos ellos describían lo que Carl Jung denominó la "crisis de la mediana edad" y Sigmund Freud describió como "la muerte del ego". Al igual que los innumerables viajeros de este sendero, vi que, aunque nuestros sentimientos eran distintos, todos compartíamos una lucha común.

Me quedaba claro: estas historias narraban un proceso de transformación que ocurre en algún momento de la mediana edad, entre los treinta y tres y los cuarenta años; una travesía a través de un "infierno" personal desencadenado por una crisis o una pérdida desgarradora. Era un proceso de transformación arraigado en una muerte simbólica, a partir de la cual uno podía renacer y renovarse para trascender hacia una versión mejorada de sí mismo.

La transformación ha cautivado las mentes a lo largo de miles de años, desde los alquimistas herméticos hasta los psicólogos contemporáneos. Aunque la búsqueda inicial de transmutación de los alquimistas pudiera parecer física, intentando convertir plomo en oro, si lo contemplamos con una mirada más mística, podemos interpretarlo como un viaje interior destinado a convertirnos en mejores versiones de nosotros mismos y liberar nuestro máximo potencial. Es un proceso que trasciende lo material y se adentra en lo profundo de nuestro ser, explorando los rincones más oscuros de nuestra psique y desafiando nuestras limitaciones autoimpuestas. A medida que nos embarcamos en este camino de transformación, nos abrimos a nuevas perspectivas, superamos nuestras barreras internas y nos acercamos a una conexión más profunda con nuestro verdadero ser. La transformación es un viaje de autodescubrimiento y autotrascendencia, una búsqueda incesante de crecimiento y evolución que nos invita a explorar las profundidades de nuestra existencia y a manifestar nuestra auténtica esencia en el mundo.

Como un alquimista moderno, me sumergí en las profundidades de la reflexión interior durante mi crisis de la mediana edad. Reconocí mis errores y me enfrenté a verdades oscuras difíciles de aceptar. A medida que exploraba mi propio "infierno", la visión del sabio Hermes Trimegisto reveló el misterio que había sido un enigma sin resolver para mí: a veces, los momentos más oscuros de la vida pueden convertirse en nuestras mayores transformaciones, al igual que el alquimista que convierte el plomo negro en oro brillante.

A través de un proceso de refinamiento y transfiguración, el metal revela su esplendor después de pasar por tres etapas. La primera etapa, conocida como "Nigredo", representa su estado inicial oscuro y opaco. Luego, se somete a la purificación en la etapa del "Albedo", donde las impurezas se eliminan gradualmente y se despiertan aspectos luminosos y claros. Finalmente, llega a su forma más refinada en la etapa del "Rubedo", donde su belleza dorada se manifiesta plenamente.

De manera similar, descubrí que los momentos difíciles y las crisis personales pueden ser el crisol en el que se forja nuestra propia transformación. A través del proceso de enfrentar nuestras sombras, purificar nuestras emociones y reconstruir nuestra percepción de nosotros mismos, podemos emerger como versiones más auténticas y radiantes de quienes somos. La oscuridad se convierte en luz, y el caos se transforma en una nueva armonía.

Así, abrazando mi propia alquimia interna, me adentré en el proceso de transmutación, sabiendo que, en mi viaje hacia la autorrealización y el crecimiento personal, cada desafío y obstáculo tenía el potencial de convertirse en una oportunidad para desarrollar al máximo mis capacidades y manifestar mi propia belleza dorada.

La vida misma puede ser una alquimia de autodescubrimiento, un proceso en el que contemplamos nuestro cuerpo, mente y alma en busca del verdadero tesoro que llevamos dentro. En este viaje, nos encontramos con etapas que reflejan el proceso alquímico. El período de "Nigredo" representa esos momentos oscuros y desafiantes que la vida puede imponernos o que nosotros mismos creamos por elección. Aunque en estas circunstancias el dolor puede ser abrumador, también lleva consigo un potencial latente. Es en este estado de oscuridad que nos sumergimos en una profunda introspección, explorando nuestras sombras y desentrañando las capas más profundas de nuestro ser. A medida que nos adentramos en la etapa del "Albedo", comenzamos a purificar y transformar nuestras experiencias en sabiduría. Mediante la reflexión, el autoconocimiento y el trabajo interior, despojamos las impurezas que nos limitan y nos conectamos con nuestra esencia más auténtica. En este proceso, encontramos claridad y luminosidad, descubriendo nuevas perspectivas y posibilidades. Y finalmente, llegamos a la etapa del "Rubedo", donde el verdadero oro de nuestro ser se manifiesta en todo su esplendor. Aquí, abrazamos plenamente nuestra individualidad y nos convertimos en la versión más radiante de nosotros mismos. Es un estado de realización personal y una conexión profunda con nuestra propia esencia divina.

A través de fascinantes historias de crecimiento personal, te sumergirás en los recovecos de mi alma, donde descubrirás los desafíos que he enfrentado y las transformaciones que han surgido a partir de ellos. Encontrarás momentos de profunda introspección y descubrimientos reveladores, así como momentos de luz y esperanza que han iluminado mi camino. Desvelaremos verdades universales y valiosas enseñanzas que trascienden nuestras historias individuales. Encontrarás en estas páginas la regla tácita más valiosa que he descubierto: para atraer riqueza material, primero hay que adquirir la mentalidad necesaria. Este principio fundamental impregna cada página de este libro, acompañado de otros secretos que utilizo para cultivar no solo la riqueza material, sino también la verdadera armonía en la vida.

Juntos exploraremos los altibajos de la existencia humana, los desafíos y las adversidades que se presentan en nuestro camino. Descubriremos la belleza que se encuentra en la superación de los obstáculos y la transformación personal que se deriva de las mismas. A través de mis propias vivencias, te invito a reflexionar sobre tu propio camino y a descubrir las lecciones y las gemas de sabiduría que yacen en tus experiencias personales.

Este libro es un llamado a la introspección y a la reflexión, donde te guiaré hacia la comprensión de los principios que he descubierto y aplicado en mi vida. Exploraremos juntos la importancia de cultivar una mentalidad adecuada, de superar los miedos y las limitaciones, y de alinear nuestros pensamientos y acciones con nuestros deseos y objetivos.

Encontrarás inspiración y orientación para atraer no solo la riqueza material, sino también la prosperidad en todas las áreas de tu vida. Descubrirás cómo alcanzar una mentalidad de abundancia, cómo utilizar el poder de la visualización y la gratitud, y cómo superar los bloqueos y creencias limitantes que pueden obstaculizar nuestro crecimiento y éxito.

En mi camino hacia el logro de nuestro sueño multimillonario a través de la inversión inmobiliaria, mi esposa y yo hemos encontrado pruebas, maestros y principios de vida que nos han llevado al éxito. Reconocer y enfrentar con valentía tanto los momentos de luz como los de sombra es esencial para alcanzar cosas mejores en la vida.

En las profundidades de este libro, reside un secreto fascinante que puede llevar a los lectores a desbloquear un principio universal para manifestar todo lo que desean. Te invito a embarcarte en este viaje con una mente abierta e inquisitiva, descubriendo las valiosas lecciones que se encuentran en cada capítulo. Cada uno de ellos posee su propio descubrimiento especial que te guiará en un viaje mágico hacia increíbles posibilidades, al alcance de la imaginación.

Permíteme concluir con una cita de Buda, que resume de manera excepcional el mensaje central de este libro: "Te conviertes en lo que piensas. Atraes lo que sientes. Creas lo que imaginas." Reflexiona sobre estas sabias palabras y aplica sus enseñanzas en tu propia vida.

Que este viaje sea una experiencia reveladora y enriquecedora para cada lector, llevándolos hacia la realización de sus sueños y la manifestación de su máximo potencial.

—Carla Moreno, 2023

PRÓLOGO

ME SORPRENDÍ al pensar que mi abogado y yo habíamos llegado a un acuerdo. Parecía tan simple: aceptar hacer servicio comunitario en lugar de ir a la cárcel. Servicio comunitario en vez de la cárcel... Sin embargo, mientras me alejaba de la sala del tribunal, la incredulidad me embargó. El trato se había desmoronado y me quedaban apenas trece días para entregarme en la cárcel de Pasco, la misma ciudad donde supuestamente había cometido esos delitos seis años atrás. Un escalofrío recorrió mi espalda mientras la realidad se presentaba cruda y despiadada ante mí.

Me habían tendido una emboscada y ahora me enfrentaba a la perspectiva de la cárcel. Aunque la idea de estar encerrada era aterradora, lo que me causaba aún más temor era la posibilidad de aparecer en los titulares de la prensa local. Recordé cómo los periodistas tomaban frenéticamente notas durante los interminables 40 minutos que duró el juicio. Ellos, los mismos periodistas que habían escrito artículos elogiosos sobre mis logros profesionales apenas unos años atrás. Qué irónico, pensé.

Ahora estaban allí para documentar este humillante espectáculo.

Sabía que era solo cuestión de tiempo antes de que todos esos artículos condenatorios circularan por internet, y eso me llenaba de angustia. Mi libertad, mi autoestima y mi reputación estaban a punto de ser pisoteadas. Cabizbaja, me dirigí lentamente hacia mi coche, deseando que los trece días se detuvieran en el tiempo.

La fecha límite para entregarme coincidía exactamente dos semanas antes de mi trigésimo tercer cumpleaños, y allí estaba, puntual a las cinco en punto, con mi esposa y mi madre a mi lado. Mientras nos acercábamos en el coche al edificio, una fachada de ladrillo blanco resplandeciente se alzaba frente a nosotros. Pero al dar la vuelta hacia donde debía entrar, nos encontramos con una realidad diferente: un sombrío callejón oscuro que conducía a unas pesadas puertas de metal, junto a las cuales había una ventana opaca junto a un intercomunicador.

Estacionamos el coche y avanzamos cautelosamente por el callejón, con los ojos vigilantes en busca de cualquier otro movimiento, mientras yo presionaba el botón del intercomunicador. Repentinamente, un chirrido repentino me hizo estremecer: un par de cuervos atacaban ferozmente a una rata desprevenida. ¡Qué asco!, pensé. Un momento después, el interfono gris rompió mis pensamientos con su chillido estridente.

"¿Puedo ayudarle?", preguntó una voz apenas audible desde detrás de la pequeña caja de metal. Solo me quedaban unos instantes de libertad, así que, respirando hondo, aclaré mi voz para anunciar mi llegada.

"Soy Carla Moreno y vengo a entregarme", dije.

"Vamos a buscarla", respondió la voz. "Espere cinco minutos".

Los rostros doloridos de mi madre y mi esposa parecían llorar en silencio, pero ambas optaron por no hacerlo; en su lugar, sonreían tratando de ocultar su dolor.

"Todo estará bien", dijo mi madre con la voz temblorosa.

Mi corazón latía como si intentara escapar de mi pecho. Con un fuerte golpe, las puertas se abrieron y un par de guardias se acercaron inquisitivamente para inspeccionarme, como un profesor que revisa una redacción en busca de errores. No perdieron tiempo en comprobar quién sería la siguiente en llevar las esposas: yo.

Me giré para ver a mi esposa y a mi madre, cuyos labios temblaban al igual que los míos. Mi madre se acercó y me susurró al oído mientras me abrazaba:

"Eres muy valiente".

Mi esposa me siguió con un beso en la mejilla. Estaba decidida a no derramar lágrimas al despedirse.

"Te veremos pronto, mi amor", dijo ella. No voy a llorar, no voy a llorar, me repetía a mí misma.

"Nos vemos pronto", respondí con angustia, tratando de ignorar la voz de mi abogada que resonaba en un rincón de mi mente:

Me duele decirlo, Carla, pero intenta pasar desapercibida como latina. Aún no eres ciudadana, y si inmigración se entera de que estás aquí y considera que tu crimen es de vileza moral, podrían llevarte al Centro de Deportación de Tacoma tan pronto como cumplas tu condena, aunque seas residente permanente.

Con el corazón encogido, sabía que mi apellido latino podría llamar la atención innecesariamente. Muchas cárceles se comunicaban con inmigración y hacían preguntas a los reclusos con apellidos hispanos, incluida la de Pasco. Por un momento, mi mente se llenó de imágenes y pensamientos sombríos, pero hice un esfuerzo por sacudirlos.

Puse cara de valiente ante mi madre, asegurándole que solo

serían diez días. Sin embargo, tanto mi esposa como yo comprendíamos los peligros que enfrentaba, pero decidimos evitar explicarlo todo y añadir más sufrimiento a mi madre.

Seguí a los guardias y, con un fuerte estruendo, las puertas de acero se cerraron detrás de mí. Me escoltaron por un interminable pasillo hasta que finalmente llegamos a nuestro destino: el escritorio donde me registrarían. Registraron mis bolsillos, tomaron mis huellas dactilares y mi foto policial mientras unas ominosas luces fluorescentes iluminaban nuestro intercambio. Luego, la guardia me entregó una bolsa de plástico que contenía todo lo que necesitaría para estar entre esas paredes: un conjunto naranja que simbolizaba la captura y una muda de ropa interior.

"Lavamos la ropa una vez a la semana", me dijo, "así que trata de mantener esto limpio". Después de recibir sus instrucciones, pasamos a una habitación contigua donde me pidió que me desnudara frente a ella y pusiera mis prendas en una bolsa de plástico.

Antes de ponerme el uniforme naranja, las instrucciones eran claras: debía inclinarme para toser, para que ella se asegurara de que no hubiera ningún estupefaciente oculto en mi interior. Me incliné y sentí como una cuerda invisible de vergüenza tiraba de mí hacia el suelo, una oleada de humillación que amenazaba con engullirme por completo.

Tras superar con éxito la minuciosa revisión, me cubrí el cuerpo con el uniforme y me preparé para lo que me esperaba. Dos guardias solemnes me acompañaron a través del mismo pasillo laberíntico, su silencio solo interrumpido por los chiflidos y las miradas de otros reclusos que sentía como flechas ardientes clavándose en mi piel. Pasamos junto a una celda donde había alrededor de veinte hombres dándose codazos para tener la oportunidad de asomarse por la única diminuta ventana que había. Un escalofrío me recorrió la espalda mientras se asomaban como animales salvajes hambrientos en busca de carne fresca.

Los guardias me ordenaron que cogiera un colchón y una manta de un montón que había en el pasillo, pero mi atención fue desviada por un preso anciano que aporreaba desesperadamente su ventana. Incapaz de apartar la vista de él y de su mirada implorante, me acerqué lentamente a la pila de colchones que tenía delante. De pronto, mi mente se llenó de preguntas sobre por qué se había empeñado tanto en llamar mi atención.

Mi curiosidad se mezclaba con la inquietud mientras tomaba el colchón y la manta. Me preguntaba qué podía querer aquel hombre de mí, si necesitaba ayuda o si simplemente buscaba una conexión humana en ese lugar desolador. Sus golpes eran desesperados, como si quisiera transmitirme algo de suma importancia.

Los guardias me instaron a seguir adelante, pero mi instinto me empujaba a acercarme al anciano. Me acerqué a su celda, manteniendo la distancia necesaria para no infringir las normas, pero lo suficientemente cerca como para poder escucharlo si hablaba.

El preso me miró con ojos cansados y llenos de angustia. Sus labios temblorosos se abrieron y pronunciaron unas palabras apenas audibles: "Ten cuidado, no todos son lo que parecen". Su voz era un susurro cargado de misterio y advertencia.

Aquellas palabras resonaron en mi mente mientras los guardias me alejaban de la celda. Sentí un escalofrío recorriendo mi espalda y un nudo en el estómago. ¿Qué quería decir con eso? ¿A quién se refería? ¿Había algo más oscuro oculto tras las apariencias en aquel lugar?

A medida que avanzaba por el pasillo, las palabras del preso anciano seguían resonando en mi cabeza. Me di cuenta de que mi estancia en la cárcel no sería solo una cuestión de cumplir mi condena, sino que también tendría que enfrentarme a un mundo desconocido y peligroso donde la confianza y la sospecha serían moneda corriente.

Temblando de miedo, avancé por el pasillo hacia mi celda, abrazando mi colchón con fuerza, cuando otra figura desesperada captó mi mirada. A diferencia de los demás reclusos, cuyos actos de caos parecían ser meramente por diversión, él golpeaba la ventana con una intensidad que reflejaba una lucha desesperada por su vida.

"¡Déjenme salir de aquí!" gritaba desesperadamente, mientras golpeaba con todas sus fuerzas.

"¡Por favor!" gritaba, su voz cargada de un profundo tono de dolor. "¡Déjenme salir!" Sus súplicas resonaban cada vez más fuertes a medida que nos acercábamos; una súplica desesperada teñida de angustia. Sin embargo, sin siquiera reconocer su sufrimiento, los guardias me condujeron hacia el otro lado de la esquina y se alejaron en silencio. A nuestras espaldas sólo quedaban débiles ecos en lugar de la desesperación que antes se manifestaba en todo su esplendor. Tras un arduo recorrido, finalmente llegamos a mi guarida temporal: una pequeña y austera celda que mediría alrededor de cinco por siete codos. Unas frías paredes de cemento delimitaban el espacio con un retrete metálico que hacía las veces de inodoro y grifo para beber. Afortunadamente, todo parecía apuntar a que no tendría que compartir mi celda con nadie más. "Vas a estar aquí un par de horas hasta que te trasladen", dijo uno de los guardias, quien me observó mientras contemplaba el inodoro todo en uno. "Después te llevarán al área común junto con las demás reclusas." Agradecí la aclaración.

En la pequeña celda, mi corazón se aceleró ante la abrumadora sensación de confinamiento. Aunque había esperado que solo fuera cuestión de horas, la incertidumbre y el paso lento del tiempo comenzaron a afectarme. Traté de tranquilizarme con pensamientos optimistas, diciéndome a mí misma que todo estaría bien. Estoy bien, me repetía.

Las horas transcurrían en silencio, y sentía cómo mi cuerpo se envolvía lentamente en un frío perturbador. Cada movimiento se volvía más difícil, mientras el ambiente gélido y la desesperación se apoderaban de mí. Por más esfuerzo que hiciera para mantenerme caliente, la celda parecía volverse más fría a mi alrededor.

Mis pensamientos volvieron a aquel preso desesperado que gritaba por su libertad. ¿Qué le habría llevado a ese estado de angustia? ¿Cuántos más estarían sufriendo en silencio, sin esperanza de ser escuchados? La cárcel era un lugar lleno de historias truncadas y dolor, una amalgama de destinos rotos.

Conforme la luz del día se desvanecía y la oscuridad inundaba mi celda, me abracé a mí misma en un intento inútil por conservar el calor. Sola en aquel banco de cemento, encogida en posición fetal, sentía la desesperación caer sobre mí como la lluvia: mis lágrimas fluían sin cesar mientras me preguntaba cuánto más duraría esta insoportable espera.

Cuando el sol se ocultó y la oscuridad se apoderó del lugar, fui sobresaltada de mi sueño por un fuerte golpeteo en mi puerta.

"¡Moreno!" gritó un guardia. "¡Es hora de despertar! ¡Abre los ojos!" Al hacerlo, abrió la pequeña ventana de la puerta de mi celda y me entregó una bolsa de papel. Al mirar dentro de aquella misteriosa bolsa de color café, descubrí un trío poco tentador: un huevo duro, una manzana apenas crujiente y un trozo de pan.

"¿Qué hora es? Y, ¿cuánto tiempo ha pasado?" le pregunté ansiosamente.

"Son las cinco de la mañana," me respondió el guardia. "Llevas aquí doce horas."

"¿Sabe cuánto tiempo debo estar aquí antes de que me trasladen con las demás reclusas?" le pregunté, sintiendo la preocupación acumularse en mi pecho. Mi madre y mi esposa deben estar tan angustiadas por mí, pensé. Les prometí que las llamaría tan pronto me registraran.

"Ni idea", me respondió mientras se alejaba despreocupadamente. La presión en mi pecho se volvía cada vez más abrumadora con el paso de las horas, y la ansiedad que bullía en mi interior dificultaba mantener la compostura. A pesar de sentirme agobiada por la incertidumbre, el eco reconfortante de las palabras de consuelo de mi madre resonaba en mi mente: Todo estará bien, Carlita, todo estará bien...

Desesperada en mi celda, con el miedo agitándose en mi interior, mis oídos se aguzaron repentinamente ante un inquietante silencio. ¿Me habrían olvidado? ¿Se habrían ido todos los guardias sin recordar trasladarme? El pánico y la angustia se apoderaron de mi pecho, mientras una urgente necesidad de orinar me obligaba a acuclillarme.

En busca del equilibrio, me enfrenté a la situación. Me senté en aquel banco metálico helado, sintiendo cómo se aferraba a mí hasta los huesos. Después de recuperar la compostura, comencé a dar pequeños saltos de tijera, un intento desesperado de generar calor y recordarme a mí misma que aún estaba viva.

Arriba, abajo.

¿Qué depara el destino para mí?

Arriba, abajo.

Todo estará bien, esto pronto llegará a su fin.

Arriba, abajo.

Pero, ¿cuándo exactamente?

Arriba, abajo.

Si la inmigración me lleva, no volveré a casa por mucho tiempo.

Podría estar detenida durante meses.

Mientras miraba a través de la pequeña ventana de mi celda, con la sensación de que mi mente y mi cuerpo estaban a punto de colapsar, escuché los pasos de un guardia acercándose. Desesperada por obtener respuestas en ese extraño lugar que se había convertido en mi resguardo temporal, golpeé a la ventana para llamar su atención:

"Disculpe, oficial," le supliqué, "¿podría permitirme hacer una llamada, por favor?"

Su respuesta brusca fue simple pero escalofriante: "¿Por qué estás aquí?"

"Por fraude, pero..." intenté explicar.

"Debo consultar a mi supervisor", me interrumpió abruptamente, "pero no estará disponible hasta dentro de un par de horas".

"¿Qué hora es?", pregunté ansiosamente.

"Es mediodía", respondió.

"¿Podría darme un libro o algo de papel para escribir?" Mi mente se consumía y necesitaba desesperadamente encontrar alguna forma de pasar el tiempo.

"Nada de libros hasta pasadas setenta y dos horas", respondió el guardia. "Y debes comprar papel a través de la comisaría." Un nudo se formó en mi estómago al escuchar esta noticia.

"No estaré en esta celda durante setenta y dos horas, ¿verdad?" pregunté con temor. El guardia se rascó la cabeza mientras meditaba su respuesta.

"No lo sé", respondió. "Es posible que tengas que pasar toda tu condena en esta celda. El Covid está cambiando los protocolos normales de la cárcel." Con eso, se dio la vuelta y se marchó. Repentinamente consumida por el miedo, sentí como si las llamas del infierno quemaran mi piel mientras luchaba por mantener el control.

Si me dejan en esta cámara hermética un día más, pensé, no saldré de aquí siendo la misma persona. Lo sé. Un torrente de emociones se elevó en mi interior, barriendo mis defensas y arrastrando las lágrimas que centelleaban en su oleaje. El pánico recorrió mis venas como una corriente eléctrica, sin dejar parte de mí intacta; ni siquiera mi intento de respirar profundo podía protegerme de este intenso terror. Me sentía petrificada, excepto por un corazón tembloroso que martilleaba contra mi caja torácica como un trueno resonando en el cielo.

La sensación de unas garras desgarrándome las entrañas fue suficiente para ponerme los pelos de punta. Mi corazón se aceleró tanto que sentí sus latidos en la garganta, mientras una oleada de oscuridad me envolvía con sentimientos de traición y culpa, dejando un dolor más profundo que cualquier otra cosa. Nada podría haberme preparado para el dolor que me consumía desde adentro, algo que se asemejaba casi a la muerte misma.

Una vez más, corrí hacia el frente de la celda y golpeé la ventana con todas mis fuerzas.

"¡Alguien tiene que sacarme de aquí!" Con los puños en carne viva golpeando las paredes, grité desesperadamente, suplicando que alguien me salvara. "¡Solo quiero hacer una llamada telefónica!" Golpeé y golpeé, pidiendo a gritos que me rescataran. Luché con la idea de que nadie vendría en mi ayuda, al igual que nadie había venido en ayuda de aquel recluso que había visto el día anterior.

"¡Necesito llamar a mi esposa!" supliqué, llorando y golpeando la ventana. "¡Por favor! ¡Solo quiero decirle que estoy bien! ¡Por favor! ¡Sáquenme de aquí!"

UNO
CAMBIO

"Lo único constante en la vida es el cambio."

—HERACLITUS

Mis padres solían contarme historias cuando era niña, pero ninguna me fascinaba tanto como la historia de cómo se conocieron. Mi padre, con orgullo, me explicaba que nunca había terminado la escuela secundaria, pero que su inteligencia práctica y su conocimiento de los automóviles le permitieron triunfar como empresario. Además de administrar un concesionario de Volkswagen, también era propietario de diez taxis y una pequeña flota de camiones que prestaban servicios en la Ciudad de México. Fue a través del concesionario que conoció a mi madre.

"Ella era la nueva secretaria", me contaba con un brillo resplandeciente. "Desde el primer momento en que nuestros

11

ojos se cruzaron, sentí una chispa innegable que me impulsó a invitarla a salir de inmediato. Fue amor a primera vista."

"Y nunca me imaginé sentir tanta química con alguien", añadía mi madre con una sonrisa coqueta. "Cuando tu padre tomó mi mano para ayudarme a salir del coche en nuestra primera cita, sentí como una descarga eléctrica recorría todo mi cuerpo. Y cuando se acercó a darme un beso mientras saboreaba la cereza de mi sangría, supe que estaba locamente enamorada de él".

Después de una década de romance, un acontecimiento marcó un punto de inflexión en sus vidas. Mi madre sufrió un asalto en la Ciudad de México, lo que llevó a mis padres a tomar una decisión valiente. Decidieron mudarse a Guadalajara y formar una familia juntos. Mi padre dejó su exitoso mundo empresarial para unirse a mi madre y juntos emprender un nuevo camino: abrir un salón de belleza y tener un bebé juntos: yo. Con el carisma burbujeante de mi madre y la habilidad financiera de mi padre, el negocio cobró vida y nos permitió pasar la mayor cantidad de tiempo juntos como familia.

Aunque al principio parecía que sus vidas estaban envueltas en un romance celestial, con el tiempo, la historia completa comenzó a desplegarse, revelando sus matices más complejos.

Cuando mis padres se encontraron, mi padre aún estaba ligado a otra mujer: su primera esposa. Había asegurado a mi madre que estaba separado, pero seguía viviendo bajo el mismo techo con su exmujer para estar cerca de sus hijas.

Sin embargo, una llamada telefónica de su esposa dejó al descubierto una verdad que mi madre desconocía. Herida y traicionada, mi madre decidió poner fin a su relación con mi padre, descubriendo así el engaño que se ocultaba tras sus palabras. Sin embargo, el destino tenía otros planes y seis meses después, sus corazones se reconciliaron, sellando una promesa de devoción exclusiva hacia mi madre.

Cuando dejaron la Ciudad de México en busca de un nuevo comienzo, mi padre también llevó consigo a mis tres medias hermanas y a la madre de ellas.

Tomó esta decisión para mantenerse cerca de sus hijas, asegurándose de que su presencia y apoyo estuvieran siempre presentes en sus vidas. Al crecer, mis hermanas Raquel y Sandy desempeñaron un rol que influyó más en mi vida que el de Adriana. Esto se debió a ciertas diferencias con nuestro padre, que resultaron en varios años de falta de contacto entre ellos. Sentía una mayor cercanía con Raquel, la hermana mayor, ya que su hijo tenía solo un año más que yo y pasábamos más tiempo juntos, compartiendo experiencias y aventuras. Por otro lado, Sandy, la hermana menor, vivió brevemente en nuestra casa cuando tenía veintitrés años y yo apenas cinco. Para mí, fue un acontecimiento emocionante, pero me di cuenta de que el entusiasmo no era recíproco. Aunque esto no disminuyó mi afecto hacia ella, hoy reconozco que nuestras perspectivas y prioridades en ese momento eran diferentes.

Desde muy pequeña, sentía un vacío en mi familia, una ausencia que sabía que debía llenarse: la de mi medio hermano, Rolando, fruto del matrimonio anterior de mi madre. Aunque sabía de su existencia, no tuve la oportunidad de conocerlo hasta mi adolescencia. Su padre lo había llevado al extranjero cuando tenía apenas seis años, y desde entonces había desaparecido sin dejar rastro. Esto significó que la mayor parte de mi infancia transcurriera en compañía solamente de mis padres, y crecí y fui criada como hija única. En cuanto al resto de mi familia, a pesar de que vivíamos a una distancia relativamente corta de la Ciudad de México, a unos 432 kilómetros, rara vez nos veíamos. Nuestros encuentros se limitaban a contadas ocasiones, tal vez una vez cada tres inviernos.

De niña, me sumergía en el mágico mundo de nuestro salón de belleza familiar, donde el aire estaba impregnado de un embriagador perfume a tintes y laca para el cabello. Cada rincón de aquel lugar se convirtió en mi territorio de exploración a lo largo del tiempo. Desde los rincones más acogedores, donde me acurrucaba en mi cuna, hasta el misterioso "cuarto de preparación", al que mi madre se refería en voz baja y con reverencia. Era allí donde la alquimia de los colores cobraba vida. En ese santuario de la belleza, mi madre daba vida a las mezclas que transformarían el cabello de nuestras clientas. Cada frasco y cada tubo eran pinceles en sus manos, mientras ella pintaba lienzos de cabello con maestría y destreza. Yo observaba con fascinación, absorbiendo cada detalle y cada movimiento con ojos ávidos de conocimiento. A medida que crecía y adquiría experiencia, mi madre comenzó a confiar en mí. Fue entonces cuando me otorgó el privilegio de ayudarla en la mágica tarea de mezclar los productos. Juntas, nos convertimos en un dúo inseparable, fusionando colores y texturas con precisión y cuidado. Me sentía como una aprendiz en el arte de la belleza, siguiendo los pasos de mi madre y absorbiendo su sabiduría.

Mi madre poseía un don especial, una habilidad que trascendía la mera mezcla de colores: su capacidad para conectar con las personas iba más allá de las palabras.

Era como si tuviera una especie de magia misteriosa que le permitía ver y escuchar a cada individuo que cruzaba su camino.

Recuerdo claramente aquel momento en el salón, mientras mi madre se enjabonaba las manos en el lavabo. Con total naturalidad, me dijo algo que se grabó profundamente en mi corazón: "Creo que mi propósito en la vida es inspirar a la gente". Sus palabras resonaron en el aire, llenas de convicción y sabiduría. "Especialmente a ti, Carlita", continuó, con un brillo en los ojos. "Nunca olvides que lo que puedes lograr en esta vida no tiene límites, porque todo en la vida comienza con un pensamiento, y, al igual que el fuego enciende la leña, tus pensamientos pueden liberar un potencial sin medida".

"*¿Y, cómo hago para que mis pensamientos hagan eso?*" le pregunté, confundida.

"Es simple," me respondió suavemente. "Si puedes concebir lo que deseas en el ojo de tu mente, pronto aprenderás a manifestar su presencia en la realidad". Finalmente, cerró el grifo y se secó las manos.

"*¿Cualquier cosa* que desee?"

"Cualquier cosa," me respondió. "Siempre y cuando no le causes daño a nadie. Pero debes saber algo muy importante: todas las cosas requieren un intercambio; por lo tanto, para recibir algo, hay que ofrecer algo de igual valor a cambio."

"*¿Y, cómo hago para pedir?*" le pregunté nuevamente, intrigada.

"El Universo siempre está escuchando; muestra tu gratitud con cada respiración por lo que ya tienes, y después agradece por lo que estás a punto de recibir ¡incluso si lo que has pedido no haya llegado aún!", me respondió con seguridad.

De pequeña, esas instrucciones me parecían fuera de lugar. Pero cuanto más me las explicaba, más comenzaban a tomar sentido:

"El tiempo no es más que una ilusión; sólo existe el aquí y el ahora. Por eso debes agradecer a Dios y al Universo en tiempo presente siempre, incluso antes de que tu deseo se haya hecho realidad," añadió aquel día.

Mi madre hallaba deleite en sumergirse en un estado de armonía y serenidad, de manera que enfrentarse a un eventual cliente insatisfecho que perturbara su paz se convertía en un desafío. En esos momentos, ella cedía con gracia el timón de la responsabilidad a mi padre, quien manejaba con destreza las adversidades sin dificultad. Juntos, sus fuerzas antagónicas me brindaron una de las más preciadas enseñanzas de la vida: el poder del equilibrio. Al igual que el Yin y el Yang resplandecen en armonía, sus enfoques opuestos crearon una sinfonía que me transmitió valiosas lecciones acerca de las distintas perspectivas ante una situación. El salón de belleza de mi familia se erigía como un renombrado emporio en la localidad, atrayendo a personalidades influyentes como políticos y artistas famosos que acudían para dar color a sus cabellos y mimar sus pies. Mamá, aclamada como una de las estilistas más destacadas de la ciudad, recibía constantes invitaciones para participar en exposiciones internacionales de belleza en distintos rincones del mundo. Como un tributo a su deslumbrante éxito, mi padre y yo la acompañábamos en aquellos viajes de celebración.

"Somos los tres mosqueteros," solía decir mi padre. "Todos para uno y uno para todos."

En mi infancia, fui afortunada al ser testigo del inmenso amor que mis padres compartían. Las ingeniosas bromas de mi padre desataban en mi madre risas desbordantes, como si su felicidad no conociera fronteras, y a menudo se sumergía en la mirada de él. Los elogios a la belleza de mi madre por parte de mi padre eran constantes, mientras que el eco de sus desacuerdos parecía desvanecerse en la nada.

El amor de mi padre hacia mí resonaba con la misma intensidad que sus dulces serenatas al despertarme, entonando: 'Yo tengo una muñeca que dice te quiero, te adoro mi vida', y lograba que incluso sus desayunos más peculiares se volvieran apetecibles, como la yema de huevo cruda con azúcar añadida al jugo de naranja recién exprimido. Aunque a veces, me hacía hacer muecas yo sabía que cada desayuno era preparado con esmero y las mejores intenciones.

"Mi abuelita solía prepararme este mismo desayuno cuando era niño, antes de irme a la escuela", me contaba con nostalgia, mientras una sonrisa iluminaba su rostro y sus recuerdos cobraban vida.

Mi padre era una criatura compleja, capaz de experimentar un amor inmenso y dejarse llevar por arrebatos igualmente intensos. Nutrió mi creatividad con innumerables oportunidades en diferentes disciplinas artísticas, desde la pintura hasta el Tae Kwon Do, desde el periodismo hasta la natación. Cuando tenía tan solo diez años, me inscribió en el programa "Niños Triunfadores", que dio rienda suelta al escritor que llevaba dentro de mí, permitiéndome escribir artículos para nuestro periódico local. Aunque mi padre me adoraba, me resultaba difícil comprender por qué su humor cambiaba tan abruptamente en un abrir y cerrar de ojos. Su naturaleza vibrante parecía una fuerza misteriosa que mi mente joven no lograba comprender plenamente.

A la tierna edad de seis años, mi padre me brindó una lección temprana pero contundente. Mientras una cliente me saludaba, mi timidez me impedía responder adecuadamente. En ese instante, mi padre intervino decidido, utilizando su cinturón como herramienta disciplinaria para enseñarme una lección.

"Es por tu propio bien", me decía, mientras me golpeaba con el cinturón. "Solo te estoy enseñando a ser respetuosa con los clientes". Cuando mi madre se enteró, se enfureció. "¡Nunca más le vuelvas a golpear de esa manera, Carlos!" le advirtió. "¡Es solo una niña!"

"¡Debe aprender, Lina!" le respondió, imponiendo su opinión en las discusiones como siempre lo hacía. Por un lado, desde aquel día aprendí a saludar a los clientes con entusiasmo; sin embargo, por otro lado, nunca cesaron los golpes con el cinturón cuando él consideraba necesario impartirme una lección."

El dolor y la impotencia de mi madre eran evidentes cada

vez que descubría que mi padre me había golpeado en su ausencia, incapaz de defenderme. Podía percibir cómo su vitalidad se desvanecía, como si una parte de ella escapara hacia un pasado distante, dejando un vacío que resonaba con resentimiento y le recordaba a su propia experiencia con su padre.

Cuando mi madre era adolescente, presenció cómo mi abuelo golpeaba a su hermano menor por retrasarse en la cola para comprar un algodón de azúcar. Aquel acto de violencia le causó un dolor profundo, llegando incluso a fracturarle varios dientes. En defensa de su hermano pequeño, mi madre se levantó valientemente, solo para recibir una bofetada por parte de mi abuelo. El golpe fue tan fuerte que hizo que su boca sangrara durante todo el viaje de regreso a casa en el camión. A partir de ese momento, mi madre dejó de dirigirle la palabra directamente a mi abuelo durante los siguientes siete meses, pero el resentimiento permaneció en su interior mucho después de su fallecimiento.

Mi madre creía firmemente en que la disciplina se podía ganar a través del amor y las palabras, mientras que mi padre sostenía un enfoque diferente. Utilizaba el castigo físico para corregir, aunque luego intentaba compensarlo con salidas a tomar helado, dejando sus disculpas flotando en el aire. A pesar de que disfrutaba de su compañía cuando era pequeña, las cosas comenzaron a cambiar a medida que crecía.

Nuestra familia residía en un complejo de condominios y debajo de nuestra vivienda vivía Rosy, nuestra vecina, quien tenía una hija llamada Diana. Para mí, Diana era más que una simple conocida, era como una hermana, ya que compartíamos la misma edad y la experiencia de crecer como hijas únicas. Una tarde, la invité a mi casa para que me hiciera una visita, pero para mi sorpresa, llegó acompañada de dos compañeros de colegio cuyo espíritu revoltoso era ampliamente conocido. "¡No pueden quedarse aquí!" les dije con temor. "Voy a tener problemas con mi papá." Antes de que pudiera detener-los, ambos chicos irrumpieron en la casa como unos intrusos en la noche y se dirigieron directamente al cuarto de mis padres. Corrí tras ellos, pero antes de que pudiera hacer algo, tomaron un par de walkie-talkies que estaban sobre una cómoda y salieron corriendo de la casa con ellos.

Cuando mi padre preguntó por los objetos desaparecidos, sentí cómo mi corazón se subía a la garganta y el miedo me invadía por completo. Buscando desesperadamente evitar rendir cuentas y enfrentar su escrutinio, me aferré a una mentira: "No los he visto, papá", respondí con los labios temblo-rosos. Sin embargo, la chica de limpieza había presenciado todo lo sucedido y decidió confesarlo todo.

"¡Carla!" me gritó mi padre desde el piso de arriba. "¡Ven aquí inmediatamente!" Cada paso que daba, el terror se desli-zaba por mis venas como un río desbocado mientras ascendía las escaleras para responder a su llamado. Su voz resonaba con ira y familiaridad, recordándome años de palizas que seguían helándome hasta los huesos. La chica de la limpieza nos obser-vaba con ojos temerosos, demostrando que entendía lo que aquel momento significaba para mí.

Aquella noche, cuando mi madre regresó del trabajo y subió a su habitación, se sorprendió al encontrarse con una escena impactante. Allí estaba yo, sentada en el suelo del balcón, como una estatua de mármol, completamente inmóvil. Mis piernas estaban cubiertas de marcas rojas, resultado de los latigazos del cinturón de mi padre. Había suficiente sangre derramada que había atraído a un pequeño ejército de hormi-gas, que marchaban por mi cuerpo.

Las manos de mi madre se deslizaron con gracia y ternura para aliviar mi dolor. Me abrazó hasta que el temblor cesó y pude encontrar reposo en mi cama. Luego, se encaminó hacia donde estaba mi padre. Aunque no escuché los detalles de su discusión esa noche, el resultado fue que él dejó de golpearme, al menos por un tiempo.

Aquel día, mi madre y yo establecimos un acuerdo silencioso, un pacto para estar siempre allí la una para la otra. Era un pacto que resistiría las tormentas más intensas, sin importar los obstáculos que se interpusieran en nuestro camino. Aunque mi padre había dejado de golpearme físicamente, ahora usaba las palabras como un arma, y a menudo esas pequeñas dagas cortaban más profundamente que cualquier moretón o cicatriz. Siempre nos acusaba de estar en contra suya cuando discutía con mi madre, como si hubiera arrojado un hueso de discordia en medio de nuestra familia, generando una colisión entre fuerzas opuestas. Cuando mi padre lanzaba acusaciones, invariablemente señalaba con el dedo y gritaba: "¡Y tú eres la manzana de la discordia!"

A medida que crecía, la risa alegre de mi madre se desvanecía lentamente y las enfermedades se infiltraban en su cuerpo como un juego de escondite implacable. Con frecuencia, su cuerpo caía en las manos de médicos en un intento por sanar lo que mi padre llamaba "fragilidad". Enfrentándose a una enfermedad implacable, mi madre luchaba contra un bloqueo energético: la endometriosis, una plaga que invadía su cuerpo y le provocaba un dolor insoportable durante la intimidad. Esta tensión invisible hacía que mis padres parecieran más distantes de lo habitual.

Las peleas en nuestro hogar se volvieron más constantes y, a medida que las discusiones se intensificaban, mi madre fue perdiendo su propia voz mientras luchaba desesperadamente por mantener la paz. No sabía que al hacerlo estaba cediendo todo el poder a mi padre, quien reinaba sin oposición. Al darme cuenta de lo que estaba sucediendo, me encontré asumiendo el papel de defensora, a pesar de las consecuencias discordantes con mi padre.

Nuestra mayor batalla de voluntades se desencadenaba en el ámbito del vestuario y la moda. Yo exhibía mi libertad creativa con el cabello teñido de rosa, un piercing en la nariz y otro en la boca, y una variada gama de looks siempre cambiantes según las últimas tendencias.

Sin embargo, por más cuidadosamente confeccionado que estuviera cada conjunto, para papá siempre era demasiado corto, demasiado largo o simplemente "demasiado algo"."¿Por qué me haces esto?", me gritaba. "¡Tus hermanas mayores jamás se vestían así!"

"Papá, tengo quince años y quiero vestirme como yo quiera", le respondía con frustración. "No soy mis hermanas, estoy en proceso de cambio. Déjame descubrir quién soy y qué es lo que me gusta". Mientras exploraba mi imaginación, me sentía como una araña tejiendo una intrincada tela de sueños y deseos. Quería ser la araña maestra en la red de posibilidades infinitas, no la mosca atrapada en ella. Pero a medida que mi identidad cambiaba, también lo hacía su percepción de mí.

Sentía que había cierta sabiduría en mi juicio. ¿Por qué se debería considerar que explorar posibilidades es algo que tiene que terminar? Ni siquiera Benjamin Franklin podía responder a esa pregunta, ya que él mismo decía: "Cuando has terminado de cambiar, ya has terminado". Sin embargo, papá no veía las cosas de la misma manera. No podía aceptar que cambiara tan rápido. Quizás en su mente, mi transformación significaba una especie de final, como si le hubieran arrebatado algo que apreciaba sin posibilidad de recuperarlo. Papá hablaba del cambio como si fuera un monstruo temible que acecha en las sombras, mientras que yo recibía su suave susurro con los brazos abiertos.

Cuando cumplí los dieciséis años, mi mundo se vio sacudido por una nueva amistad. En el salón de belleza de mi madre, conocí a una empleada que se convirtió en una de mis confidentes. Pero eso fue solo el principio, ya que entre los miembros de su familia se encontraba Erasmo, y con su presencia surgieron sentimientos románticos entre nosotros, como pantalones cortos prohibidos en el calor del verano. Era una relación que desafiaba las normas sociales tradicionales que intentaban mantenernos separados.

"¡Él no está a tu mismo nivel!", decía mi padre enfurecido.

"¿Por qué no puedes salir con alguien más?"

"Su corazón no es diferente al de cualquier otra persona, papá", le respondía enérgicamente.

"Pero he invertido tanto dinero en tu educación", continuaba él. "Escuelas privadas bilingües para que aprendas inglés y construyas un futuro brillante junto a alguien brillante, y en cambio, estás desperdiciando todo al salir con este chico que ni siquiera habla inglés". ¿Y qué tenía que ver el idioma con el amor?, pensaba con frustración.

Mientras observaba a los chicos del colegio a mi alrededor, parecía como si la mayoría de ellos hubiera decidido adoptar un discurso en una lengua extraña, una pseudo sofisticación que no era en absoluto genuina. Pero luego llegó Erasmo, con una presencia auténtica y una humildad que me atrajeron profundamente.

Después de muchos desacuerdos y peleas, mi padre finalmente me permitió salir con él. Salimos durante el resto de la preparatoria, hasta que un día él me reveló sus planes de mudarse con su familia al otro lado de la frontera, a Estados Unidos. Me dijo que vivirían en un área llamada Tri-Cities, compuesta por tres pequeñas ciudades en el peculiar estado de Washington: Kennewick, Pasco y Richland.

Con los ojos brillantes, Erasmo me hizo una promesa: "No será para siempre". Dijo que ahorraría suficiente dinero para comprar una camioneta pick-up, la representación automovilística del sueño americano: una Ford F-150, y que con el tiempo regresaría por mí. Las calles estaban llenas de historias similares de grandes ambiciones, pero rara vez el viaje resultaba como se prometía. Mi voz interior me susurraba que esta no sería la excepción..

Como sospechaba, él llamó unos meses después para decirme que ya no regresaría, pero me propuso la idea de cambiar de vida y mudarme a Washington con él.

"¿Por qué no vienes aquí después de graduarte en el instituto?", me sugirió. "Seguro que puedo conseguirte un trabajo en el restaurante mexicano donde trabajo".

Mudarme a otro país y dejarlo todo por mi novio parecía una locura, pero al mismo tiempo parecía destinado a suceder. Blanche McDonald, una de las escuelas de maquillaje más famosas del mundo y a la que yo quería asistir, se encontraba en Canadá, a solo 369 millas de distancia de donde vivía Erasmo. Era una oportunidad difícil de resistir. Mientras la batalla en casa con mi padre se intensificaba día a día, un plan comenzó a formarse en mi mente sobre cómo hacer que todo sucediera. Tenía seis meses hasta el día de mi graduación para ahorrar suficiente dinero y poner mi plan en acción.

"Sin embargo, mi padre no estaba de acuerdo con el plan. "No puedo entender por qué sigues con ese chico", gruñó aquel día. "¡No sé qué le ves!" Respiré profundamente y me enfrenté a mi padre como un guerrero que desenvaina su espada antes de embarcarse en una batalla, y le dije: "Papá, no te estoy pidiendo ni tu dinero ni tu opinión; como mujer adulta que soy, te informo que me voy a Canadá tan pronto me gradúe". Acababa de cumplir los dieciocho y mi espíritu se sentía invencible.

"Si yo digo que no vas, ¡no vas y punto!", gritó él en respuesta. "¡Soy tu padre y haces lo que yo digo!"

"Ya no, papá", le respondí con determinación.

"Pues ya veremos", agregó él con un tono amenazador.

La tensión en casa era palpable, como un guiso a fuego

lento, y un domingo por la mañana esa tensión se desbordó en una erupción de emociones: la ira de mi padre estalló con tal fuerza que cuando regresé de pasear a nuestro fiel compañero canino, Terry, mi padre exclamó: "¡Ya lo he pensado mejor y no te dejaré ir, Carla!". Con la guardia baja, el tiempo pareció detenerse mientras mi corazón latía acelerado. Cada parte de su ser afirmaba esas palabras y no había duda de su determinación. Un momento de silencio pasó entre nosotros antes de que la realidad volviera a enfocarme...

"¿¡Me oíste!?", preguntó con ira en su voz.

"No puedes detenerme", dije simplemente. "¡Ya no soy una niña!", grité con fuerza, lo suficiente para sorprender tanto a él como a mí misma.

Tras escuchar esto, mi padre había llegado a su punto de ebullición, prácticamente temblando de una ira feroz que amenazaba con desatar algo más que palabras. Con su puño apretado, me hizo una advertencia:

"¡No me hagas hacer algo de lo que me arrepienta después!"

De repente, algo fuerte e inquebrantable se apoderó de mí: una revolución interna que se negaba a sucumbir ante sus arrebatos una vez más. En lugar de encogerme aterrorizada ante su amenaza, como tantas otras veces, algo me impulsó hacia adelante: una determinación que no estaba alimentada por el miedo, sino por el coraje.

"Ya no puedes golpearme como cuando era una niña", le grité sin retroceder.

"Adelante", continué. "Golpéame si te atreves".

En cuestión de segundos, pareció que un tornado nos había arrastrado. En un abrir y cerrar de ojos, los dos nos encontramos enredados debajo de la mesa del comedor. Nuestra pelea se volvió cada vez más salvaje hasta que mi madre entró en el torbellino para separarnos. Dudo que ni siquiera el tiempo supiera lo que ocurrió en aquellos fugaces instantes: todo lo que quedaba eran tres individuos aún aturdidos por la tormenta, a cinco metros de distancia de donde todo comenzó.

¿Qué carajos acaba de suceder? Cuando caí en cuenta de lo que sucedía, me encontré encima de mi padre, con la mano alzada en el aire preparándome para hacer contacto.

Era como si emergiera de un ensoñador trance para encontrarme atrapada en una terrible pesadilla que adquiría vida propia, tejiendo hilos de miedo y confusión a medida que los segundos se desvanecían. Los ojos de mi padre me escrutaban, rebosantes de asombro, incapaces de asimilar la cruda realidad que ambos enfrentábamos en ese instante fugaz. Me lanzó de un empujón... y en un instante comprendí por qué todo me resultaba tan familiar y, al mismo tiempo, tan surrealista: una parte de mí se sentía desprotegida e impotente, tal como había sido años atrás... Sin embargo, en esta ocasión, las cartas se habían mezclado de manera diferente y su disposición presagiaba un desenlace distinto.

Con el corazón latiendo frenéticamente y el rostro ensangrentado, atravesé corriendo el pasillo en busca de un teléfono que me brindara auxilio. Mi padre me perseguía como si fuera un monstruo surgido de una pesadilla, sus manos se agitaban en el aire mientras intentaba apresarme. Desesperada, alcé la mirada hacia el dormitorio y, con un pensamiento salvaje, me arrojé hacia el teléfono, anhelando contactar a alguien que pudiera socorrerme. Pero mi padre, con una determinación feroz, arrancó los cables del teléfono de su base, frustrando cualquier atisbo de pedir ayuda. En ese instante, el pánico se apoderó de cada rincón de mi ser, mientras luchaba desesperadamente por mantener la calma.

"Debo escapar de esta casa", me repetía una y otra vez, con mi cuerpo temblando incontrolablemente. Mis pies golpeaban los azulejos, desesperados por alcanzar mi destino: la puerta de

Rosy. Mi corazón resonaba fuertemente en mi pecho y mis piernas parecían volar mientras me abalanzaba en busca de ayuda, tropezando por el pasillo y girando como un trompo en cada tramo de escaleras, hasta que finalmente llegué a su puerta. Llamé furiosamente hasta que ella abrió, su rostro reflejando asombro. "¿Qué ha sucedido, por todos los demonios?", exclamó. Siguiendo mi instinto, me apresuré a entrar cuando ella me lo ordenó.

"¿Podría hacer uso de tu teléfono, por favor?" le supliqué a Rosy, ocultando la angustiante realidad de mi madre en peligro. Para responder a mi súplica y comprender la gravedad de nuestra situación, ella rápidamente lo depositó en mis manos.

Con un agarre tembloroso sobre ese objeto de salvación, realicé una llamada de emergencia y, doce minutos más tarde, unos golpes en la puerta anunciaron la llegada de dos guardianes ataviados con uniformes azul marino y blanco.

Los amables agentes ascendieron las escaleras, enarbolando su autoridad y determinación para proteger. Se erigían como pilares de fuerza en el umbral, llamando a nuestra puerta, sin percatarse de que también resguardaban mi frágil estado emocional para evitar que se desmoronara en un mar de aprensión inquietante.

Mi padre permaneció erguido y confiado al invitar a los agentes a entrar, en marcado contraste con mi propia incertidumbre. Con tazas de café en mano, cada uno compartió su versión de los acontecimientos de aquella mañana dominical, entrelazando nuestras perspectivas mientras ellos tomaban notas diligentes. En esta coreografía de relatos, mi padre puso el broche final:

"Como podrán comprender, no se puede permitir que los pájaros disparen a las escopetas", declaró con un aire déspota y autoritario.

Al escuchar esto, las expresiones severas de los agentes

revelaron su disgusto y se levantaron para preparar los engranajes de la justicia.

"Lamentablemente, tendremos que pedirle que nos acompañe a la estación, señor", pronunció uno de los oficiales. Mi padre luchó contra ellos durante unos instantes, pero finalmente cedió a su autoridad.

"¿Por qué se lo llevan?", pregunté con temor. La angustia me invadía mientras me preguntaba cuál había sido realmente mi intención al llamar a la policía. "Solo quería que lo calmaran. ¡Eso era todo!"

Erguidos frente a la puerta, ambos agentes hablaron en voz baja pero con firmeza: "Lamentamos tener que llevárnoslo. Debemos protegerlos de ustedes mismos, ya que a menudo son aquellos a quienes más aman quienes pueden infligir el daño más cruel cuando los ánimos se exaltan. Ocho horas serán suficientes para que su furia se enfríe y pueda regresar con tranquilidad."

Ocho horas más tarde, mi padre regresó a casa, pero en lugar de traer tranquilidad consigo, llegó aún más violento que cuando se fue. Su ira parecía haber alcanzado un nivel sin precedentes, mientras escuchábamos cómo despotricaba contra Sandy por la atroz situación:

"¡Estas malditas van a lamentarlo!", gritaba mi padre, sosteniendo el teléfono en modo altavoz para que pudiéramos escucharlo.

Durante los siguientes tres días, mi madre y yo nos encerramos en el refugio de mi dormitorio, solo saliendo a la cocina cuando mi padre no estaba a la vista. Permanecíamos en silencio, como ratones en busca de comida, hasta que el estruendo de armarios golpeando y puertas cerrándose de golpe se volvió insoportable.

"Mamá, no puedo más", le susurré en voz baja. "Tengo que irme de aquí". Las palabras brotaron de mis labios como una declaración de independencia. Mi corazón se llenó de tristeza por mi madre, pero también de esperanza por lo que podría encontrar al otro lado de la frontera: la oportunidad de liberarme de la volátil furia y agresividad de papá.

"Entiendo, Carlita", me respondió mi madre. Su voz temblaba como una cuerda tensa, apenas conteniendo su dolor. "Me duele en lo más profundo de mi ser que quieras irte, pero sé que debes hacerlo. Cuentas con todo mi apoyo".

Con determinación, nos pusimos en contacto con Erasmo y su familia para explicarles la situación. Mi madre escogió sus palabras con cautela al comunicarles: "Hemos atravesado por una situación difícil y necesitamos enviar a Carla a Norte América por un corto período de tiempo. Sería de gran valor si pudieran brindarle su apoyo".

Después de pasar horas al teléfono y de luchar contra el caos del destino, todo estaba preparado: me quedaría con la familia de Erasmo en Pasco mientras averiguaba los detalles restantes. Pasaron un par de semanas y, finalmente, mi padre y yo nos encontramos en la cocina por última vez, con las maletas bien empacadas y mamá esperando afuera, lista para llevarme al aeropuerto.

Con un susurro apenas audible, mi padre me preguntó si realmente me iba. Su voz temblaba de tristeza, como el susurro del viento entre las hojas al atardecer, mientras sus ojos se desorbitaban para ocultar la emoción detrás de delicadas lágrimas de dolor. Aunque esperaba su ira y furia, se limitó a asentir en señal de comprensión.

Nos miramos con una complicidad triste y sus palabras se deslizaron en el aire como si ya las hubiera pronunciado antes: "No quiero que te vayas y que nos distanciemos".

Detrás de nosotros, escuché la voz de mi madre llamándome: "¡Vámonos, Carlita! ¡Nos retrasaremos!". Con una última mirada y la promesa silenciosa de días mejores, ambos supimos que había llegado el día en que nuestros caminos se separaban.

"Tengo que irme, papá", le dije con la voz temblorosa. "Cuídate mucho, hija", me respondió. Con un ligero quiebre en su voz, miré a mi padre y le susurré adiós. Asintió con la cabeza, como si entendiera la necesidad del viaje que tenía por delante, y me abrazó por última vez. Nuestro momento terminó demasiado rápido; me dirigí hacia nuestro automóvil y coloqué mis pertenencias en el maletero con determinación, pero mientras nos alejábamos, la persistente imagen de mi padre en el espejo retrovisor me hizo dudar por un momento. Lo que parecía un momento decisivo de partida ahora se llenaba de incertidumbre.

¿Había tomado la decisión correcta? Solo el tiempo revelaría la respuesta.

En el coche reinaba un silencio denso que se iba intensificando a medida que nos acercábamos al aeropuerto internacional. Ambas éramos conscientes de lo que nos esperaba, pero nos negábamos a enfrentar la realidad: nuestra separación. De repente, al llegar a nuestro destino, una ola de emociones nos golpeó como un trueno, y nuestras lágrimas brotaron sin restricciones ni límites.

"Adiós, mi chiquita", me dijo mi madre con los ojos llorosos y la fuerza en sus labios. Me entregó un apretado manojo de esperanza que había logrado extraer de la caja de seguridad, un regalo de despedida mientras me aventuraba hacia lo desconocido. "Traté de juntar todo lo que pude para ti, pero ya sabes cómo es tu padre".

"Gracias, mami", le sonreí mientras me despedía con la mano. Con una última revisión de mi equipaje y el boleto en la mano, caminé sola por el bullicioso aeropuerto hasta que finalmente abordé el avión con destino a Pasco. Cómodamente sentada junto a la ventana, fue entonces cuando una inesperada oleada de emociones me arrastró y las lágrimas recorrieron mi rostro como si tuvieran sus propios planes para el despegue. Me estaba yendo, dejando atrás a mi madre. ¿Realmente la estaba dejando? ¿No podía venir conmigo? Sabía que no era posible. Su vida y sus posesiones estaban en México, ligadas al nombre de mi padre, quien le había prometido la mitad de su patrimonio en caso de divorcio. Pero ahora, la incertidumbre acechaba bajo esos acuerdos anteriores; quizás confiar ciegamente en él no había sido del todo sensato.

Mientras observaba por la ventanilla del avión, Guadalajara se hacía cada vez más pequeña y las palmas de mis manos comenzaron a sudar. Cada músculo de mi cuerpo se tensaba a medida que ascendíamos a través de las nubes ondulantes. Conforme el temblor del vuelo se volvía más constante, sentía cómo la ansiedad me aprisionaba con fuerza.

Me alejaba de todo lo familiar para adentrarme en una tierra extranjera desconocida.

Saqué el fajo de billetes que mi madre me había dado y conté quinientos dólares. Una punzada aguda atravesó mi abdomen mientras nuestro ascenso se volvía más pronunciado. *¡Estados Unidos, aquí voy!*

DOS

SUERTE

"La Suerte es lo que sucede cuando la preparación se
encuentra con la oportunidad."

—SÉNECA

DESPUÉS DE SIETE horas en el aire, las ruedas del avión
finalmente tocaron la pista en el aeropuerto de Tri-Cities en
Pasco. Allí, me esperaban Erasmo y un nuevo comienzo, una
oportunidad para escribir una historia propia.

Durante mi infancia, mi padre había plantado en lo más
profundo de mi corazón el sueño de una vida en el extranjero.
Vi cómo ese sueño floreció mientras él invertía su tiempo en
asegurarse de que tendría todas las herramientas necesarias
para perseguir la visión que tenía para mí.

"Quiero que estés preparada para que, algún día, puedas
cumplir el sueño que yo nunca pude materializar", solía
decirme. Desde muy pequeña, inculcó en mí el deseo de vivir

una vida sin límites, donde pudiera crecer más allá de las fronteras que nuestra tierra natal ofrecía.

Aunque sus raíces fueran mexicanas, algo llamaba a mi padre desde tierras extranjeras, una oportunidad libre de corrupción e inseguridades.

Al pisar suelo estadounidense, abrí las puertas a un nuevo capítulo de mi vida, uno en el que el impulso y la determinación que habitaban en mi interior no se verían mermados. Esta vez, no por la voluntad de otra persona, sino por mi propia tenacidad. Con Erasmo y su familia como mis sólidas raíces de apoyo, solo yo podía hacer florecer mi potencial y dar vida al sueño de mi padre a mi manera.

En los momentos de silencio mientras Erasmo y yo esperábamos mi equipaje, las palabras de mi padre volvían a mi mente: "¡Invertimos tanto dinero en tu educación como para que arruines tu futuro con ese noviecito tuyo!" Debía demostrarle a mi padre que estaba equivocado, que no desperdiciaría mi futuro.

Inmersa en este nuevo viaje en la tierra de las oportunidades, estaba decidida a aprovechar al máximo las herramientas que mis padres habían depositado en mí con tanto esfuerzo. Mi padre me había infundido una fortaleza inquebrantable en mi ser, y con la guía de mi madre, adquirí la fuerza mental necesaria: la creencia de que incluso lo aparentemente imposible puede convertirse en realidad. Con el coraje recién descubierto ardiendo en mi interior, había llegado el momento de forjar un camino de autodescubrimiento en el que mi esencia personal se convirtiera en parte fundamental de esta ecuación.

El sabio consejo de mi madre resonaba en mi mente: "Si deseas algo con suficiente fuerza, puede hacerse realidad." Ella no solo creía en esta arraigada verdad universal, sino que también sabía que yo tenía el poder de emplearla y convertir todos mis sueños en realidad, siempre y cuando me enfocara en ello. A partir de ese momento, me impuse un propósito: descubrir lo que era realmente posible.

Sintiéndome valiente y segura al día siguiente, preparé el look más atractivo que pude reunir. Con mi nuevo coraje como compañero, Erasmo me llevó al Columbia Mall, el único centro comercial de Tri-Cities. A medida que nos adentrábamos en sus amplios pasillos repletos de tiendas de moda, divisé la brillante tienda de cosméticos MAC, que parecía hacer señas para que avanzara en mi misión.

Al llegar allí, con la palma de mi mano sudorosa, me acerqué decidida a la cajera. Me presenté con confianza y recibí una cálida sonrisa a cambio. La cajera me entregó un formulario de solicitud, el cual completé rápidamente frente a ella. Había llevado todos los documentos necesarios bajo el brazo y pregunté si podíamos realizar una entrevista en ese mismo momento con la gerente. La cajera sonrió.

"Me encanta tu entusiasmo", dijo la joven mientras revisaba mi aplicación. Yo le devolví la sonrisa.

"Pero parece que olvidaste completar algo", me dijo con voz avergonzada. Hizo un gesto para que mirara más de cerca el papel, su uña pintada de esmalte negro e impecablemente cortada señalando una línea vacía sin rellenar. "Querida, ¿tienes un número de seguro social que puedas añadir para ingresarte en nuestro sistema?" Su pregunta hizo que la pena recorriera hasta la punta de mis dedos de los pies.

"Bueno..." tartamudeé, girando la solicitud hacia ella una vez más y señalando otras líneas. "Aún no lo tengo, pero... ¡tengo otras cualidades que valen mucho más!" Llena de confianza, resalté mis fortalezas. Destaqué que, a pesar de mi juventud, tenía una valiosa experiencia en maquillaje gracias a mi trabajo en el salón de mis padres desde los quince años.

"Lo siento, cariño", respondió con una sonrisa incómoda, "pero necesitamos ese número, así que regresa cuando lo tengas, ¿de acuerdo?" Se disculpó y atendió a otros clientes que habían escuchado toda la conversación.

El rubor de la vergüenza aún permanecía en mis mejillas mientras volvía a casa. Sabía que estaba equipada con un arsenal de conocimientos en belleza, así como con excepcionales habilidades de atención al cliente, pero no tener ese importante número de nueve dígitos significaba una cosa: no había trabajo para mí.

"Te lo dije", me recordó Erasmo, "en la mayoría de los lugares te lo van a pedir. La buena noticia es que hablé con mi jefe y aún podemos conseguirte un trabajo en el restaurante. De esa manera, podemos ir y volver juntos y evitarnos más complicaciones".

Había un solo automóvil para toda la familia de cinco, ahora incluyéndome a mí. Su madre y su hermana trabajaban en el mismo asilo de ancianos, mientras que Erasmo y su padre laboraban en el mismo restaurante. *Es verdad,* pensé, *trabajar con ellos en el restaurante es probablemente lo mejor... al menos por ahora.*

En casa, esa noche, apagué las luces para ir a dormir. En el tranquilo crepúsculo, me sentía pequeña y sola; me sentía atrapada entre el murmullo de los automóviles afuera de mi ventana y un océano de emociones dentro de mí. La tristeza se alzaba como olas que rompían en mi interior, y mis lágrimas amenazaban con desbordarse, pero las reprimí con dolor. Extrañaba a mi madre, mi hogar y mis amigos.

Un par de sollozos escaparon de mi boca antes de rodar sobre mi almohada, recordándome dónde me encontraba. *Cálmate,* pensé, tomando aire para intentar relajarme un poco. *No quiero despertar a nadie.*

Al día siguiente, Erasmo me llevó a Torito's, una cadena de restaurantes mexicanos donde él y su padre trabajaban como meseros. Al entrar, fui recibida por un alegre tintineo. Detrás de la caja registradora, se alzaban imponentes pilas de envases de comida para llevar, mientras que coloridos sombreros adornaban las paredes. Un mural con un calendario azteca en la entrada nos recordaba una cultura que había perdurado en el tiempo, aunque ya no estuviera presente en el mundo físico, pero seguía viva en nuestros corazones.

"Ella es Carla", dijo Erasmo al dueño mientras nos dábamos la mano. "¡Y viene lista para trabajar!"

No había tenido en mente ese trabajo en particular, pero era una oportunidad. Una bendición disfrazada que no requería un número de seguro social ni la necesidad de ajustarme a ciertos parámetros. Después de una breve entrevista, me uní al equipo y comenzaría a trabajar como anfitriona al día siguiente por la mañana.

Al llegar a Estados Unidos, me había enfocado en la mala suerte de no tener un número de seguro social en un principio. Sin embargo, trabajar en Torito's cambió mi perspectiva y me demostró que la "suerte" no existe, sino que es una combinación de preparación y oportunidades que se entrelazan de manera perfecta. Una hermosa armonía que refleja el hecho de que el éxito puede estar bajo nuestro propio control.

Seis meses después, la oportunidad tocó a mi puerta cuando Bella, una de las meseras y ahora mi amiga, me presentó a su querido mejor amigo.

"Carla, él es mi amigo Lucio", dijo Bella efusivamente aquel día, "¡es de quien te había hablado!" Lucio estrechó mi mano antes de llevarnos a su mesa. Su firme apretón de manos anticipaba su innata capacidad para cautivar: contaba chistes uno tras otro y atraía mucha atención. Después de que Bella terminó su turno, nos unimos a Lucio en su mesa y, más tarde, nos invitó a Erasmo y a mí. Influenciada por el encanto de nuestro recién conocido amigo, pasamos horas riendo y charlando.

En medio de la emoción, surgió el tema de mi habilidad para hablar inglés.

"Y, ¿lo hablas bien?" me preguntó Lucio con interés. "Sí, lo hablo bien", respondí entusiasmada.

"Deberías considerar ser intérprete", sugirió con entusiasmo. "Estoy a punto de lanzar mi propia empresa en Seattle, y podría contratarte si pasas el examen. Podrías ganar veinticinco dólares la hora, ¡el triple de lo que te pagan aquí!"

"¿En serio?" pregunté, sorprendida por la posibilidad. Bella también mostró interés al escuchar nuestra conversación. "¿Cómo funciona eso?"

"Es bastante sencillo", explicó Lucio con gesto despreocupado. Nos contó que obtener la licencia de intérprete era fácil. Señaló que en Washington había una gran cantidad de inmigrantes, trabajadores del campo y obreros que realizaban labores agotadoras, lo que a menudo los llevaba a sufrir lesiones.

"En el estado de Washington, existe un seguro para trabajadores en todos estos empleos", continuó Lucio. Explicó que cuando un trabajador hispanohablante se enfermaba o resultaba herido, los hospitales locales proporcionaban servicios médicos. Además, había una ventaja adicional: el gobierno pagaba a intérpretes especializados para garantizar una comunicación fluida sin malentendidos.

Lo que Lucio decía tenía mucho sentido. Grandes empresas locales contrataban intérpretes y los enviaban a cubrir diversas citas en las tres ciudades. La industria estaba en pleno auge, y cualquier persona bilingüe y ansiosa de conocimiento podría satisfacer su sed de aprendizaje al aprobar un examen y asegurarse una serie de trabajos interesantes.

"Suponiendo que supere esa prueba", le expliqué a Lucio, "el problema es que no tengo el número de seguro social. ¿Será eso un obstáculo?"

"De hecho, no", respondió. "Puedes utilizar un número de

identificación fiscal en su lugar. Bella, tú también deberías certificarte", le dijo, mirándola. "¡Puedo contratar a ambas!" El aire se llenó de expectación y nuestros ánimos se exaltaron a medida que profundizábamos en la conversación. "¿Tendría que mudarme a Seattle?", le pregunté emocionada.

"No realmente", me respondió Lucio. "Voy a comenzar mi empresa allá, pero mi plan es expandirme a Tri-Cities. Para el momento en que ambas hayan pasado su prueba, espero tener citas disponibles en cualquier ubicación que elijan". Claramente, Lucio parecía un hombre con grandes sueños. Conocerlo fue como encontrar la oportunidad que había estado buscando para aprovechar mis habilidades bilingües.

Lucio y yo conectamos de inmediato, como si fuéramos amigos de toda la vida. Empezamos a reunirnos con él y Bella casi todos los fines de semana para compartir nuestras alegrías con unas margaritas. Siguiendo el consejo de Lucio, decidí perseguir mis sueños como intérprete. El restaurante Torito's estaba ocupado de sol a sol la mayoría de los días de la semana, pero siempre que había calma, sacaba mis libros de examen para estudiar en secreto detrás del mostrador.

Después de tres meses de arduo trabajo y estudio riguroso, Erasmo finalmente me llevó a Yakima, una ciudad cercana, donde tomé el examen escrito. Estaba llena de emoción esperando los resultados, y poco después recibí las buenas noticias: ¡había aprobado! Ahora solo quedaba pasar la segunda parte de la prueba: el examen oral. Pronto, mi dedicación dio sus frutos, y después de aprobar ambos exámenes, finalmente obtuve la certificación oficial como intérprete médico.

Lucio ya se había mudado a Seattle, pero tan pronto como obtuve mi licencia de intérprete, quise llamarlo de inmediato para darle la buena noticia: ¡estaba lista para trabajar!

"Carla, mi empresa no despegó", me dijo con tristeza a través del teléfono.

"¿Cómo?", le pregunté sorprendida.

"Simplemente no funcionó", respondió. A pesar del encanto de Seattle, me dijo que estaba destinado a volver a casa. Pero cuando le pedí más detalles sobre por qué su negocio no había tenido éxito, se hizo evidente que había una tormenta perfecta de factores en juego: exceso de papeleo que lo agobiaba, costos elevados que lo afectaban y clientes difíciles que resultaron ser más problemáticos de lo esperado. Además, su socia apenas podía seguirle el ritmo debido a sus estudios.

"Pero tengo buenas noticias", me dijo. "Estoy trabajando como freelance con otra agencia por el momento, y puedo darte su contacto para que tú también trabajes con ellos".

Después de nuestra conversación, llamé al dueño de la empresa que Lucio me había recomendado y me presenté, explicándole que trabajaba en un restaurante por las mañanas pero que estaba disponible por las tardes. Un par de horas más tarde, me llamó para decirme que había conseguido un trabajo para mí.

El dueño me explicó que la agencia de traducción tenía contratos con todos los hospitales locales en Tri-Cities. Principalmente, cubrían citas estatales, tanto aceptando seguros para trabajadores a través del Departamento de Labor e Industrias (conocido como L&I por sus siglas en inglés) como aceptando el seguro estatal para personas con cupones médicos.

Después de unos días de ir y venir entre clínicas, finalmente me enviaron a un gran hospital para una cita desconocida. Sin saber lo que me esperaba, pero decidida a no dejarme disuadir por la incertidumbre, entré emocionada.

"¿Eres nuestra intérprete?", me preguntó la enfermera. Confirmé que sí lo era. "Bien", dijo, lanzándome una indumentaria médica junto con una mascarilla. "Te necesitamos en la

SP 9 lo antes posible, así que ve a cambiarte". "¿SP 9?", pregunté confundida.

"Sala de Partos", dijo la enfermera un poco impaciente, "habitación nueve. Por el pasillo". Mientras ella se alejaba apresuradamente, empecé a sudar. ¿*Cómo? ¿Iba a presenciar un nacimiento?* Mis citas anteriores habían sido en consultorios de clínicas, ¡no en una sala de partos! *No estoy preparada para esto,* pensé.

Por un momento, el miedo se apoderó de mí, insegura de si tenía el coraje suficiente para embarcarme en esta misión. Pero de repente, una seguridad interior llenó mi ser.

Confíaba en haber memorizado la mayoría de los términos médicos del examen y estar preparada con mi diccionario de medicina en caso de encontrarme con alguna palabra desconocida. Acepté el desafío. Lo más importante era que sabía que si no me sentía capaz de hacer el trabajo, podía llamar a alguien más cualificado para que me ayudara o me reemplazara.

"Roberta, ella es Carla", dijo suavemente una de las enfermeras, señalándome a mí y luego a la mujer acostada en la cama de parto frente a mí. Ella apretó mi mano con fuerza durante una de sus contracciones, y sentí como si los huesos de mi mano pudieran romperse. "Carla será tu intérprete hoy". Asentí con una sonrisa.

"Hola, Roberta", le dije lo más cálidamente posible. "No te preocupes, todo estará bien".

Servir de intérprete durante el parto de Roberta fue una experiencia de una intensidad sin igual. Las horas transcurrían, repletas de trabajo de parto y de mis traducciones entre los médicos, hasta que, de repente, algo pareció ir mal.

"El bebé viene de nalgas", dijo rápidamente el obstetra. "Tendremos que realizar una cesárea. Carla, por favor, comunícaselo a Roberta". La situación era abrumadora: un paciente que requería atención urgente, un médico entregando el diagnóstico y yo, encargada de comunicar todo con precisión. Tenía que transmitir información compleja de forma clara pero sensible, manteniendo la difícil línea entre el realismo y la calma. La gravedad y urgencia del procedimiento me exigían explicarlo todo en detalle al mismo tiempo que el médico hablaba, desafiándome más allá de lo que creía posible.

El anestesiólogo realizó una punción lumbar a Roberta para adormecerla de la cintura para abajo, mientras ella apretaba mi mano con fuerza. Su agarre se intensificaba a medida que avanzábamos hacia el quirófano, mientras una tenue sinfonía de maquinaria y equipos estériles nos adentraba en una sala cargada de expectación. Nerviosamente, ajusté mi bata quirúrgica mientras el anestesiólogo administraba más medicamento a Roberta. Solo quedaban dos latidos que resonaban al unísono en el electrocardiógrafo; con cada latido, mi súplica se hacía eco: *Por favor, que no haya mucha sangre, por favor, no permitas que me desmaye.* La frente del médico se cubría de sudor mientras manejaba hábilmente sus instrumentos quirúrgicos en medio del caos de gasas empapadas de sangre, sustituyendo cada uno para que un equipo de enfermeras lo limpiara después.

En medio de la vorágine, percibí un sonido similar al de un tejido desgarrándose: era el cirujano abriendo las capas superficiales de la piel de Roberta. "Debe abrirse de esta manera para una mejor cicatrización", explicó el obstetra al notar mi angustia desde detrás de su mascarilla. Aunque el médico me advirtió que podía sentirme mareada, para mi sorpresa, no ocurrió; en su lugar, quedé maravillada ante las habilidades de esas manos.

Después de una larga espera que pareció interminable, ¡finalmente llegó el momento! Entre lágrimas y aplausos, un paquete de felicidad emergió de entre las sábanas, llenando la habitación de alivio. Fue un momento deslumbrante e increíble, aunque había tanta sangre que el padre estuvo a punto de desmayarse.

"Felicidades", dijo una de las enfermeras con calidez mientras limpiaba al recién nacido. "¡Ya son padres!" Los tres miembros de la familia se abrazaron y lloraron de alegría. La expresión en el rostro de Roberta al ver a su hijo por primera vez fue un momento de felicidad que jamás olvidaré. Sin embargo, la experiencia dejó en mí una impresión tan profunda que me convenció de posponer la maternidad durante mucho tiempo.

Después de que las enfermeras vistieron y acunaron al recién nacido, un padre orgulloso y radiante de alegría fue escoltado fuera de la habitación, dejándome un poco aturdida pero extrañamente privilegiada por haber sido parte de todo aquello.

"Claro", respondí, sin saber si sentirme halagada o perturbada por lo que estaba a punto de presenciar. El doctor me hizo un gesto para que me acercara y, mientras caminaba nerviosamente hacia él, mis ojos se fijaron en sus diestras manos tejiendo punto tras punto en el abdomen de Roberta. De repente, una revelación me golpeó como un rayo: mi vida había cambiado en un instante. Jamás imaginé que, en menos de un año desde mi llegada a Estados Unidos, estaría traduciendo para un cirujano y ganando tres veces el salario mínimo, sin un diploma universitario.

Con el corazón nostálgico, las palabras de mi padre resonaban en los pasillos del tiempo. Recordaba con gratitud las oportunidades que tuve al recibir clases de inglés en un colegio privado desde una edad temprana. *Sí, papá, siempre te lo agradeceré*, le repetía una y otra vez, pero no fue hasta ese día que pude comprender plenamente su significado. El arduo trabajo de mis padres había dado frutos, permitiéndome obtener este empleo. Con la estabilidad recién encontrada en suelo estadounidense, los planes de emigrar a Canadá para estudiar se desvanecieron rápidamente.

Decidida a prosperar como lingüista independiente, estaba dispuesta a aceptar cualquier oportunidad que se presentara. No deseaba conformarme con el trabajo en el restaurante, así que me adentré valientemente en el mundo de la traducción en busca de independencia económica e intelectual.

Los días transcurrían de manera similar, hasta que la medianoche llegaba. En ese momento, mi mundo daba un giro cuando recibía una llamada de mi agencia de traducción que me despertaba de un sobresalto y me enviaba a una misión inesperada. Conduciendo rápidamente hacia el hospital, pasaba horas ayudando a los pacientes en la sala de urgencias. Una vez concluida mi jornada, regresaba a casa para tomar una ducha apresurada antes de enfrentar el ajetreo diario en el restaurante.

Después de semanas de malabarismos constantes entre dos trabajos, mi cuerpo y mi mente habían llegado al límite. Ya no podía mantener ese ritmo agotador; las sombras oscurecían por debajo de mis ojos debido a las largas noches, el sueño me eludía y el cansancio se apoderaba de mi ser. Sin embargo, en lo más profundo de mí, acechaba un miedo que me impedía abrazar por completo la idea de convertirme en autónoma y depender exclusivamente de la traducción como medio de sustento.

Dando un salto de fe, compartí mis inquietudes con Erasmo, expresándole mi deseo de dejar el restaurante. Sin embargo, mi propuesta fue rechazada de inmediato, aplastando mis esperanzas.

"Aún estamos viviendo con mi familia, Carla", me dijo ansioso. "Imagínate si renuncias, dejan de darte citas en la agencia y luego no puedes pagar tu parte de la renta. ¿Cómo se verá si vivimos aquí y no podemos cumplir con nuestros compromisos?" Era cierto que dividíamos los gastos entre los cinco, pero yo planeaba seguir cumpliendo con mi parte en ese acuerdo.

"No te preocupes por mi parte de la renta", respondí. "Si renuncio al restaurante y las cosas no funcionan en la agencia, ¡simplemente puedo volver a solicitar trabajo en ese u otro lugar!"

"No creo que sea una buena idea que renuncies a tu trabajo estable en el restaurante", insistió Erasmo con tono preocupado. "Tenemos demasiados gastos y el hecho de que no tengas un ingreso me pone nervioso". Erasmo y yo éramos bastante descuidados con nuestras finanzas; recientemente él había comprado la camioneta Ford F150 de sus sueños y el pago de ese préstamo nos estaba dejando sin dinero, se tragaba casi la mitad de nuestro sueldo con cada mensualidad debido a un exorbitante interés anual del 17%.

Mis frustraciones aumentaban a medida que anhelaba una presencia más firme en mi vida, alguien que me infundiera vigor y seguridad. Pero en lugar de eso, las dudas de Erasmo parecían socavar cualquier esperanza de encontrar una oportunidad laboral que me permitiera prosperar tanto profesional como económicamente. Deseaba contar con un sistema de apoyo inquebrantable que me impulsara en este viaje, en lugar de obstaculizar mi crecimiento infundiendo ansiedad en cada decisión.

"La oportunidad rara vez llama dos veces", le dije finalmente con determinación. "No te preocupes, esto no es algo por lo que debas pagar tú. Arriesgarse es la única forma de experimentar la vida, y si no damos un salto de fe de vez en cuando, nos quedamos estancados en el mismo lugar."

Al contemplar el cambio desde una perspectiva renovada, resultaba evidente que la traducción ofrecía mayores promesas. Aunque mis inicios en el restaurante habían sido enriquecedores, no auguraban un futuro prometedor y las condiciones laborales distaban mucho de ser idóneas.

Respiré profundamente y supe que había llegado el momento de dar el salto: abandonar mis turnos en el restaurante y dedicarme por completo a trabajar como traductora autónoma. Con el corazón acelerado y una confianza ferviente en mí misma, me lancé hacia esta emocionante oportunidad sin importar lo que Erasmo pudiera pensar.

Unas semanas después de establecerme en el mundo de la interpretación, pude entender bien cómo funcionaba. Cada hospital contaba con uno o dos intérpretes a tiempo completo, ya que resultaba costoso tener suficiente personal para cubrir todos los idiomas. Por lo tanto, los hospitales subcontrataban intérpretes a través de agencias para cubrir la mayoría de las citas.

Trabajar como freelancer para una de las principales empresas de traducción de la ciudad, como la que me empleaba, tenía sus ventajas y desventajas. Por supuesto, garantizaba un flujo constante de trabajo, pero también significaba renunciar a cierta libertad: mi tiempo ya no era exclusivamente mío, ya que debía estar disponible en cualquier momento si quería asegurarme un generoso ingreso al final de mes.

Cuando recibí mi primer pago de tres mil dólares un mes después, me quedé sorprendida. El hecho de pensar que podría ganar más del triple de lo que obtenía como anfitriona en el restaurante, invirtiendo la misma cantidad de horas, me parecía una fantasía hecha realidad. Y, como si el destino me hubiera respondido, sobre todo después de que Erasmo tuviera que llevarme en coche a todos lados, llegó el momento de permitirme algo especial. Aprovechando esta oportunidad, me compré el automóvil de mis sueños desde que era adolescente: un VW Escarabajo. Aunque era de segunda mano y de color negro en lugar de verde y nuevo, aun así, sentí una magia especial en él, y además, me brindaba una nueva independencia.

Después de seis meses navegando por el intrincado laberinto lingüístico como intérprete, me permití soñar un poco más. ¿Y si creara mi propia agencia? Parecía que lo único que necesitaba era obtener una licencia de negocios, tener un teléfono móvil y estar dispuesta a establecer relaciones clave con ciertas clínicas médicas. Mi mente estaba llena de posibilidades: sería un primer paso para crear algo nuevo a partir de una simple idea y un ardiente deseo. Sin embargo, esta idea también conllevaba riesgos: si la agencia con la que trabajaba se enteraba de mis planes de independizarme, dejaría de ser su intérprete preferida y me considerarían competencia.

Pero si lograba establecer mi propia agencia y encontrar clientes por cuenta propia, obtendría un 30% adicional que normalmente se quedaba la empresa, además de tener un mayor control sobre mi horario. Equilibrar los turnos nocturnos se estaba volviendo difícil, ya que casi ningún intérprete estaba dispuesto a asumir esas responsabilidades, y mi cuerpo ya estaba sufriendo las consecuencias. Le expliqué a Erasmo mi idea de crear mi propia agencia, pero él no compartía mi entusiasmo.

"¡Estás loca! Apenas estás comenzando con esto", me dijo, moviendo la cabeza con incredulidad. "¿Ahora quieres competir con estas grandes empresas? Según lo que me cuentas, ellas tienen prácticamente un monopolio, ¿cómo podrías lograrlo?"

"Hay suficiente trabajo para todos", le respondí pacientemente. "Y no planeo competir directamente con los hospitales". Le expliqué que mi plan se enfocaba en trabajar con clínicas más pequeñas que no tuvieran contratos con las grandes agencias. Además, solo me dedicaría a trabajar con clientes que tuvieran seguro a través del Departamento de Labor e Industrias, ya que son más fáciles de conseguir.

"Con suficiente persistencia, creo que puedo conseguir mis propios clientes", le dije con convicción. "Tengo confianza en mí misma y sé que puedo lograrlo".

"¿A qué te refieres con 'creo que puedo'?", exclamó él. "Solo tienes 19 años, Carla, y solo has sido intérprete por menos de un año. ¡No tienes ningún plan!" Erasmo y yo éramos dos mentes en diferentes frecuencias, luchando cada uno por sobrevivir pero sin lograr conectar.

Ya entendía cómo la mayoría de las empresas conseguían sus clientes. Básicamente, cuando alguien se lastimaba en el trabajo, su jefe los enviaba al hospital. Para cualquier interacción con el personal médico, los hospitales enviaban solicitudes a las grandes agencias en Tri-Cities, quienes luego enviaban intérpretes médicos para trabajar en esas citas.

Erasmo tenía razón: esas grandes empresas tenían un relativo monopolio local en servicios de interpretación, pero solo en los grandes hospitales y principalmente para facturar a las compañías de seguros médicos. Sin embargo, cualquier intérprete podía cobrar directamente al Departamento de Labor e Industrias con la documentación adecuada. También sabía que después de recibir el alta hospitalaria, el proceso de recuperación de los trabajadores no terminaba allí.

Cuando la gravedad de una lesión o enfermedad causaba otros problemas relacionados, los trabajadores a menudo tenían que buscar atención especializada en clínicas externas al hospital. Estos lugares también necesitaban intérpretes y eso abría más oportunidades para competir.

A pesar de presentar mi caso con pasión, Erasmo se mantenía inflexible en su creencia de que no era la elección correcta. Nuestras discusiones se volvían cada vez más insatisfactorias. Me costaba encontrar en él la misma chispa de entusiasmo que siempre me había brindado mi madre.

Si bien era cierto que no tenía que empezar en este preciso momento, lo único que deseaba era su apoyo y que creyera en mí. Pero en lugar de abandonar por completo mi plan, decidí llamar a la única persona en la que confiaba para obtener ayuda: Lucio.

"¡Hola Lucio!", le dije emocionada. "Tengo una pregunta para ti: si se me ocurriera la descabellada idea de iniciar mi propia agencia de traducción, ¿estarías dispuesto a ayudarme?"

TRES
VIBRACIÓN

"Nada descansa; todo se mueve; todo vibra."

—EL KYBALIÓN

DESPUÉS DE UNA breve conversación con Lucio, obtuve los detalles necesarios para crear mi propia agencia. Con solo unos clics en un formulario en línea y una tarifa de veinticinco dólares para obtener la licencia, The Language Spot emergió de las sombras como un ave fénix, orgullosamente proclamando su nueva identidad.

"También puedo enseñarte sobre el papeleo y mostrarte cómo facturar a cambio de unos cócteles", me ofreció. "Pero debes saber que existe una feroz rivalidad entre las pequeñas empresas locales, que han estado compitiendo por las citas de L&I durante años. No será fácil entrar en su terreno: verán tu entrada como una intrusión y harán lo que sea necesario para mantener lo que tanto les ha costado a lo largo de los años. Eso explica en parte por qué mi empresa no funcionó".

Sus palabras resonaron en mí, revelando un conocimiento intuitivo que incluso mi inexperiencia en la industria podía reconocer. Cada agencia protegía celosamente a sus clientes, como dragones que guardan su tesoro, en una batalla por el acceso a las clínicas.

Aunque las reglas dictaban que los pacientes podían elegir a cualquier intérprete certificado, las clínicas establecían relaciones con agencias específicas y las llamaban directamente cuando necesitaban ayuda. Debido a la interconexión entre las agencias locales, los intérpretes independientes se movían libremente entre ellas para cubrir las citas. Como resultado, todos los intérpretes se conocían y sabían qué agencias trabajaban con qué clínicas.

Afortunadamente, descubrí que había una clínica local llamada "Pasco Worker Care" que no tenía contrato con ninguna agencia. Después de visitarla y conversar con la recepcionista, supe que estaban cansados de las disputas entre las agencias de traducción y habían decidido romper con los convenios establecidos. En lugar de tener un contrato exclusivo, contactaban a diferentes agencias y ofrecían la oportunidad de traducir a sus clientes al intérprete que respondiera primero. Afortunadamente, esta clínica en particular recibía una gran afluencia de pacientes de urgencias, lo que significaba que había muchas citas potenciales en juego, brindando a las pequeñas empresas numerosas oportunidades para competir.

El enfoque de esta clínica era la velocidad: siempre buscaban la asistencia más rápida, escaneando su lista de agencias en busca de intérpretes que pudieran llegar en menos de quince minutos. Sabía que destacar entre la competencia sería difícil, pero no imposible. Además, tenía la ventaja de vivir a tan solo diez minutos de distancia de la clínica.

Con un firme compromiso de establecer una sólida conexión con el personal de la clínica, estaba decidida no solo a llegar antes que nadie, sino también a destacar por la calidad de mi servicio. Por lo tanto, desarrollé un plan: estar siempre lista para responder a la llamada y estar disponible en todo momento, sin rechazar nunca una oportunidad. Incluso si eso significaba interrumpir un evento social o despertarme con los primeros rayos del sol, estaba dispuesta a estar preparada para cuando la ocasión llamara a mi teléfono móvil.

Mientras intentaba ganarme a la clínica y comenzaba a recibir sus llamadas, me di cuenta de una revelación intrigante: *¿por qué había tantas citas de seguimiento disponibles?* Las agencias debían programar a sus intérpretes para dar seguimiento a los clientes, pero muchos intérpretes no cumplían con estas citas y abandonaban el escenario.

Observé que muchas agencias dependían en gran medida de las agendas en papel, que resultaban difíciles de controlar. Vi esto como una oportunidad y decidí aprovecharla. Utilicé la tecnología como mi aliada y me sumergí en el dominio de Google Calendar. Aprendí a utilizarlo de manera efectiva y se convirtió en una herramienta esencial para mí. La agenda electrónica se convirtió en una segunda naturaleza y me ayudó a evitar perder citas.

Mi determinación y puntualidad dejaron una buena impresión en la clínica, tanto que mi pequeña agencia comenzó a cubrir la mayoría, e incluso casi todas, sus citas médicas. Sin embargo, llegó un punto en el que la carga de trabajo era demasiado para una sola persona. Fue entonces cuando Lucio intervino y ofreció sus servicios como intérprete. Como también trabajaba a tiempo parcial como traductor en el hospital, estaría disponible para ayudarme cuando no estuviera ocupado.

Con el respaldo de Lucio y su experiencia, establecimos una tarifa de veintiocho dólares la hora para su trabajo, cinco dólares más que lo que la mayoría de las agencias pagaban a los subcontratistas en ese momento. Esta tarifa nos beneficiaba a ambos, y me pareció justa considerando su contribución en la creación de mi negocio.

Con la ayuda de Lucio, mi jornada laboral se volvió instantáneamente el doble de productiva. Yo me encargaba de gestionar las citas en un lado de la ciudad, mientras él atendía las citas en el otro extremo. A medida que mi empresa crecía, comencé a buscar a otros intérpretes para unirse a mi equipo.

Por suerte, Lucio me presentó a María, una amiga suya que cumplía con todos los requisitos y estaba dispuesta a trabajar como intérprete. Nos conocimos en un restaurante, y en cuanto nos vimos, María se abalanzó hacia mí con entusiasmo y me abrazó efusivamente.

"¡Dios mío!" exclamó emocionada. "¡Qué placer conocerte! Cuando vi tu perfil en Facebook, me sorprendió lo parecidas que somos, ¡podríamos pasar por hermanas!" Me quedé sorprendida por su efusividad y su abrazo apretado, como si estuviera siendo atrapada por Elmyra de los Tiny Toons.

"¿Hermanas?" le dije, confundida, mientras intentaba soltarme. "No lo sé, tal vez."

"Desde ahora, ¡te llamaré 'hermana' de cariño!" me dijo con una gran sonrisa.

Aunque apenas conocía a María, podía percibir su energía arrolladora. Era un tanto ruidosa y exagerada, pero parecía ser una intérprete competente. Decidí darle una oportunidad y aceptarla en mi equipo, confiando en que su entusiasmo y habilidades serían un aporte valioso para la agencia.

Con el paso del tiempo, decidí buscar a otras personas para unirse a mi equipo de intérpretes.

Una de las candidatas fue Bella, mi excompañera de trabajo en Torito's. Aunque le llevó algo de tiempo decidirse, finalmente se animó y programó el examen para obtener su licencia, lo cual le permitiría tener una fuente adicional de ingresos.

Durante mis turnos en otra clínica, tuve la suerte de conocer a Krystal. No solo era una asistente de fisioterapia con habilidades excepcionales en el servicio al cliente, y un dominio completo del inglés y el español, sino que también era una persona increíblemente agradable con quien hablar. Sus buenas vibraciones eran contagiosas, y eso me llevó a acercarme más a ella. Con el tiempo, nos convertimos en amigas cercanas y comenzamos a tener conversaciones más profundas.

Krystal compartió conmigo su interés en convertirse en intérprete, pero le habían dicho que no le convenía debido a la alta competencia en el campo. Sin embargo, la animé y le di toda la información necesaria. Le dije que si lograba obtener su certificación, podríamos trabajar juntas, ya que había comprobado personalmente que había suficiente trabajo para compartir.

Tanto Bella como Krystal superaron con éxito la parte escrita del examen de traducción, lo que les permitió obtener licencias provisionales. Sin embargo, solo Krystal logró superar con éxito la parte oral, lo que le otorgó una licencia permanente. Aunque deseaba poder asignar trabajo a Bella, sabía que no podría cubrir citas de L&I hasta que aprobara la otra parte del examen.

Sin embargo, Lucio tuvo una idea brillante: ofrecerle citas a Bella incluso antes de que L&I le asignara su propio número de proveedor. "Si quieres, puedes utilizar mi número para facturar", le dijo Lucio. Todo lo que tenía que hacer era llenar las facturas con la información de Bella y utilizar el número de proveedor de Lucio en lugar del suyo.

Aunque sabía que manipular el papeleo era arriesgado, estaba cada vez más ocupada y necesitaba toda la ayuda posible. Tenía confianza en las habilidades de Bella y estaba segura de que aprobaría la prueba oral, así que consideré esta solución como algo temporal para mantener las cosas en marcha. Y, efectivamente, Bella volvió a tomar el examen oral unas semanas después y lo aprobó.

Tomar riesgos era una parte necesaria del crecimiento de mi negocio, pero pronto descubrí que asociarme con el Departamento de Labor e Industrias implicaba tanto oportunidades inmensas como desafíos constantes. Por un lado, había una gran cantidad de citas disponibles, pero por otro lado, a menudo rechazaban los reclamos de seguros, lo que significaba que no pagaban los servicios de interpretación a pesar de que ya se hubieran realizado. Esto me obligaba a asumir costos adicionales y pagar a los intérpretes de mi propio bolsillo para asegurarme de que no se fueran con otras agencias.

Después de dos años de estabilidad pero poco crecimiento, las estrellas finalmente se alinearon una vez más. Recibí una llamada inesperada de una de las secretarias con las que me había contactado, y me brindó la oportunidad de conseguir mi segundo cliente importante: el Dr. Leenards.

Tras enterarme de la meticulosa atención que el Dr. Leenards prestaba a los detalles en su búsqueda del intérprete perfecto, una de sus clínicas de referencia se puso en contacto conmigo. Me explicaron que había ganado la oportunidad de formar parte de un equipo exclusivo encargado de interpretar para este eminente psicólogo. En ese momento, no sabía lo significativo que sería mi papel, tanto para él como para mí.

Al día siguiente, me arreglé y conduje hacia mi primera cita con el Dr. Leenards. Siguiendo una dirección un tanto misteriosa y guiada por mi curiosidad, pronto me encontré frente a una modesta casa privada enclavada en un tranquilo barrio residencial.

Después de estacionarme, respiré hondo antes de llamar suavemente a la puerta con tres golpes. Enseguida, un hombre amable de alrededor de ochenta años abrió la puerta. Sus ojos brillantes y su cálida bienvenida me hicieron sentir como si nos conociéramos desde hacía años. Aunque confundida, verifiqué rápidamente la dirección. Me sentí un poco avergonzada al pensar que tal vez me había equivocado.

"¡Ay, lo siento!", dije rápidamente. "Creo que tengo la dirección equivocada. Estoy buscando al Dr. Leenards".

"Oh, eres la intérprete de la agencia", respondió él con una gran sonrisa. "Mi oficina está en la parte de abajo, pero por favor, ¡pasa por aquí!" Al decir eso, abrió completamente la puerta y me guió a través de la cocina. Después de presentarme a su amable esposa, cuya sonrisa iluminaba la cocina con su calidez, seguí al Dr. Leenards escaleras abajo hasta un despacho que destacaba sorprendentemente en contraste con el ambiente acogedor del piso de arriba.

Mientras nos presentábamos, el Dr. Leenards cautivó mi atención con una historia de iluminación espiritual y amor poco convencional. Me contó que hace años había sido monje en Brasil, pero su vida dio un giro inesperado cuando contrajo malaria. Con valentía, abandonó la comodidad de los muros del monasterio en busca de atención médica. Sin embargo, parecía que el destino tenía otros planes para él. A los sesenta años, se encontró repentinamente con el amor y, después de recibir tratamiento, en lugar de quedarse en el extranjero, el destino lo llevó de regreso a Estados Unidos para continuar sus estudios superiores. Finalmente, se doctoró en Psicología y abrió su propio negocio de servicios de terapia energética desde la comodidad de su hogar.

Mi primera sesión con el Dr. Leenards fue una experiencia inolvidable.

Tomé asiento junto a Sofía, una mujer latina que parecía sumida en un profundo dolor. Habían pasado meses desde que un desafortunado accidente de tractor la había dejado con lesiones físicas y emocionales, profundas heridas que parecían resistirse a ser sanadas por la medicina o la cirugía. Sofía vivía con un temor inquietante ante cualquier sonido que recordara aquel incidente, lo cual dificultaba su proceso de recuperación y generaba impotencia. Con un aire misterioso, el Dr. Leenards invitó a Sofía a trascender las palabras y cerrar los ojos en señal de confianza. Tras unas respiraciones profundas, comenzó a utilizar técnicas que yo apenas estaba descubriendo: rituales de golpeteo que prometían cambiar los campos energéticos y el uso de cuencos tibetanos cuyas vibraciones suaves resonaban en todo el entorno. Pero eso no era todo; el Dr. Leenards también utilizaría la kinesiología para trabajar con las respuestas físicas intuitivas de los músculos de Sofía.

De repente, el Dr. Leenards dejó escapar sus palabras como una suave ola, calmando el aire inquieto. "Todo vibra; nada está inmóvil", dijo asombrado, como si él mismo estuviera cautivado por esta idea. "Todo tiene su propia frecuencia, incluso nosotros, porque estamos hechos de energía, y esa energía crea lo que somos: cuerpo, mente y alma, todo en armonía". Un momento después, continuó en un susurro suave: "Hoy te mostraré cómo utilizar tu mente para variar la intensidad de tus vibraciones". Recordé que mi madre me había hablado antes sobre manifestar nuestras realidades con la mente, pero ahora las cosas comenzaban a encajar. El Dr. Leenards afirmaba que estamos formados por una energía tan sutil que, al modificar su frecuencia, podemos alterar la realidad como si estuviéramos dirigiendo una orquesta musical.

A medida que continuaba traduciendo en las sesiones con el Dr. Leenards, se hizo evidente que él era un puente entre la ciencia y el arte, un alquimista capaz de ayudar a sus pacientes a transformar el daño en curación a través de su apertura de corazón y sabios consejos. Con cada encuentro, mi admiración por él crecía, y lo consideraba una de las personas más cautivadoras que había conocido.

El Dr. Leenards afirmaba que el bienestar físico se compone de tres aspectos: el cuerpo, la mente y el alma. Les decía a sus pacientes que debían olvidar los límites que creían que su cuerpo imponía, ya que no eran rival para el poder de una mente curada. "Pienso, luego existo" no es solo una frase vacía; lo que nos decimos a nosotros mismos tiene implicaciones reales y puede manifestarse físicamente cuando utilizamos nuestra energía mental de manera adecuada.

Explicaba que las emociones y los pensamientos son simplemente vibraciones de energía, y que cada sentimiento emana una velocidad única. Incluso el ritmo de nuestras pulsaciones varía según nuestro estado emocional: es más lento cuando estamos tristes y más rápido en momentos de alegría, como una noche de verano.

El Dr. Leenards aseguraba que nuestras vidas son un reflejo de la energía que decidimos emitir. Si nos sumergimos en la negatividad, nuestro entorno también se verá afectado. Por el contrario, si irradiamos gratitud y optimismo hacia la existencia, podemos manifestar oportunidades vibrantes que nos ayuden a crear un camino hacia la felicidad.

Quedé fascinada por la historia del Dr. Leenards y su visión enigmática. Cada palabra que pronunciaba despertaba mi curiosidad y sed de descubrimiento. Sus experiencias trascendentales parecían confirmar la conexión profunda que él tenía con el universo y la energía que nos rodea.

Mientras escuchaba atentamente, sentí un escalofrío recorrer mi espalda. Era como si sus palabras resonaran en mi interior, recordándome la importancia de encontrar lecciones y crecimiento en los desafíos que enfrentamos. El Dr. Leenards me transmitía la idea de que ver las cosas con gracia, amor y entendimiento nos permite vibrar en un nivel más elevado.

La comparación entre mi madre y mi padre que hacía anteriormente cobraba aún más sentido. Mi madre, siempre optimista y positiva, encontraba alegría en las situaciones cotidianas, mientras que mi padre se dejaba consumir por el miedo y la ansiedad. Las enseñanzas del Dr. Leenards parecían haber sido diseñadas especialmente para mí, como si fueran una guía personalizada hacia la felicidad y la plenitud.

Cuando llegué a su puerta para nuestro siguiente encuentro, pude percibir la emoción en su mirada. Me saludó efusivamente y me condujo hacia el interior de su espacio sagrado. Estaba impaciente por compartir su reciente experiencia.

"¡Carla!" exclamó emocionado, poniendo una mano en mi hombro. "No vas a creer lo que me acaba de suceder". Con intriga, esperé a que continuara su relato. Me explicó que, momentos antes, había tenido una visión inesperada. Mientras miraba por la ventana, se vio transportado misteriosamente a una escena exótica en la Amazonía. Estaba sentado en círculo junto a chamanes y aborígenes con cabellos largos que caían como velos sobre sus rostros. Los tambores resonaban rítmicamente, transmitiendo un mensaje secreto que solo ellos conocían, pero que él no lograba comprender.

Sin saber qué esperar, asentí y le insté a continuar su relato. El Dr. Leenards prosiguió, compartiendo el momento crucial de su visión. "Entonces, de repente, el cabello se apartó del rostro de uno de los aborígenes, y lo que vi debajo era una deformación," dijo, haciendo una pausa significativa antes de continuar. "Sentí miedo y estuve a punto de huir del círculo, pero uno de los aborígenes me susurró al oído: 'No tengas miedo; el exterior es solo una cáscara. Todos somos un solo amor y una sola vibración'".

Sus palabras resonaron en el aire, dejando un silencio cargado de significado. El Dr. Leenards me miró intensamente, como si hubiera descubierto algo trascendental. "No fue un sueño", enfatizó. "Pude verme a mí mismo sentado en el círculo desde una perspectiva superior. Fue una experiencia fuera del cuerpo, y justo en ese momento llamaste a la puerta".

La interacción con el Dr. Leenards había sido verdaderamente transformadora. Sus palabras y enseñanzas me llevaron a reflexionar sobre mi propia vida y mis aspiraciones. Sentía que había desvelado capas ocultas de sabiduría dentro de mí, como si hubiera desempacado un regalo precioso.

Al despedirme del doctor, sentí una profunda gratitud por haber tenido la oportunidad de experimentar su visión reflexiva a través de nuestras conversaciones. No podía evitar expresarle mi aprecio sincero.

"Siempre es maravilloso pasar tiempo con usted, Dr. Leenards", le confesé desde el corazón.

Él me devolvió una cálida sonrisa y respondió: "Eres una mujer inteligente, Carla". Su elogio me hizo sentir valorada y me llenó de confianza. Sin embargo, su siguiente pregunta me tomó por sorpresa.

"¿Has pensado en concluir tus estudios?", me preguntó, como si viera más allá de lo que yo misma me permitía ver.

Incliné ligeramente la cabeza y admití: "Sinceramente, no he considerado retomar mis estudios recientemente". Curioso y comprensivo, el Dr. Leenards continuó: "¿Y qué es lo que te detiene?"

Respondí con honestidad, sintiéndome un poco avergonzada:

"No lo sé. Por un lado, ha pasado mucho tiempo desde que estuve en un entorno académico, y me sentiría incómoda siendo mucho mayor que mis compañeros".

En ese momento, recordé que el Dr. Leenards mismo había comenzado a estudiar psicología a los sesenta años. Me di cuenta de que estaba dejando que el miedo y los límites autoimpuestos me impidieran perseguir mis sueños. Me sorprendí por mi propia mentalidad limitante.

El Dr. Leenards captó mi reacción y, lejos de tomárselo como una ofensa, continuó con una gran sonrisa: "Recuerda lo que les digo a mis pacientes. Si pones tus esfuerzos en algo con la mentalidad correcta, no hay límites a lo que puedas lograr".

Sus palabras resonaron en mi mente mientras conducía de regreso a casa. De repente, se abrió ante mí un mundo lleno de posibilidades. Si los límites ya no fueran un obstáculo, *¿qué me atrevería a soñar? ¿Qué sería posible si las únicas reglas para el éxito fueran tener una mente alineada y una determinación inquebrantable?*

CUATRO
ENERGÍA

"Si quieres encontrar los secretos del universo, piensa en términos de energía, frecuencia y vibración."

—*NIKOLA TESLA*

TRAS DOS AÑOS de arduo trabajo, mi negocio, The Language Spot, alcanzó niveles de éxito que solo podía imaginar en mis sueños. Los ingresos aumentaron exponencialmente, cinco veces más de lo que solía ganar en mi trabajo anterior, llegando a superar los sesenta mil dólares anuales. Las citas de trabajo llegaban constantemente, proporcionándonos a mí y a mis colegas intérpretes una carga laboral suficiente para trabajar a tiempo completo. Mi dedicación se multiplicó por diez, y parecía que finalmente el éxito financiero reflejaba toda la energía que había invertido en el negocio.

A medida que mi negocio prosperaba, también mejoraba mi relación con mi padre. Él me había visitado varias veces, y la distancia parecía haber ayudado a sanar algunas heridas que llevábamos mucho tiempo guardando. Durante una de sus visitas, después de presenciar el éxito de mi negocio en pleno auge, mi padre no pudo evitar cuestionarme sobre mi situación de vivienda.: "Carla, estás ganando suficiente dinero. ¿Por qué sigues viviendo con la familia de Erasmo?", me preguntó.

Erasmo siempre había querido tener estabilidad económica antes de independizarnos, pero cuando llegó el momento y le pedí que nos mudáramos solos, parecía que no estaba dispuesto a hacerlo. "Ni siquiera sabes cocinar", me dijo aquel día. "¿Cómo crees que nos vamos a ir a vivir solos?".

Aunque mis padres me habían enseñado a cocinar, era cierto que no lo hacía con entusiasmo, sobre todo porque lo veía más como una obligación que como una pasión. Sin embargo, sabía que mi falta de interés en la cocina era solo una excusa para evitar el tema de mudarnos. Después de insistir durante mucho tiempo, finalmente decidí dejar el tema de lado.

Además, también era cierto que administrar el dinero no era nuestro punto fuerte, pero sí sabíamos cómo disfrutarlo, especialmente invirtiendo en lujosos autos deportivos. Cuando tuvimos los fondos necesarios, un elegante Audi TT descapotable se convirtió en el nuevo vehículo principal, dejando mi viejo Beetle en segundo plano. Erasmo logró convencerme de que él lo manejara mientras yo heredaba su camioneta pickup. Sin embargo, después de un año de convencerlo de que el gasto excesivo de gasolina en todas esas citas de trabajo era un desperdicio, finalmente accedió a hacer el intercambio.

Erasmo y yo vivíamos el presente sin pensar en ahorrar el dinero que tanto nos había costado ganar. Adoptamos un estilo de vida despreocupado, gastando sin restricciones, incluso realizando viajes a Las Vegas. Pero fue después de una excursión a la Ciudad del Pecado cuando llegó una inspiración a nuestras vidas...

"Imagina si abrimos un bar al estilo de Las Vegas", me dijo Erasmo emocionado. "Podríamos crear un ambiente increíble con luces vibrantes, música envolvente y cócteles artesanales". Erasmo era un apasionado de la coctelería y cada turno en Torito's le permitía perfeccionar su oficio.

Ambos teníamos una chispa en los ojos mientras hablábamos sobre la posibilidad de embarcarnos en algo nuevo, algo incluso más audaz que la empresa de traducción que había creado. Cada idea que surgía avivaba aún más nuestra imaginación: un vibrante bar de martinis. Podía sentir el potencial oculto en Erasmo, listo para salir de su zona de confort y explorar su espíritu creativo. ¿Podría ser realmente posible?, pensé. Yo había demostrado mi propio éxito con el lanzamiento de mi empresa de traducción, pero abrir un bar requeriría mucho más que eso: inversión de capital, obtención de licencias para vender bebidas alcohólicas y quién sabe qué más. Aun así, impulsados por nuestra visión compartida de convertir esta idea casi temeraria en realidad, decidimos aceptar el desafío.

Teníamos un plan brillante: convertir nuestra línea de crédito de diez mil dólares en el bar más genial de la ciudad. Erasmo, con su experiencia en carpintería adquirida al trabajar junto a su padre en México, podría construir la barra él mismo. Después de ver algunos tutoriales en YouTube, nos dimos cuenta de que todo lo que necesitaríamos para crear una llamativa barra estilo Las Vegas era una base de madera, plexiglás y una serie de luces LED.

Con un sueño en el corazón y una ambición que nos guiaba, Erasmo y yo estábamos decididos a abrir el bar de martinis perfecto. Sabíamos que enfrentaríamos numerosos obstáculos, como barreras de comunicación debido a su limitado dominio del inglés y el hecho de que, al principio, la mayor parte del trabajo recaería en mí. Sin embargo, con determinación, valentía y fe, parecía que nada podría interponerse en nuestro camino.

Tras semanas de intensa búsqueda, finalmente encontramos el lugar perfecto para nuestro negocio. Con su tamaño y ubicación ideales, y un alquiler mensual razonable, todo parecía indicar que podríamos lanzar nuestro bar de martinis en ese local.

Sin embargo, surgió un pequeño inconveniente: tendríamos que hacer algunas modificaciones para adaptarlo a nuestras necesidades. El lugar solía ser un estudio de fotografía, por lo que era necesario realizar actualizaciones de acuerdo con las directrices del Departamento de Salud. Después de realizar cálculos apresurados, nos dimos cuenta de que las renovaciones nos costarían el doble de lo que habíamos previsto... ¡mínimo 20.000 dólares!

Con espíritu emprendedor, me sumergí en una exhaustiva investigación para aprender sobre la Agencia Federal para el Desarrollo de la Pequeña Empresa (Small Business Administration) y sus programas de financiamiento a bajo interés para empresarios en desarrollo. Esta nueva oportunidad parecía ser la solución a nuestro obstáculo financiero, así que pasé incontables horas buscando en Internet ideas sobre cómo elaborar un plan de negocio. A menudo me despertaba antes de que saliera el sol a las 4 de la mañana y comenzaba mi jornada, decidida a terminar este documento lo antes posible para cumplir con los requisitos y solicitar el préstamo. Afortunadamente, el local había estado vacío durante doce meses después de la partida de los inquilinos anteriores, por lo que el tiempo estaba de nuestro lado.

Finalmente, llegó el momento de poner en acción semanas de arduo trabajo y escasas horas de descanso. Me dirigí a la oficina de la SBA con un plan en mano, lleno de sueños que parecían improbables. Durante mi investigación, descubrí que los restaurantes solo tienen una tasa de éxito del 20%, pero a pesar de esta estadística desalentadora, mi fe en nuestro modelo de negocio seguía siendo fuerte. Sin duda, estaríamos entre los pocos afortunados que lograrían triunfar.

"Todo parece estar en orden", me dijo la mujer en la sala de conferencias mientras revisaba detenidamente toda la documentación. "Pero parece que olvidaste agregar tu número de seguro social aquí". Al escuchar eso, sentí un nudo en el estómago. *Otra vez no.*

"No tengo un número de seguro social", respondí, "pero tengo un número de identificación fiscal individual. Lo utilicé para abrir mi otro negocio, por lo que debería poder solicitar con ese número, ¿verdad?" Esa era mi única identificación fiscal en Estados Unidos, un número que el gobierno otorga a residentes y no residentes extranjeros para el pago de impuestos. La expresión de la mujer cambió brevemente cuando se lo presenté, como si algo completamente desconocido hubiera llegado a su vida.

"Ya veo", dijo ella, frunciendo el ceño. "Lamento informarte que no podemos otorgar préstamos a través de la SBA a aquellos que no tengan un número de seguro social". Con un profundo suspiro, asentí con la cabeza y recogí mis pertenencias. ¿Había alguna otra opción? Parecía una misión imposible mientras el sol se ponía sobre el estacionamiento. Entonces llegó el momento de hacer la temida llamada telefónica a los propietarios del local, una joven pareja de Seattle con una impresionante cartera de edificios comerciales.

"Estamos muy interesados en adquirir el local", les expliqué, "pero necesitamos un poco más de tiempo para reunir el dinero".

"Entendemos", dijo el esposo comprensivamente a través

del altavoz. Hubo una breve pausa antes de que continuara: "¿Qué les parece si permiten que nosotros los apoyemos?"

"¡Sí!", respondió entusiasmada su esposa al otro lado del teléfono. "Podemos viajar desde Seattle para conocernos en persona y que nos compartan sus planes".

Después de un viaje hasta Pasco, esa generosa pareja nos invitó, a Erasmo y a mí, a una deliciosa cena. Pero su amabilidad no se detuvo ahí; también nos brindaron una valiosa lección sobre cómo administrar de manera más efectiva nuestros limitados fondos al iniciar nuestro negocio. Con lápices en mano, nos apresuramos a garabatear mientras calculábamos los costos de las renovaciones: parecía que cada centavo de nuestro presupuesto de 10.000 dólares se destinaría a instalar una cocina y un baño adicionales, sin dejar nada para muebles, inventario o reservas de emergencia.

Llenos de entusiasmo y optimismo, la pareja notó nuestra energía en acción y, como respuesta a esa chispa, nos hicieron una oferta: "Podemos proporcionarles un préstamo de 10.000 dólares sin intereses para utilizarlo en las renovaciones necesarias. La única condición es que paguen el préstamo en el transcurso de un año". Según ellos, nuestra visión los inspiró y vieron en Tri-Cities un lugar que necesitaba el tipo de bar que teníamos en mente. "Incluso podemos presentarles a un contratista que está realizando renovaciones en otro local de ese mismo centro comercial", añadió el esposo.

Después de aceptar su oferta, nos reunimos al día siguiente con el contratista recomendado para explicarle nuestra visión. El contratista llevaba unos jeans azules que parecían ajustados hasta el límite por su barriga redonda, combinados con una camisa de cuadros roja. "¿Cuál es su presupuesto para el proyecto?", preguntó.

Respondí: 'Diez mil dólares'. De repente, mi respuesta sobre el presupuesto del proyecto pareció flotar en el aire, densa como la niebla. '¡Tienen gustos de champán con presupuesto de cerveza!' dijo finalmente, rompiendo el silencio mientras reía.

Unos instantes después, nos explicó que, a pesar de que aspirábamos a mucho con pocos recursos, él podría hacerlo realidad. Nos ofreció un trato: 10.000 dólares por adelantado para que el proyecto pudiera ponerse en marcha lo antes posible.

Con un fuerte apretón de manos, le entregamos al contratista un cheque por 10.000 dólares y depositamos nuestra completa confianza en él. Sin embargo, después de despedirnos entusiasmados, regresamos al local tres días después solo para descubrir un agujero en el piso donde supuestamente irían las tuberías. Sin poder localizar al contratista, llamamos a los dueños del local para explicarles la situación, pero se desentendieron del problema.

"Lamentamos mucho el inconveniente", dijo el marido. "Pero nosotros no tenemos nada que ver con él".

Con los bolsillos vacíos, la factura del alquiler pendiente y sin ninguna pista sobre su paradero, nos vimos obligados a recurrir a la familia. Después de contarle lo sucedido al padre de Erasmo, nos ofreció prestarnos otros 10.000 dólares, a devolver una vez que el bar comenzara a generar ingresos. También me puse en contacto con mi padre.

Mi papá tenía una filosofía: los negocios son los negocios. Nos dijo: "Puedo prestarles los 10.000 dólares, pero necesitaré que firmemos un contrato con un interés anual del 10%, pagadero mensualmente y con un plazo de doce meses". Tras llegar a un consenso, los fondos reunidos nos permitieron buscar la ayuda de otro contratista para finalizar las renovaciones. Determinados a no repetir los errores del pasado, esta vez buscamos un contratista con licencia, garantía y una buena reputación. Cuando se enteró de todo lo que habíamos atravesado mientras intentábamos renovar el local, se compadeció de nosotros.

"Lo lamento mucho por lo que han tenido que pasar", nos dijo con calidez en su voz. "Puedo cobrarles 10.000 dólares únicamente para completar las labores de plomería y las instalaciones eléctricas, pero ustedes deberán encargarse del resto de las obras. Su presupuesto no es suficiente para lograr todo lo que desean". La renta seguía acumulándose y no teníamos otra opción, así que aceptamos el trato y dimos la bienvenida al desafío que se nos presentaba: colocar los paneles de yeso, instalar pisos de cerámica y pintar.

A pesar de las pérdidas económicas, no me rendí y me propuse aprender por mí misma las habilidades necesarias para completar el proyecto. Pasé largas jornadas absorta en tutoriales de YouTube para dominar desde la instalación de paneles de yeso hasta la colocación de azulejos. Los fines de semana, cuando nuestro cuerpo apenas daba más de sí, pedíamos ayuda a amigos dispuestos a echarnos una mano a cambio de pizza y cerveza.

Habíamos avanzado mucho, pero nuestros gastos totales superaban en tres veces el costo estimado originalmente. El dinero de The Language Spot nos estaba ayudando, pero administrarlo todo nos pasó factura y se convirtió en una lucha en sí misma, una batalla cuesta arriba entre el estrés y el éxito.

Los días que siguieron parecieron una eternidad. Mi fuerza física y mental disminuía a medida que nuestra relación con Erasmo se tambaleaba. Él había dejado su trabajo en Torito's con un objetivo en mente: abrir nuestro bar lo más rápido posible. Sin embargo, en lugar de utilizar esas horas extras de manera eficiente, había logrado establecer una rutina matutina de ejercicios. Después de mi jornada laboral en el hospital por las tardes, comenzábamos juntos las renovaciones en el local, sin darme ni un momento de descanso.

En medio de la tormenta de mi vida cotidiana, encontré consuelo en el Dr. Leenards, un refugio de paz y tranquilidad que además me brindaba valiosos conocimientos. Interpretar para él me reveló muchas cosas: sus pacientes experimentaban de manera sistemática más progresos que aquellos que seguían métodos tradicionales, lo cual despertaba mi intriga y me ofrecía la esperanza de que, después de todo, quizás no todo esté perdido en medio del caos de la vida.

El Dr. Leenards poseía una mirada penetrante: con tan solo un vistazo a sus pacientes y con la ayuda de la kinesiología, podía determinar qué les causaba dolor y sufrimiento corporal. Siempre iniciaba el tratamiento indagando acerca de los alimentos y las toxinas presentes en el entorno de sus pacientes, por pequeños o aparentemente insignificantes que fueran. Como él decía: incluso las solanáceas como los tomates, las papas y las berenjenas podían desencadenar trastornos inflamatorios en algunas personas. Realizando ajustes sencillos en su dieta, se observaban resultados asombrosos, ya que el dolor desaparecía rápidamente tras realizar estos cambios.

Desde niña, las profundas enseñanzas sobre el poder de la visualización se grabaron en mi memoria: mi madre y yo solíamos hablar sobre cómo manifestar nuestras aspiraciones imaginando cómo podrían hacerse realidad, al tiempo que cultivábamos nuestra fuerza espiritual. Reflexionar sobre estos vívidos recuerdos me recordaba que, incluso en medio de las dificultades, todo era posible.

Después de mi decepcionante reunión con la oficina del SBA, varias personas me habían advertido que me preparara para obtener el mismo resultado al solicitar la licencia para vender licor. Decían que no tener el número de seguro social suponía un resultado improbable. Pero no sabían lo decidida que estaba a obtenerla.

Después de una exhaustiva búsqueda en internet, finalmente encontré un rayo de esperanza: no existía ninguna estipulación definitiva que exigiera tener el número de seguro social para obtener la licencia de bebidas alcohólicas. Tras semanas de trámites y días al teléfono, estaba decidida a conseguir nuestra licencia para vender licores. Finalmente, después de meses de espera y mucha insistencia, lo logramos: ¡el Departamento de Bebidas Alcohólicas aprobó nuestra licencia!

Nuestra dedicación y esfuerzo rindieron frutos. Meses de recaudación de fondos y trabajos de renovación llegaron a su culminación con la gran inauguración: White Buddha Lounge estaba listo para recibir a sus primeros clientes.

CINCO
PLACER Y DOLOR

"El objetivo del sabio no es conseguir placer, sino evitar el dolor."

CUANDO ERASMO y yo abrimos las puertas de nuestro bar, estábamos sin ahorros y la deuda de las tarjetas de crédito nos seguía acosando. Sin embargo, nunca podríamos haber imaginado la rápida acogida que recibiríamos por parte de la comunidad local. La noticia se difundió por toda la ciudad como un reguero de pólvora y pronto había periodistas escribiendo artículos sobre nosotros... ¡incluso fuimos entrevistados en un noticiero local de televisión! Aunque el éxito nos llenaba el bolsillo, también implicaba una fatiga interminable al tener que manejar dos negocios. Mi relación con Erasmo seguía fracturándose y yo luchaba por ser fuerte frente a situaciones que encontraba desagradables. En lugar de enfrentar nuestras tribulaciones, optamos por eludirlas y nos sumergimos en un ciclo continuo de reuniones y borracheras. Mi vigésimo primer cumpleaños no fue una excepción.

Cuando llegó la noche de celebración, la hermana de Erasmo y yo organizamos una fiesta en una limusina para festejar, ya que ella también cumplía años ese mes. Las margaritas y el tequila fluían durante todo el trayecto hasta que finalmente llegamos, treinta minutos más tarde, a un animado centro nocturno donde pudimos dejar de lado la realidad como si nunca hubiera existido. Regresamos a casa tambaleándonos después de un emocionante viaje lleno de risas alegres y un poco más de alcohol.

"¿Estás bien, Carla?" preguntó Erasmo, tratando de ayudarme a enderezarme en el asiento. Me estaba balanceando demasiado mientras la limusina recorría la ciudad.

"Comienzo a sentir el tequila", le respondí, intentando contenerme. Lucio, quien estaba sentado a mi lado, escuchó la conversación y se acercó, apretando emocionado mi brazo.

"Tengo el remedio perfecto para eso", exclamó de inmediato. "¡Tacos!" Con la emoción en el aire, un coro de gritos brotó desde nuestra limusina. Como si supiera lo que todos deseábamos, el conductor nos llevó a otra curva y se detuvo en un lugar inconfundible: ¡el camión de tacos La Esperanza! Su fama era incomparable; incluso a altas horas de la noche, siempre encontrarías a sus clientes satisfechos deleitándose con deliciosos tacos.

Llegamos a la cola de los tacos y Lucio reconoció de inmediato a una atractiva mujer que estaba delante de nosotros. Con un entusiasmo desenfrenado, se acercó a ella para saludarla. Me llamó la atención el cabello rizado de la mujer cuando se volvió hacia mí con una sonrisa y se presentó: "¡Hola! Mi nombre es Yesenia, soy amiga de Lucio". Quedé impresionada por sus hermosos rizos cafés que caían graciosamente sobre sus hombros.

"Vaya coche para venir a comer tacos", dijo sonriendo, señalando la limusina.

"¡Es el cumpleaños de Carla!" anunció Lucio. Antes de que pudiera decir algo más, Erasmo corrió hacia nosotros, puso sus manos sobre nuestros hombros y se presentó.

"Erasmo, como el cantante", dijo amablemente Yesenia. La sonrisa de Erasmo se amplió ante la referencia. En el reality show de El Instituto, había un talentoso cantante con el mismo nombre que había causado sensación, por lo que era un comentario que solían hacerle y que le gustaba escuchar. Unos momentos después, la cajera anunció que el pedido de Yesenia estaba listo.

"Un placer conocerlos", dijo ella al despedirse, girándose un poco hacia mí. "¡Feliz cumpleaños! Y asegúrate de que ninguna mancha de taco arruine esa linda blusa al estilo de Selena", me dijo con un guiño y un toque de picardía en su voz. De repente, me sentí cohibida y miré la blusa blanca con volantes que llevaba puesta, casi segura de que la mancharía.

"Gracias", le respondí mientras ella se dirigía a una mesa apartada de nosotros.

Nos acomodamos de nuevo en la lujosa limusina, cada uno con su porción de comida en la mano, mientras Bella permanecía a nuestro lado, testigo silencioso de cada instante compartido entre aquella enigmática mujer y yo. Al acomodarnos, percibí una curiosa expresión en su rostro, una mirada que sugería complicidad y travesura.

En un susurro confidencial, cargado de misterio y prohibición, Bella me reveló un secreto que agitó mi interior: "Esa chica es lesbiana". Sus palabras reverberaron en mi mente, dejándome perpleja ante la inesperada revelación. Mis ojos se posaron nuevamente en la figura de la joven, cuya feminidad resplandecía con gracia y elegancia. En ese instante, una interrogante se forjó en mi mente: *¿Quién habría imaginado que una mujer tan radiante y femenina podría desafiar los estereotipos arraigados en nuestra ciudad?*

Mientras el bar continuaba prosperando, Erasmo y yo nos hundíamos en un mar de resentimiento. Mis sospechas sobre su infidelidad se intensificaban a medida que se volvía más evasivo, guardando celosamente su teléfono y contraseñas. Finalmente, un día logré acceder a su dispositivo y mis peores temores se confirmaron: mensajes cargados de insinuaciones coquetas hacia una clienta asidua de nuestro bar, junto con múltiples llamadas a un número desconocido que, tras investigarlo, resultó pertenecer a un club de striptease.

Mientras tanto, una noche de verano, mi rutina de martinis en el bar dio un giro inesperado. Mientras preparaba las copas detrás del mostrador, una mujer atractiva frente a mí no dejaba de sostener mi mirada, y cada vez que lo hacía, mis mejillas se encendían. De repente, tras lanzarme una mirada seductora, me dejó silenciosamente su número en una servilleta. Aunque deseché rápidamente el trozo de papel, la interacción me dejó con una sensación inquietante. Me preguntaba por qué ese encuentro había provocado emociones en mí, mientras que las insinuaciones de los hombres no me generaban nada.

Esa misma noche, después de que entraran al bar, avisté a Lucio y a su pareja, caminando junto a Yesenia y su novia. Ambas vestían de manera increíblemente femenina, en un contraste con mi concepción previa de las relaciones entre mujeres, donde una solía asumir un rol más "masculino". Todo aquello me resultaba extrañamente familiar y ajeno al mismo tiempo. Mientras las admiraba desde la distancia, una sensación atemorizante me carcomía: mi atracción por Erasmo había comenzado a desvanecerse.

Unos meses después, apenas pude contener mi emoción cuando Mariana y Pamela, mis dos mejores amigas de la infancia y recién graduadas de la universidad, me anunciaron por teléfono que vendrían de visita por un mes. Después de semanas de anticipación, finalmente descendieron del avión en Pasco, y Erasmo y yo las recibimos con alegría. Sin embargo, Mariana no tardó en darse cuenta de que algo no iba bien entre nosotros; específicamente, que algo no andaba bien conmigo.

Al día siguiente, todos fuimos a comer a un restaurante y, después de una deliciosa cena, Mariana y yo nos dirigimos al baño. Paradas una al lado de la otra en compartimentos separados, finalmente brotó la pregunta inevitable:

"¿Qué te sucede?", me preguntó. "No puedes ocultármelo. Sé que algo no está bien". Tras soltar un largo suspiro, le confesé que tenía razón. "Las cosas con Erasmo no van bien", le dije. "Me temo que estoy en un punto en el que no sé si quiero arreglar las cosas o si prefiero separarme. Lo único que sé es que ya no soy feliz".

Le compartí a mi confidente los detalles desgarradores de cómo Erasmo me había estado minando. Le conté cómo utilizaba su humor sarcástico como una espada afilada, lanzando comentarios hirientes sobre por qué mis pensamientos no importaban debido a que no había terminado la universidad. Su control sobre lo que debía decir y con qué frecuencia se sentía asfixiante. Le confesé que una vez, después de salir con nuestros amigos, me reprendió diciendo que reír tan alto no era apropiado y sería mejor moderar mi entusiasmo. Entre sus golpes verbales y sus instrucciones sobre cuál era el estilo de moda más adecuado para mí, mi confianza en mí misma se desvanecía poco a poco, invadiendo cada rincón de mi ser.

Desde la infancia, Mariana había sido un faro de sabios

consejos, siempre imparcial y equilibrada, pero esta vez me sorprendió con algo inesperado.

"Nena, ¡por fin abriste los ojos!", exclamó. "Honestamente, pensé que te tomaría un par de meses de relación darte cuenta de que nunca has sido realmente tú misma estando con él".

Mientras hablaba, una profunda melancolía se apoderó de mí al darme cuenta de cómo mi madre había perdido su voz a lo largo del tiempo, arrebatada por no establecer los límites necesarios para hacerse escuchar. Tuve una epifanía de que mi pasado estaba destinado a repetirse una y otra vez hasta que decidiera romper ese patrón arraigado en las profundidades de mi subconsciente.

Las palabras de Mariana fueron como un golpe en el centro de mi ser. Para ella, estaba claro como el agua que él intentaba moldear y controlar quién debía ser en lugar de respetar quién era realmente.

El tiempo pasó volando y Pamela regresó a casa, mientras que Mariana decidió extender su estadía, brindándonos la oportunidad de conversar en profundidad sobre mi lucha. Le expliqué lo difícil que era para mí separarme: Erasmo y yo llevábamos siete años juntos, y la mayoría de los amigos que teníamos en Pasco eran más cercanos a él. Estaba segura de que los perdería si nos separamos. Además, el único apoyo familiar que tenía en la ciudad era la familia de Erasmo, y era evidente que le brindarían todo su respaldo en caso de una ruptura. Me sentía sola.

Mariana escuchó atentamente mientras compartía los problemas de nuestra relación, brindándome su comprensión. Vivir con la familia de Erasmo se había vuelto cada vez más tenso, ya que cada vez que surgía una discusión, su madre parecía dirigir su energía hacia mí en señal de desaprobación. La privacidad se había convertido en un lujo que no podíamos permitirnos y que obstaculizaba cualquier posibilidad de mejora.

"¿Por qué permites que todo esto suceda?" me preguntó Mariana con angustia. Inhalé profundamente antes de responderle, tratando de encontrar las palabras adecuadas. "Si el amor y el respeto florecieran entre ustedes, te diría que vale la pena luchar por esta relación. Sin embargo, mi querida, lamento decirte que él no te respeta. Cada vez que te pregunto acerca de los moretones en tus muñecas, te excusas diciendo que solo estaban jugando. No creo que este sea el tipo de amor que alguien verdaderamente merezca".

Con cada palabra que pronunciaba, mi ansiedad se incrementaba. Sin embargo, Mariana estaba allí para consolarme y darme fuerzas. Acababa de terminar la universidad y aún no tenía una carrera estable, lo que le brindaba la libertad de ayudarme en todo lo posible.

"Me quedaré todo el tiempo que me necesites", me aseguró. "Incluso puedo ser tu compañera de cuarto y ayudarte con los gastos si deseas independizarte. Estoy aquí para ti".

Después de una larga noche sin saber dónde se encontraba Erasmo, finalmente regresó en las primeras horas de la madrugada. Al cuestionarle por qué había decidido apagar el teléfono y salir sin avisar, me respondió con una mentira.

"Simplemente estaba acompañando a mi amigo mientras hacían limpieza de la alfombra en Torito's", afirmó. Aunque Erasmo ya no trabajaba allí, su amigo el gerente sí. Sin embargo, parecía que cada semana él llegaba tarde para acompañar a su amigo durante la supuesta "limpieza de alfombra". Lo que Erasmo no sabía era que una camarera me había confesado que la alfombra se limpiaba solo una vez al mes.

Aquella noche, con determinación, le dije: 'Ya es suficiente. Ya no soy feliz contigo, y creo que lo mejor es separarnos'. Había alcanzado el límite de mis fuerzas. Con un renovado sentido de convicción, le afirmé que era hora de seguir adelante por mi propio camino. Hablamos sobre por qué necesitaba este cambio y, como si estuviéramos arrancando una curita, en nuestra conversación se revelaron verdades irreversibles, como el hecho de que estaba empezando a descubrir mi atracción hacia las mujeres. Mi confesión lo hizo reaccionar un poco.

"Carla, eso es un sentimiento normal", me dijo. 'Si eso es todo, incluso podría apoyarte'. Me negué; sabía que necesitaba mi propio espacio y tiempo para reflexionar.

"Lo siento, pero no", le respondí. "Y por favor, no le cuentes a nadie lo que acabo de confesarte. Necesito tiempo para asimilarlo por mi cuenta antes de poder hablarlo con los demás".

Con el apoyo de Mariana, emprendí la búsqueda de un nuevo lugar para vivir. Finalmente, encontré un apartamento de dos dormitorios que se ajustaba a mi presupuesto y estaría disponible en un mes. Durante esos días, hicimos todo lo posible por evadir a la madre de Erasmo. Intentamos pasar desapercibidas, pero desafortunadamente, nuestros esfuerzos fueron en vano. Para empeorar las cosas, durante este tiempo, Erasmo llevó su juego a otro nivel. Se aseguró de informarle a mi padre todas las "locuras" que Mariana se le ocurría, incluyendo sus intentos de animarme a explorar más a fondo mi atracción hacia las mujeres.

Con unas pocas palabras, nuestro plan de mudarnos juntas se truncó. Mi padre llamó al padre de Mariana y le pidió que le ordenara a su hija que regresara a casa lo más pronto posible. Con el corazón encogido, me despedí de ella. Aunque ahora me encontraba sola en el apartamento de dos dormitorios, decidí hacerlo funcionar y acondicioné una habitación como oficina. Todo esto fue posible gracias a la seguridad económica que me proporcionaba mi trabajo.

A los 22 años, inicié mi viaje hacia la independencia decidida a emprenderlo yo sola. Sin embargo, a pesar de todos mis intentos de distanciarme de Erasmo, nuestros caminos seguían entrecruzándose, hasta que, más por costumbre que por amor, abandonó la casa de sus padres y se mudó a mi apartamento. En nuestro bar, me encontraba frecuentemente con Yesenia. Aunque ella parecía indiferente hacia mí, su gracia y seguridad me cautivaban. Era una mujer que sabía exactamente lo que quería en la vida, que se valía por sí misma sin vergüenza ni titubeos. Mientras tanto, yo estaba más confundida que nunca acerca de mi vida romántica y mi futuro.

Erasmo y yo danzábamos delicadamente entre la vida juntos y separados durante meses, aferrados a hilos deshilachados que no podíamos soltar. Aristóteles afirmó célebremente que la sabiduría no radica en buscar el placer, sino en evitar el dolor. Y ciertamente, nos esforzábamos tanto por protegernos del dolor de la separación, aunque nuestro amor se hubiera agotado. Al final, evadir la miseria estaba arraigado en nosotros, profundamente en nuestros cerebros y entrelazado en mi ser: era un mecanismo de defensa innato que me mantenía apegada a la costumbre, a pesar de anhelar la felicidad. Pasamos por rupturas y reconciliaciones de forma feroz, tantas veces, que finalmente llegué al punto de darle un ultimátum: le advertí que si no empezaba a mostrarme respeto, pronto llegaría alguien que sí lo haría, y cuando eso sucediera, sería el telón final para nuestra relación.

Aunque parecía que nuestro vínculo se estaba desmoronando, Erasmo y yo decidimos organizar una fiesta de aniversario en el bar. Mi estado de ánimo no era precisamente festivo, hasta que mis ojos se posaron en Yesenia, que se encontraba con estilo en uno de los sofás junto a Lucio y Erasmo. En un abrir y cerrar de ojos, mi espíritu agitado cobró vida. Me dirigí rápidamente hacia su lado de la sala y me desplomé en una silla junto a Erasmo una vez que terminé mi turno en la barra.

""¡Felicidades a ambos!" nos dijo Yesenia, brindando por

nosotros con su martini mientras se acercaba. "Dos años con un negocio no es fácil". Erasmo le ofreció una sonrisa forzada y levantó su copa antes de volver a darle la espalda.

"Gracias", dije tímidamente. "Ha sido un período difícil". Al decir esto, su rostro se suavizó.

"Sé a lo que te refieres", respondió. "Justo acabo de cumplir dos años con mi propio negocio, así que entiendo lo difícil que puede ser". Me contó que tenía un pequeño negocio vendiendo seguros para autos y gestionando los impuestos de sus clientes.

"Bueno, ¡salud y felicidades para ti también!" le dije, levantando nuevamente mi bebida. Ella me sonrió y una vez más brindamos chocando nuestras copas. Un instante después, ella se levantó con la intención de regresar a su asiento, cuando encontré el valor para hablar.

"¿Por qué te vas tan pronto?" le pregunté. Yesenia se detuvo y se giró.

"Solo vine a felicitarlos", respondió. "Pero puedo quedarme a charlar un rato más".

A medida que avanzaba la noche, los cuerpos se aglomeraban a nuestro alrededor, mientras Yesenia y yo permanecíamos allí, inmóviles, hablando de nuestros intereses, luchas y aspiraciones. Hablamos de la vida con pasión, de sueños que valían la pena y metas que anhelábamos alcanzar desesperadamente. En medio de este profundo diálogo, se reveló como la misteriosa compañera de Lucio en Seattle, quien había compartido su ambición de crear una agencia mientras estudiaba en la Universidad de Washington. Nuestra conversación fue cálida y acogedora, como si dos almas antiguas se reunieran para compartir recuerdos del pasado. Ella poseía cualidades que la hacían verdaderamente extraordinaria: inteligencia y humildad se entrelazaban en su ser, y su presencia estaba impregnada de un encantador sentido del humor.

"Y tú, ¿de dónde eres?", me preguntó. "Soy de Guadalajara", respondí.

"Mi exnovia también era de Guadalajara. Esa ciudad es realmente encantadora". *Ah, pensé, ya no tiene novia.* En mi estómago, un vuelco inexplicable hizo eco. Durante años, habíamos sido dos extrañas que se cruzaban en las sombras. Pero esa noche, algo extraño ocurrió. De repente, mi corazón se agitó y una atracción desconocida se apoderó de mí.

Después de una velada fantástica con Yesenia, la vi marcharse en la oscuridad de la noche. Sin embargo, apenas media hora más tarde, para mi sorpresa, recibí un mensaje de texto de la nada:

Carla, soy Yesenia. Disculpa, ¡me olvidé de pagar! Pensé que Lucio había hecho el pago, y él pensó que yo lo había hecho, pero resulta que ninguno de los dos lo hizo. Qué pena...

Sonreí mientras le escribía mi respuesta.
¡No te preocupes! Es cortesía de la casa.
Un momento después, recibí otro mensaje:

¡Claro que no! Voy a ir el próximo fin de semana a pagar.

A partir de ese momento, mi amistad con Yesenia floreció. Nunca antes me había sentido tan viva ni tan conectada con alguien. Erasmo seguía presente, pero la distancia entre nosotros crecía cada vez más. Mis propias predicciones del pasado resonaban con mayor fuerza que nunca: "Si no te ocupas de mí, alguien más lo hará".

Ese día parecía estar a solo unos pasos de distancia. Aunque solo éramos amigas, nuestras conversaciones significativas y su comprensión me hicieron sentir que algo más podía ser posible. Desde niña, había sospechado mi atracción hacia las mujeres, pero en México, donde la deshonra e incluso el repudio eran consecuencias posibles, no había otra opción más que mantener ese secreto oculto en lo más profundo de mi ser.

Cuando Yesenia cruzó la puerta del bar aquel viernes siguiente, mi aliento se escapó. Lucía un vestido azul brillante y ceñido, acompañado por unos tacones perfectamente combinados. Su cabello y maquillaje estaban impecables, y su apariencia era tan cautivadora que, al verla, me apresuré a refugiarme en la oficina.

"Carla, alguien te busca", exclamó uno de los bartenders, tocando la puerta y obligándome a abandonar mi escondite. Tomando una profunda bocanada de aire, salí y me encontré con Yesenia en la barra.

"He venido a pagarte", gritó desde el otro lado. "¡Y pide otros cinco tragos para mis amigos! Los convencí de venir aquí antes de ir a bailar". *No recordaba la última vez que había salido a bailar,* pensé. Erasmo no disfrutaba bailar y, además, habíamos pasado los últimos dos años sumidos en el bar todos los fines de semana.

"Entonces, ¿cuándo pasas por mi oficina para que te de un presupuesto para el seguro de tu auto?", me preguntó ella.

Vestida para impresionar, me preparé para su visita la próxima semana, incluso escondí una botella de vino en mi coche por si la ocasión lo requería. Aunque no pudo ofrecerme un presupuesto más económico que el que ya tenía, decidí cambiarme de seguro solo para tener una excusa para verla con más frecuencia. Después de firmar los documentos, ella consultó su reloj.

"¡Son las 5 de la tarde, la hora feliz!", exclamó entusiasmada. "¿Te gustaría tomar algo antes de regresar al trabajo?" Sabía que a Erasmo no le agradaría que saliera a beber con una amiga, sobre todo durante horas de trabajo y considerando las insinuaciones sobre mi atracción por las mujeres. Sin embargo, a pesar de ser consciente de lo que le molestaría, no podía evitar sentirme poco valorada por él; parecía que nunca hacía ningún esfuerzo, a pesar de todos los que yo hacía. Por lo tanto, decidí aceptar la invitación sin pedirle permiso.

Yesenia y yo saboreamos martinis y entablamos conversaciones sobre la vida hasta que llegamos a un descubrimiento reciente: mi atracción hacia las mujeres. Al escuchar esto, ella arqueó ligeramente las cejas.

"Entonces, ¿eres bisexual?" me preguntó.

"No me gustan las etiquetas", respondí nerviosa. La verdad era que aún no me sentía lista para admitir que podría identificarme de otra manera que no fuera "heterosexual".

"Pareces tener frío", observó, notando cómo un escalofrío recorría mi cuerpo al hablar de esto. "Permíteme darte mi chaqueta". El ambiente en el bar estaba un poco fresco y yo no llevaba suéter, pero cuando Yesenia rozó su mano contra mi brazo, los escalofríos se intensificaron aún más. No podía creer lo reconfortante que se sentía su tacto. Me sentía profundamente atraída hacia ella...

Yesenia y yo seguimos cultivando nuestra amistad. De vez en cuando, quedábamos para encontrarnos, y el deseo de pasar más tiempo juntas no dejaba de crecer. Hasta que, dos semanas después, me sorprendió con una noticia que aumentó aún más mi emoción: se iba a Seattle a una fiesta del Orgullo Gay con sus amigos.

"Compórtate bien", le dije sonriendo. Era una mezcla de coqueteo y también una forma de expresar cuán celosa estaría si ella conociera a alguien especial.

"Bueno, tú y yo solo somos amigas, así que realmente no puedes decirme cómo debo comportarme", respondió, mientras una sonrisa juguetona iluminaba su rostro. *Tenía razón,* pensé, sintiendo una amalgama de culpa, celos y deseo al mismo tiempo. "Estoy empezando a sentir algo más que amistad por ti", le confesé con la voz temblorosa.

"El sentimiento es mutuo", me dijo ella, mientras una corriente eléctrica recorría todo mi cuerpo. "Pero estás comprometida con alguien. Debes decidir qué es lo que realmente quieres y hacer las cosas de la manera correcta". Sus palabras me dejaron con un nudo en el estómago mientras se marchaba.

Aquella noche, experimenté una conexión con Yesenia que no se comparaba a ninguna otra, intensa y a la vez aterradora de perseguir. Sin embargo, mi sensación de claridad regresó cuando Erasmo llegó al bar más tarde con comida para ambos. Me ofreció un bocado de su platillo poco apetitoso, pero me instó a probarlo de todos modos.

"No, gracias", respondí, rechazando el bocado.

"¡Te dije que lo pruebes!", me dijo él, elevando la voz y lanzando el bocado descortésmente a mi plato. Había estado esperando ese momento: una discusión que me brindara la oportunidad perfecta para mencionarlo sin sentirme culpable.

"Erasmo, quiero separarme de ti", le dije abruptamente. "Definitivamente".

"Últimamente has estado pasando mucho tiempo con la amiga lesbiana de Lucio", me respondió enojado. "¿Tiene ella algo que ver con esto?"

"Tiene más que ver con el hecho de que ya no hay amor ni respeto entre nosotros", le respondí. "También tiene que ver con mi necesidad de descubrir quién soy realmente y por qué me siento atraída hacia las mujeres". Después de explicar mis sentimientos, ambos lloramos y nos abrazamos.

"Tengo que admitir que tienes razón", me dijo finalmente. "Yo tampoco soy feliz. Tal vez esto sea lo mejor. Llevaré mis cosas de vuelta a casa de mis padres y luego veremos qué hacer con el bar". Sentí un gran alivio al escuchar esas palabras, aunque mudarse de nuevo con sus padres no era lo ideal. Habían alquilado un nuevo apartamento en mi complejo, justo enfrente del mío, para poder seguir cerca de Erasmo.

Con las palabras de Erasmo resonando en mi mente, me sentí fortalecida por la creencia de que la transición hacia una vida desconocida sería sencilla; sin embargo, no pasó mucho tiempo antes de darme cuenta de lo equivocada que estaba.

SEIS
AMOR Y MIEDO

"Todo lo que siempre has querido está al otro lado del miedo."

—*GEORGE ADAIR*

DESPUÉS DE UNA DURA LUCHA, finalmente me sentí libre. Las lágrimas y las tribulaciones habían valido la pena para encontrar a alguien que me amara por lo que realmente era. Ya no quería seguir atrapada en un ciclo en el que me conformaba con menos de lo que en el fondo me hacía feliz.

Mientras me preparaba para embarcarme en un nuevo capítulo de mi vida, no tenía idea de que el viaje que me esperaba estaría plagado de emociones tumultuosas y desafíos financieros. Me había convertido en la responsable de firmar todos los documentos legales, desde contratos vinculantes hasta deudas que ahora recaían sobre mis hombros. Mantuvimos intensas discusiones sobre quién debería hacerse cargo del negocio del bar, buscando una separación justa que no comprometiera las perspectivas futuras de ninguno de los dos.

"No creo poder pagarte una liquidación", me dijo Erasmo simplemente, "No creo que haya una forma limpia de dividirlo todo por la mitad". Después de considerar muchas opciones, llegamos a un acuerdo bastante unilateral: él me pagaría 5.000 dólares en cuotas mensuales para quedarse con el bar, y a cambio, Yesenia y yo prometimos no volver a poner un pie en el lugar.

Con el corazón apretado, dejé ir lo que una vez fue mío. Aunque sentía que mi arduo trabajo se escapaba por entre mis dedos, no tenía energía para seguir luchando. Además, sabía que el bar significaba todo para él: era un oasis que le proporcionaba ingresos, un sentido de identidad entre sus amigos y un estatus social.

Dejarlo todo atrás fue agridulce; pero lo solté con gratitud por las lecciones aprendidas en el camino hacia la construcción de algo mejor, y con la esperanza de que la estabilidad emocional regresaría algún día.

Por un lado, me sentía cada día más cerca de Yesenia, pero por otro lado, no podía ignorar la presencia de Erasmo. La casa de sus padres estaba a la vista desde mi ventana, y a menudo sentía que él podía estar afuera observándome con cada movimiento. En medio de toda esa tensión, sus llamadas nocturnas y visitas sorpresa se sucedían; era su forma de pedirme una última oportunidad perdida para salvar nuestro pasado.

Era difícil verlo sufrir, pero en lo más profundo de mi corazón, sabía que no podíamos seguir repitiendo el mismo ciclo. A través de los años, él me había demostrado que no podía darme lo que anhelaba desesperadamente: una verdadera conexión basada en el respeto. El amor se había desvanecido y ahora era demasiado tarde.

Como una poderosa ola del mar, nuestros amigos en común

fueron arrastrados, tal como temía. La mayoría de ellos tomaron partido en nuestra trágica historia, y desafortunadamente para mí, eligieron el suyo. Erasmo difundía historias por todo el pueblo para explicar mi partida, insinuando que había perdido la cordura de la noche a la mañana. La gente que solía sonreírme en el bar ahora me evitaba como si fuera un tabú. Incluso aquellos que eran demasiado amables para bloquearme en las redes sociales sentían la obligación de no cruzar la línea y responder a mis saludos.

A pesar del caos, tres almas se mantuvieron leales: Krystal y su esposo Fonsi, quienes demostraron estar a mi lado pase lo que pase. Mi amiga Tania, a quien conocí a través de un amigo en común en el bar, también me brindó apoyo cuando más lo necesitaba.

En la pequeña ciudad de Tri-Cities, los chismes se propagaban como un viento constante. Sin embargo, Tania me instó a ser valiente y sincera: "Salir del closet nunca es fácil en un lugar donde todo el mundo conoce tu nombre, pero al final la gente dejará de hablar de ello, lo que te permitirá brillar como realmente eres", me aconsejó.

Erasmo se empeñaba en etiquetarme como gay, a pesar de que le había dejado en claro que mi sexualidad no estaba lista para ser consumida por el público. Sin embargo, no podía negar su angustia y su dolor. Al final, confiar en mí misma y anhelar los brazos de Yesenia fueron el impulso que necesitaba para seguir adelante. Seguir el sabio consejo de Tania también me llenó de una sensación de plenitud que nunca antes había experimentado.

La vida con Yesenia era extraordinaria, incluso en medio del caos. Después de semanas de una conexión más profunda que la amistad, decidí prepararle una delicia culinaria en su casa: tacos de lengua en salsa verde. Este plato solía ser un manjar reservado para ocasiones especiales en mi familia, pero su expresión se tornó inquieta al ver la gran lengua hirviendo en la cocina.

"¿No te gustan?", le pregunté, conteniendo la risa ante su expresión. Reunió valor y tragó saliva.

"No mucho", dijo ella, "pero por ti, estoy dispuesta a probarlos". Cuando llegó el momento de comer, se sorprendió al descubrir que le gustaban tanto que incluso se terminó todo el plato, aunque rápidamente me pidió que no lo preparara con demasiada frecuencia.

Su disposición a explorar cosas nuevas conmigo, sin dejar de ser ella misma y permitiéndome ser yo misma, cautivó mi alma. Cuando nuestros ojos se encontraron esa noche, supe que me había robado el corazón para siempre. Nadie antes me había mirado así; encendió un fuego en mi interior y su mirada me provocó escalofríos en cada parte de mi ser. Insegura, pero sin miedo, le pedí que fuera mi novia en ese momento, abrazando todas las incógnitas que nuestro viaje juntas nos depararía, ¡y ella aceptó!

Mientras tanto, las insinuaciones de Erasmo se volvieron insoportables. Le dejé en claro que todo había terminado, bloqueando su número y prohibiéndole las visitas nocturnas en estado de embriaguez. Durante un fin de semana en el que estuve fuera, se coló en mi casa con la llave que aún tenía, buscando quién sabe qué. Al regresar, me di cuenta de que tenía que cortar todo contacto de raíz, así que cambié las cerraduras sin dudarlo.

Sin embargo, al darme cuenta de que había enterrado mi dolor y mis innumerables sentimientos sin resolver, comprendí que no era el momento adecuado para comprometerme en otra relación tan pronto. Por lo tanto, se lo confesé a Yesenia. Un destello de decepción cruzó su rostro, como si percibiera lo que realmente estaba detrás de todo aquello.

"¿Estás segura?", me preguntó. Asentí con tristeza.

"Bueno, al menos despidámonos como se debe", dijo ella. Me propuso tomar unos tragos de tequila en un bar cercano a su oficina, y aunque originalmente planeamos tomar solo dos copas, terminamos bebiendo un poco más. Cantamos juntas algunas canciones melancólicas en el karaoke, y durante ese momento ella me reveló que aún había problemas sin resolver en su relación anterior. Ambas estuvimos de acuerdo en que tal vez sería lo mejor darnos un tiempo. Aunque pareciera extraño, incluso en esta difícil encrucijada entre nosotros, las cosas fluían de manera perfecta.

Mientras Yesenia se fue a México en busca de un cierre con su ex, Lucio me ofreció su amistad de la mejor manera que sabía: salir de fiesta.

"Carla, no puedes quedarte en casa llorando", me dijo. "¡Es sábado por la noche! ¡Vamos a bailar!" Por supuesto, no pude rechazar su oferta.

Esa noche me encontraba disfrutando de la bachata, girando en la pista de baile con Lucio, cuando de repente apareció una figura inesperada: ¡Erasmo! Mi corazón dio un vuelco cuando él extendió la mano y me sujetó el brazo con fuerza. Pensé: *Vaya, Erasmo detesta bailar, ¿qué demonios hace aquí?*

"Carla, necesito hablar contigo", me suplicó. Lucio trató de intervenir, pero lo detuve.

"Está bien", le dije, mientras caminaba hacia un lado de la pista de baile para hablar con Erasmo.

"Carla", lloraba Erasmo en medio de la pista de baile, con palabras de desesperación brotando de sus labios. "Me acaban de diagnosticar cáncer". Sentí como si me hubieran arrojado un balde de agua fría. Me explicó que se iría a México, ya que los tratamientos médicos aquí eran demasiado costosos y no tenía seguro médico. Mi mundo se desmoronó al darme cuenta de lo frágil que puede ser la vida cuando se ve golpeada por una tragedia tan repentina.

"Voy a hacer un viaje rápido a Las Vegas para hacer una fiesta de despedida antes de irme para siempre", dijo finalmente con lágrimas en los ojos. "Esperaba que vinieras". ¿Una fiesta en Las Vegas?, pensé. Aunque la despedida parecía extraña, la angustia en sus ojos fue suficiente para hacerme creer que no era otra artimaña romántica. Sin importar lo que sucediera a partir de ahora, sabía que esta podría ser mi última oportunidad de despedirme.

Cuando llegué a casa, llamé a Yesenia para contarle todo lo sucedido.

"Estoy considerando ayudarle a pagar el tratamiento para que no tenga que regresar a México sin su familia", le dije.

"Entiendo", respondió ella. "Es difícil cortar los lazos con alguien que fue importante en tu vida, especialmente si le han diagnosticado cáncer".

Hubo una pausa por un momento antes de que ella continuara.

"Oye, no te sientas triste o limitada si quieres intentarlo nuevamente con él. Pero seamos realistas: dudo que esté realmente enfrentando una enfermedad terminal; nadie que esté a punto de encontrarse con su Creador va a pasar una noche de desenfreno en Las Vegas. Dicho esto, todo podría ser cierto y tu presencia allí podría ser de ayuda, así que ve a cuidarlo si eso es lo que deseas. Solo no puedo prometerte que estaré aquí esperándote".

Después de nuestra llamada, entré al baño y miré mi reflejo en el espejo. Este me mostró un torbellino de emociones. Acababa de despedirme de mi negocio y estaba lidiando con el dolor de una ruptura, mientras trataba de comprender nuevos sentimientos que me dejaban irremediablemente confundida. *¿Y ahora Erasmo posiblemente se estaba muriendo de cáncer?*

De pronto la vida parecía llevarme hacia el abismo, pero en su lugar, decidí llamar a mi madre.

"Hola Carlita", me dijo ella, con una voz tan cálida que casi hizo brotar una lágrima. "¿Cómo estás? Aquí está tu padre escuchando por el altavoz".

Me encontraba en aguas desconocidas, abrumada por un mar de emociones inquietantes pero extrañamente reconfortantes. Sentía cómo mi corazón se expandía con un amor recién descubierto, pero el miedo me impedía compartirlo. La voz de mi padre resonaba en el fondo de mi mente, recordándome que este secreto debía permanecer bajo llave o me enfrentaría a una tormenta de desaprobación. Estaba segura de que sus sentimientos se desbordarían si descubriera que yo estaba explorando una idea completamente contraria a sus creencias. Después de tantos años, nuestra relación comenzaba a sanar. *¿Cómo iba a arriesgarlo revelándole algo que iba más allá de sus expectativas para mí?*

En lugar de abordar algo tan personal, evadí el tema y hablé sobre el estrés y la sobrecarga que estaba experimentando debido a mi separación de Erasmo.

"¿Recuerdas a tu prima Rommy?", dijo mi madre. "Ella acaba de regresar de un retiro de vipassana y está muy feliz". Me explicó que Rommy se había embarcado en un viaje de autodescubrimiento, lejos del bullicio de la vida cotidiana. Un retiro de meditación en silencio de 10 días para encontrar paz interior, sin distracciones ni conversaciones. Sonaba desafiante, pero extrañamente atractivo, considerando el caos que estaba experimentando en mi propio mundo. Pensé que desaparecer del mundo y no hablar con nadie durante 10 días podría ser exactamente lo que necesitaba.

Dejé volar mi imaginación y me adentré en el papel de mi personaje favorito, Beth de The L Word. En la serie, ella se había retirado en silencio con el corazón apesadumbrado después de su separación de Tina. Sin embargo, encontró consuelo en el silencio y en los gongs que resonaban como suaves mantras a lo largo del retiro, restaurando la paz en un mar agitado por la tormenta emocional.

Después de finalizar la llamada, decidí buscar "retiro vipassana" en internet para ver qué opciones había. Para mi sorpresa, ¡había un retiro programado en Washington para la próxima semana! Por primera vez desde mi difícil conversación con Yesenia, sentí una chispa de esperanza. Pensé que tal vez eso era lo que necesitaba para encontrar la paz y la armonía dentro de mí. Diez días en completo silencio. Si podía silenciar mi voz y alejarme de las distracciones, quizás podría encontrar las respuestas que buscaba.

Después de inscribirme en el retiro, mi anticipación creció con cada correo electrónico que recibía con instrucciones detalladas. Cuando llegó el día, sentí una emoción palpable mientras me embarcaba en un viaje de cuatro horas desde Pasco hasta Onalaska, donde se encontraba el santuario. Una vez allí, quedó claro que este no era un retiro común. Seis acres de exuberantes bosques creaban un entorno idílico, con cabañas individuales con vistas tranquilas al lago. Los más experimentados optaron por acampar al aire libre en tiendas de campaña, mientras que aquellos que buscaban comodidad tenían sus propias cabañas modestas equipadas con baño. Yo elegí una cabaña para mí.

A medida que nos reuníamos, los treinta y tantos participantes, en los terrenos del santuario, dos edificios llamaron nuestra atención. Uno albergaba una cocina grande y un comedor llenos de energía, mientras que en el exterior había otra estructura, una imponente cúpula cuyas paredes parecían estar vivas. Justo al lado se alzaba un enorme gong que nos invitaría a las sesiones de meditación.

Cuando nos reunimos en la recepción, cada uno de nosotros recibió un contrato que establecía una promesa: completar los diez días de retiro sin importar las circunstancias. Parte del acuerdo era renunciar a nuestros teléfonos móviles, liberándonos así de las exigencias externas y permitiéndonos sumergirnos en un viaje hacia nuestro interior. Al leer atentamente cada línea del contrato, algo inesperado llamó mi atención:

Al firmar este contrato, usted se compromete a embarcarse en este viaje hacia lo desconocido y acepta toda la responsabilidad si la profundidad de la autorreflexión conlleva repercusiones mentales imprevistas.

Firmé el formulario con manos temblorosas, una súplica silenciosa en busca de salvación. Cada trazo de mi bolígrafo estaba lleno de miedo y la oscuridad amenazaba con apagar cualquier rastro de esperanza. Sin embargo, en lo profundo de mí, sabía que era aquí donde la fe me había llevado en busca de paz.

Una vez finalizada la tarea ardua del papeleo, nos vestimos con ropa blanca de yogui, listos para embarcarnos en un viaje lleno de meditación y autorreflexión. Acurrucados en el domo, como una unidad dentro de aquel sereno santuario, nuestros maestros nos iluminaron acerca de lo que nos esperaba durante el retiro.

Cada mañana, despertaríamos en la pacífica oscuridad del amanecer al sonido del gong. Encontraríamos nuestra paz interior de manera individual hasta que llegara el momento de reunirnos bajo la imponente cúpula y conectar unos con otros, ¡sin hablar! Después de disfrutar de un festín de delicias puramente veganas, seguirían más sesiones de meditación, intercaladas con breves descansos de interiorización entre las comidas. Finalmente, la noche nos envolvería en un descanso reparador, después de doce horas de silenciosa autoexploración que se repetirían día tras día.

Nuestros maestros desplegaron una pantalla gigante y nos presentaron grabaciones del venerable S.N. Goenka, un sabio de la India cuya sabiduría trascendía el tiempo. Aunque se nos había prohibido hablar o hacer contacto visual con los demás, estos videos reforzaron esa enseñanza de manera detallada. Sus palabras nos invitaron a la contemplación y la meditación, guiándonos hacia un despertar más profundo.

Cerré los ojos y me sumergí en un silencio divino y tranquilizador. La suave voz de S.N. Goenka me guió y me infundió valor para adentrarme en lo desconocido, en busca de una verdadera liberación interior.

La primera mañana fue una experiencia serena y surrealista. Observar por la ventana y ver a los ciervos alimentándose pacíficamente de frutas suculentas despertó algo especial en mí: un profundo aprecio por la naturaleza. Al principio, la meditación se sentía extraña, como nadar contra la corriente mientras me arrastraba, pero a pesar de esos pensamientos confusos, traté de ignorarlos y completé el primer día sin problemas. Sin embargo, al amanecer del segundo día, una agitación interna más fuerte se apoderó de mí, haciendo que todo a mi alrededor se volviera más difícil que el día anterior. Mi mente se revolvía, repitiendo conversaciones y pensando en lo que podría haber sido. La calma parecía lejana, pero entonces mi atención se posó en algo que aún me brindaba tranquilidad: mi respiración entrando y saliendo por mi nariz, sintiendo el roce en mi labio superior.

El tercer día resultó insoportable; mi mente se agitaba como un mar tormentoso y sentía el pánico de los pensamientos atrapados que intentaban liberarse. A pesar de todo, sabía que mi compromiso me obligaba a no desviarme de lo que había escrito con tinta, así que, con la agitación interna como única compañía, me senté en medio de la inquietud.

El cuarto día fue un desafío inmenso. Mi mente se aceleraba sin control y necesitaba todas mis fuerzas para seguir adelante. Ninguna palabra de los organizadores podía calmarme, así que comencé a susurrar el mantra "om" en mi mente, con la esperanza de encontrar la paz, atrayendo la quietud hacia mi interior y concentrándome en cómo cada respiración acariciaba mi labio superior.

De repente, sentada dentro de la cúpula de meditación, envuelta en mi ropa de yogui y con el mantra guiándome, algo extraordinario comenzó a suceder. Con cada respiración que resonaba en mi cuerpo, una fuerza energética sin igual se manifestaba suavemente en mi interior, comprimiéndose en un núcleo único de existencia. De pronto, me di cuenta de que esa burbuja contenía todo... ¡incluyéndome a mí! Y, sin embargo, yo seguía allí sentada, aparentemente existiendo sin límites físicos.

Me sentía infinitamente pequeña, mi cuerpo era solo una chispa de luz dentro de una envoltura carnal. Justo frente a mí, la oscuridad comenzó a tomar forma y figuras amenazantes emergieron. Instintivamente, deseaba abrir los ojos y hacerlas desaparecer, pero en medio del miedo también había un cálido consuelo que me instaba a seguir adelante, desafiándome a enfrentar lo que acechaba en esas sombras desconocidas.

Me encontraba en una inquietante quietud, iluminada por extraños espectros que se arremolinaban a mi alrededor. Por un momento, mi mente caótica se detuvo y experimenté una serenidad verdadera, una paz incomprensible que antes me había eludido. Sin embargo, desapareció tan rápido como llegó, dejándome con un pensamiento: *había algo hermoso al otro lado; algo por lo que valía la pena enfrentar el miedo si tenía el valor suficiente para extender la mano y agarrarlo.*

En el cuarto día de mi retiro de silencio, experimenté un

avance meditativo que se sintió como una ola calmante que se estrellaba sobre mí. Busqué ayuda de un instructor en particular, cuya presencia me reconfortó de manera extraña. Con su apariencia serena, cubierto con un turbante y su impresionante bigote al estilo de Salvador Dalí, irradiaba paz. Le compartí lo que había experimentado durante mi sesión de meditación en busca de comprensión más profunda.

Con un suspiro de admiración, el instructor murmuró: "Ah, ¡hermoso! Parece que permitiste que tu alma se liberara de su envoltura física y explorara los rincones más oscuros de tus pensamientos para enfrentar tus propios demonios". Celebró mi éxito al conquistarlos, lo que me hizo sonreír. "Ahora es el momento de que esta transformación se manifieste en el mundo exterior: ¡sal y descubre cómo puedes vencer tus miedos en la vida real, jovencita!", me aconsejó con una tranquilidad que parecía emanar de su ser.

A partir de ese día, me sentí en un refugio espiritual, como si una fuerza de otro mundo me hubiera llamado. Cada mañana contemplaba a los ciervos mientras comían frutos rojos desde mi ventana, y mi ojo interior se abría a reinos desconocidos en cada sesión de meditación profunda. Pero como todos los viajes, llegó el momento de regresar, de abandonar la serenidad más absoluta y volver al bullicio de la vida cotidiana.

En el último día, una suave flexibilización de las normas nos permitió volver a hablar después de tanto tiempo en silencio. Cuando pronuncié mis primeras palabras, mi voz me pareció extraña, como si estuviera descubriendo algo nuevo sobre mí misma que había estado oculto en silencio todo ese tiempo. Cada sonido era abrumador, mi voz sonaba tan fuerte que me aturdía, y lo único que deseaba era susurrar. Aunque al principio fue un desafío, lo único que importaba al despertar de ese capullo de silencio era recordar la increíble experiencia del cuarto día, como si hubiera descubierto un mundo totalmente diferente dentro de mí.

Después de tomar un tiempo para reflexionar en el auto, sentí que la confrontación con mis dudas internas era inevitable. Me di cuenta de que tenía miedo de aceptar quién era realmente, más allá de las etiquetas y las convenciones. Sin embargo, el amor fue lo que me impulsó a seguir adelante a pesar del miedo. Si la felicidad me esperaba al otro lado de esta lucha, valdría la pena enfrentarla.

Decidí llamar a Yesenia y compartir mi decisión con ella. Le dije con seguridad que iba a armarme de valor y salir del closet, aunque no sabía exactamente cuándo o cómo lo haría. También le aseguré que no tenía dudas sobre nosotras y que estaba firme en mi decisión.

Al regresar a Tri-Cities, recibí una llamada inesperada del agente del seguro de vida de Erasmo. Resultó que ambos nos habíamos sometido a exámenes médicos y de sangre para una póliza de seguro unos meses antes, y yo aún era su contacto de emergencia. El agente me informó que los resultados mostraban que ambos estábamos sanos y que el presupuesto para la póliza sería aún más económico de lo que se nos había dicho inicialmente.

Sorprendida, pregunté si eso significaba que Erasmo estaba sano. El agente confirmó que sí, que estaba más sano que nunca. Yesenia tenía razón, pensé. Erasmo nunca había tenido cáncer. Una sensación de alivio me invadió y supe en ese momento que mi decisión de dejarlo había sido la correcta.

Yesenia y yo decidimos celebrar el drama que habíamos superado saliendo a disfrutar de una noche llena de baile y diversión. Nos dirigimos al legendario club mexicano de Tri-Cities, el Lingote de Oro, donde la música tradicional mexicana resonaba en el ambiente y las parejas bailaban en la animada pista.

Aunque algunos hombres machistas y conservadores no eran especialmente acogedores con los estilos de vida gays en ese lugar, no permitimos que eso arruinara nuestra celebración. Con una sonrisa de oreja a oreja, tomé la mano de Yesenia y la hice girar en la pista de baile. A pesar de que había descubierto mi verdadero yo recientemente, sentí natural arriesgarme de esa manera con alguien que significaba tanto para mí.

Esa noche abracé mi futuro y me dejé llevar por el momento, a pesar de los juicios a los que me enfrentaría. Lo más importante era vivir auténticamente, y Yesenia me inspiró a hacerlo. Decidí aceptarme tal y como era, bailando al ritmo de la melodía, con o sin la aprobación de los demás.

SIETE
DE VUELTA A CASA

"Debajo y detrás del Universo de Tiempo, Espacio y
Cambio, siempre se encuentra La Realidad Sustancial—
la Verdad Fundamental."

—*EL KYBALIÓN*

DESPUÉS DEL RETIRO, experimenté una renovada conexión con algo más grande que yo misma. Desde mi infancia, mi madre me había hablado de la espiritualidad, y el Dr. Leenerds me había enseñado sobre la interconexión de todas las cosas, cómo la energía fluye a través de nosotros y cómo las vibraciones se entrelazan en una armonía cósmica. Sentí que estos conceptos resonaban en cada célula de mi cuerpo, despertando una nueva conciencia en mí. Sin embargo, a pesar de este despertar, pronto me di cuenta de que los viejos hábitos y patrones de pensamiento volvían a surgir.

Había trazado el camino hacia una vida más saludable y

consciente, pero dejé que el bullicio cotidiano se interpusiera en mi camino. Mi compromiso con la dieta vegana, tan prometedor al principio, se desvaneció por completo cuando Yesenia y yo emprendimos un viaje juntas hacia Las Vegas. Aquella noche, el hambre apremiante y la falta de opciones viables nos condujeron a McDonalds. Mis rebanadas de manzana con crema de cacahuete, aunque sabrosas, resultaron insuficientes para resistir la tentación que emanaba de su hamburguesa de un dólar. Su aroma me envolvió desde el otro extremo de nuestra mesa y, sin tardar, cedí ante la tentación, permitiéndome regresar a los hábitos carnívoros que había deseado dejar atrás.

Aunque mi relación con Yesenia apenas tenía un mes de duración, la conexión entre nosotras parecía trascender el tiempo, como si hubiera ardido durante siglos. Por eso, nos pareció natural fusionar nuestros dos mundos en un solo hogar. Yesenia vivía en la casa que sus padres habían adquirido para ella y su hermana mientras cursaban la universidad, mientras que yo tenía mi propio apartamento, aunque pasábamos la mayoría del tiempo juntas.

Una mañana, recibimos una llamada de Lucio, quien nos informó que su relación había llegado a su inevitable desenlace y que se marchaba de su hogar. Nos reunimos para tomar un café juntos y encontrar la mejor manera de brindarle apoyo.

"Creo que era algo que tarde o temprano iba a ocurrir", dijo Lucio. Habló de lo mucho que le pesaba, pero al final, este cambio parecía ser lo mejor para él. "Quizás este sea el momento propicio para descubrir ciertas cosas sobre mí mismo". Yo asentí en señal de comprensión.

"Comprendo lo que quieres decir", respondí con delicadeza antes de revelar mis propios secretos. No había visto a Lucio desde mi retiro vipassana y desde que tomé la decisión de estar oficialmente con Yesenia, por lo que parecía un buen momento para contarle.

"Tengo algo que confesarte", le dije, mientras Lucio se enderezaba en su silla. Respiré profundamente antes de dejar escapar la verdad: "Yesenia y yo somos algo más que amigas". Sus ojos se abrieron de par en par al procesar el significado de mis palabras.

"¡No puedo creerlo!", su voz rebosó de alegría, rompiendo el silencio cargado de emociones en la cafetería. Sin embargo, su entusiasmo iba más allá de la simple emoción; entre sus palabras se escondía una idea que generó un inesperado revuelo entre los tres.

"¿Y si nos mudamos juntos?", dijo de repente. Nos explicó que su ex se quedaría con la casa y, sin otra opción a su alcance, él se mudaría a la casa de su hermano, quien actualmente se encontraba en la cárcel, para protegerla de la ejecución hipotecaria. Los pagos serían una carga insostenible para él solo, pero con nuestra ayuda compartiendo el alquiler, podría lograrlo.

"Por favor, tómenlo en consideración", nos pidió. "No tienen idea del peso que me quitarían de encima".

La idea de ayudar a un amigo y al mismo tiempo reducir mis gastos de alquiler me pareció maravillosa. Aunque me sentía cómoda en mi propio apartamento, le dije que sí. Yesenia lo consideró cuidadosamente y, después de un par de semanas, aceptó mudarse con nosotros.

Estábamos emocionadas por dar ese gran paso y mudarnos juntas, pero decidí mantener en secreto esta verdad al presentarla ante mi familia. Aunque me había sincerado sobre mi vida romántica con mis amigos cercanos, contarle a mis padres seguía siendo una misión encubierta.

Poco después de instalarnos en nuestro nuevo hogar, llamé a mis padres para compartir otra noticia emocionante: después de siete años de añorar la hermosa ciudad donde crecí, finalmente regresaría a visitar a mi querida Guadalajara.

"¡Qué maravilla!", exclamó mi madre por teléfono al escuchar la noticia de que haría un viaje de dos semanas a México. Pero aún había algo más: finalmente había tomado la decisión de presentarles a mis padres a Yesenia. Sin embargo, dar el siguiente paso no sería fácil; sabía que requeriría paciencia y que debía ser un proceso gradual.

"¿Está bien si llevo a mi amiga Yesenia?", pregunté. "Somos compañeras de cuarto y nos hemos vuelto muy cercanas. Significaría mucho para mí."

"¡Por supuesto!", respondió mi madre. "Será un placer conocerla. ¡Tu papá y yo estamos emocionados de tenerte aquí!"

Llegó el día y Yesenia y yo abordamos el vuelo con destino a Guadalajara. Con cada momento que pasaba, mi anticipación crecía tanto por reunirme con mi familia como por lo que presentar a Yesenia significaría para mí. No quería que su identidad se limitara a etiquetas; quería que todos la conocieran y supieran quién era como persona antes de revelar la noticia. Pensé que de esta manera sería más fácil para ellos aceptarla.

Después de aterrizar, mi padre nos recibió en el aeropuerto a las 5 de la mañana con los brazos abiertos y un enorme ramo de flores. Mientras cargábamos el equipaje en el auto para dirigirnos a casa, mi padre tuvo una idea:

"Pensé que, ya que estás aquí, Carlita", sugirió él, "podríamos hacer una visita rápida a tu hermana Sandy". Mi corazón se estremeció al pensar en eso. Habían pasado siete años desde que tuve contacto con ella, desde que abandoné Guadalajara en medio de todo aquel caos y ella me hirió con palabras dolorosas sobre mi carácter y el de mi madre. Mi padre sabía que esa visita sería un torbellino emocional, pero aún así persistió.

"Sé lo que estás pensando... pero deberías dejar atrás los rencores", sugirió papá con determinación en su voz mientras conducía hacia la casa de mi media hermana.

Al llegar, los tres nos presentamos y llamamos a la puerta de la casa de Sandy antes del amanecer. Mientras esperábamos una respuesta, mi pecho latía inquieto: ¿era realmente una buena idea? Finalmente, mi cuñado nos dio la bienvenida con cálida hospitalidad y nos informó que Sandy todavía estaba durmiendo, pero que podíamos esperar en la sala. Momentos después, ella salió de su habitación.

"Papá, es muy temprano", dijo aún medio dormida. "¿Qué pasa?"

"Acabo de recoger a tu hermana del aeropuerto", respondió él. "Y como estábamos cerca, decidimos pasar a saludarte antes de irnos a casa." Al escuchar eso, Sandy se giró hacia mí y me sonrió.

"Hola, Carla", dijo, abrazándome. "¡Qué alegría verte! Ha pasado tanto tiempo."

"Hola, hermana. Te presento a mi amiga, Yesenia", respondí después de separarnos. Sandy miró a Yesenia y la saludó.

"Mucho gusto", dijo Yesenia amablemente. Sandy le devolvió la sonrisa y nos sentamos en el sofá para charlar. Mientras poníamos al día nuestras vidas, sentía la mirada sutil de Sandy estudiándonos a Yesenia y a mí, como si fuéramos un libro sin terminar. Era como si pudiera ver más allá de nuestra energía y percibir una verdad que aún no nos atrevíamos a pronunciar. Afortunadamente, mi padre finalmente habló:

"Bueno, hija, ha sido una visita muy agradable", dijo. Me observó y su mirada me recordó nuestra misión: dejar el pasado atrás. Respiré hondo y finalmente solté mi respuesta:

"De hecho, más tarde nos vamos a reunir con varias amigas en la piscina de nuestro hotel", le dije. "Adriana y Raquel también van a estar allí, y sería genial si pudieras acompañarnos." Mis padres nos habían regalado una noche en el hotel para disfrutar de la piscina, así que decidí invitarla para reconciliarnos.

Sandy aceptó venir y, finalmente, pudimos cerrar los asuntos pendientes. Yesenia y yo nos reunimos con mis padres y mis amigas en el hotel más tarde, y como habían prometido, mis tres hermanas también llegaron. Con toda mi pequeña familia reunida, compartimos risas alegres bajo el cielo anaranjado del atardecer, disipando cualquier tensión anterior. Pero lo más maravilloso de todo era que Yesenia parecía estar ganándose rápidamente la aprobación de mis padres.

Durante esas dos semanas, Yesenia y yo nos sumergimos en el encanto de Guadalajara y sus alrededores junto a mis padres. Las deliciosas comidas crearon una atmósfera de unión familiar que superó todas mis expectativas; mi padre estaba tan cautivado que incluso permitió que Yesenia condujera su preciado coche hasta Chapala. Así, este viaje se convirtió lentamente en un lazo incomparable.

La esperanza de que aceptaran nuestra relación se alzaba en mi pecho como un pájaro que emprende el vuelo, a pesar del miedo que me mantenía firmemente aferrada al suelo. Aunque sabía que mi madre me apoyaría pase lo que pase, aún no estaba claro cómo reaccionaría mi padre. Jugaba con la idea de contárselo a ella antes, pero corría el riesgo de ponerla en una situación incómoda si mi padre se enteraba, así que decidí esperar el momento perfecto para confesarles a ambos al mismo tiempo.

Para celebrar el último día de nuestro viaje en familia, nos dirigimos a un restaurante brasileño donde trabajaba mi amiga Yessica. Allí disfrutamos de un bufet con una variedad de carnes que hacían agua la boca, y unas bebidas que infundían valor incluso a las almas más temerosas. Como culminación de esa tarde, Yessica y su banda subieron al escenario, entonando y bailando sambas vibrantes que contagiaron a todos los presentes de su ritmo.

Con el reloj acercándose a la medianoche, subimos al coche de mis padres y nos dirigimos a nuestra última parada: la fiesta de despedida de soltera de mi amiga Jimena. Sin embargo, al llegar a la fiesta, nos dejaron en claro que no se admitían hombres. "Esta fiesta es solo para chicas", nos dijo una mujer con una sonrisa traviesa. Un par de amigos gays que se habían unido a nosotros en el restaurante brasileño tenían su propio destino en un bar cercano calle abajo. Al escuchar esto, mi padre nos dejó y fue a estacionar el auto antes de reunirse con los chicos en el bar.

El ambiente de la fiesta estaba lleno de alegría despreocupada mientras Yesenia y yo disfrutábamos del tequila hasta que el aire se llenó de emoción. Llevaba demasiado tiempo censurándome a mí misma, pero pronto esos secretos no podrían contenerse más: se acercaba el momento de la verdad.

Yesenia se alejó por un momento, dejándome sola con mi madre. Tomé eso como una señal del destino mismo y me di cuenta de que tenía que ser ahora o nunca, así que decidí confesárselo a mi madre primero.

"Tengo algo que decirte", le susurré, temerosa pero decidida.

"¿De qué se trata, hija?" Mi madre entrelazó sus dedos con los míos y nuestros ojos se encontraron.

Respiré profundamente y reuní valor. "Yesenia no es solo una amiga, estamos juntas. Y... tal vez esto signifique que soy gay". Tan pronto como esas palabras salieron de mi boca, comencé a llorar.

"Carlita, está bien", me dijo mientras me abrazaba. "Te acepto y te amo tal como eres. Además, creo que ya lo sabía. Cuando eras niña, siempre preferías jugar con carritos y odiabas los moños y los vestidos". Al escuchar esas palabras de mi madre, sentí como si un soplo de aire fresco recorriera todo mi ser. El peso inmenso que llevaba en el pecho parecía desvanecerse y toda la ansiedad que había acumulado durante años desapareció de repente. Con lágrimas aún cayendo por mi rostro, la abracé fuertemente en señal de gratitud antes de correr a buscar a Yesenia para contarle lo que había sucedido.

Las tres nos abrazamos, envolviendo aquel momento en un recuerdo íntimo. Pero mientras disfrutábamos de la felicidad, una voz desconocida nos atravesó como un rayo en una noche tormentosa, rompiendo la serenidad que nos rodeaba.

"¡Carla!", gritó alguien. "¡Parece que tu papá está discutiendo con alguien afuera!" Con el temor corriendo por nuestras venas, abandonamos rápidamente la escena alegre solo para encontrar a mi padre en medio de una acalorada disputa con mis amigos gays, ambos envueltos en una pelea emocional. Los puños volaron antes de que su furia se disipara lo suficiente para que se separaran, todavía agitados.

"¡Carlos, qué está pasando!" exclamó mi madre.

La ira de mi padre hervía como un torbellino, amenazando con desatar su poder mientras gruñía su única orden: "¡Suban al auto; las llevaré al aeropuerto de inmediato!". Las tres obedecimos con cautela, a pesar de que Yesenia y yo tendríamos que esperar cinco horas antes de que saliera nuestro vuelo. Su furia era casi tangible, pero el motivo por el cual abandonábamos el lugar seguía siendo un misterio.

Durante nuestro trayecto, palabras llenas de odio emanaban de él, enardeciendo el aire con un coraje que ya había presenciado antes.

"¡Por eso odio tanto a los gays!" exclamaba mi padre furioso. "¡Siempre causando escándalos!" Sus palabras enviaron escalofríos por mi espina dorsal, y su conducción brusca solo empeoraba las cosas. Yesenia y yo nos sacudíamos como bolas de pinball, indefensas, mientras sus palabras nos quemaban como fuego. De repente, su mirada enfurecida se encontró con la nuestra en el espejo retrovisor, exigiendo una explicación.

"¡Y ustedes dos! ¿Por qué tienen que sentarse tan juntas allá atrás cuando hay tanto espacio?" En medio de esa creciente tensión y miedo, no hubo respuesta. Ambas nos quedamos en silencio mientras mi madre intentaba calmarlo.

"Carlos, por favor, cálmate", suplicó mi madre.

Mi padre continuó con sus expresiones homofóbicas, hasta que finalmente estallé y le dije:

"Pues, ¿sabes qué, papá?" Con la rabia corriendo por todo mi cuerpo, estaba lista para soltar las palabras que había estado reprimiendo durante días. Pero antes de que pudiera decir lo que mi padre necesitaba saber, las manos agitadas de mi madre me interrumpieron en medio de la frase.

"Por favor, Carlita", me dijo con urgencia. "Este no es el momento". Claramente, ella sabía las palabras que probablemente vendrían después: también soy gay...

Permanecí en silencio y me sentí impotente por no poder expresar la verdad de golpe, pero mi madre probablemente tenía razón: ese no era el mejor momento para confesar la verdad.

En el auto, el ambiente era tan tenso que se sentía como una tormenta eléctrica, impregnando el resto de nuestro recorrido con un silencio ominoso y expectante.

Al llegar al aeropuerto, me despedí de mi madre con lágrimas en los ojos. Sin embargo, mi padre seguía distante y furioso, sin estar dispuesto a compartir lo que había provocado su ira. Poco sabía yo que, a medida que nos acercábamos al momento de despegar, mi madre me revelaría la raíz de esta caótica escena de despedida.

Mientras estábamos en la fiesta, mi hermana Sandy le había enviado a mi padre varias capturas de pantalla de un perfil de

Facebook que parecía ser de Yesenia. Debajo de las fotos de nosotras dos, había varios comentarios escritos:

¡Ella es mi novia, y nos vamos a casar! <3

¡El amor de mi vida y yo!

¡Te amo Carla! ¡Qué bueno que estemos juntas!

Mi corazón se sentía como un pájaro enjaulado, emitiendo una melodía ansiosa. Sabía que Yesenia había publicado esas fotos en su perfil meses atrás y me había etiquetado, ¡pero esos no eran los subtítulos originales! Después de todo, ella me había prometido que esperaría a que yo diera el paso cuando estuviera lista, pero esta situación me arrastraba a hacerlo público antes de tiempo.

"¿Tú hiciste esto?", le dije a Yesenia, mostrándole mi teléfono.

"¡Por supuesto que no!", exclamó sorprendida. "¡Ese no es mi perfil!". Ambas sosteniendo nuestros teléfonos, investigamos en las redes sociales y descubrimos una escalofriante verdad: había dos perfiles de ella en Facebook. Después de examinar ambos perfiles, descubrimos que había un impostor que había creado una cuenta falsa, aparentemente con la intención de sacarme del clóset. El perfil romántico solo tenía cinco amigos, y dos de ellos eran mi hermana Sandy y mi padre.

Mientras examinaba detenidamente el segundo perfil, noté una curiosa coincidencia: esas mismas fotos habían sido publicadas tres días antes, justo en el momento en que Yesenia nos conducía hacia nuestro destino en Chapala. De alguna manera, esa coartada la excluía de ser sospechosa.

De repente, me di cuenta de lo que había sucedido: alguien de mi propio círculo, decidido a sacarme del clóset, había robado las fotos publicadas de Yesenia para luego revelar esta retorcida verdad a mi familia. Pero, ¿quién demonios podría haber sido? Finalmente, comprendí por qué mi padre estaba tan enfurecido. Tuvo que enfrentar la realidad de una verdad inesperada: mi homosexualidad. Pero lo peor era que no lo había escuchado de mí; en su lugar, tejimos una red de mentiras para ocultar quién era realmente Yesenia, lo cual seguramente sintió como una traición. La ley de la vida se había revelado: *nada puede permanecer oculto para siempre*. Las mentiras que habíamos lanzado al universo ahora regresaban con consecuencias nefastas, todo por tratar de evitar una verdad fundamental.

Pensaba que las dificultades en mi relación con mi padre eran cosas del pasado, pero en ese momento descubrí que apenas era el comienzo de una nueva y desgarradora página en nuestro libro.

OCHO
CAUSA Y EFECTO

"Toda Causa tiene su Efecto; todo Efecto tiene su Causa; todo sucede conforme a la Ley; El azar no es más que un nombre para la Ley no reconocida."

—EL KYBALIÓN

Nuestra visita había destrozado la paz que existía entre mi padre y yo, abriendo una vez más una brecha que pronto se llenó de llamadas llenas de veneno, con sus palabras escociendo como flechas lanzadas desde el otro lado. Su ira parecía provenir no solo de su desacuerdo con mi relación, sino también del profundo dolor por haberle mentido.

Era difícil para mi padre aceptar la verdad, pero yo sentía la responsabilidad de compartirla con él. Le confesé que Yesenia era mi novia, pero que alguien había distorsionado las publicaciones con la intención de perjudicarme. Sin embargo, le costó creerlo. Le dolió especialmente el hecho de que no se lo hubiera confesado antes, pero había una cuestión más compleja en juego: años de su comportamiento explosivo me habían condicionado a no confiar en revelarle la verdad. Como un ciclo cósmico de consecuencias equilibradas por la armonía etérea de la Naturaleza, *cada paso dado había llevado consigo una repercusión igual y opuesta.*

En el mar embravecido por la desaprobación de mi padre, fue mi madre quien me ofreció su apoyo. Me llamaba tan a menudo como podía para brindarme un puerto tranquilo en medio de cada tormenta, pero sus esfuerzos se veían continuamente frustrados por los arrebatos constantes de mi padre. Al final, no tuve más remedio que bloquear todo el ruido que venía de él y mantener mi distancia.

Mi corazón se sentía cargado con un torbellino de emociones: por un lado, experimentaba angustia por la discordia entre mi padre y yo, pero por otro lado, surgía una sensación de calma que me liberaba de vivir en la mentira.

Mientras exploraba lentamente los límites de una relación saludable, noté que el comportamiento de Lucio había pasado de ser agradable a intrusivo ahora que vivíamos bajo el mismo techo. Aunque sus intenciones habían sido buenas al principio, pronto cruzó varias líneas invisibles entre el respeto y la privacidad.

Poco después de regresar de México, una amiga de Lucio vino a casa con un bolso lleno de mi ropa.

"Vengo a devolverte esto", dijo ella, entregándome el bolso. Me explicó que había salido a bailar con Lucio durante nuestra ausencia y necesitaba algo que ponerse, por lo que Lucio le había dado permiso para buscar en mi armario. Le agradecí y comenzó a irse, pero no sin antes agradecerme también por haberles prestado mi coche. Aparentemente, Lucio había tomado mi auto sin mi permiso mientras yo estaba fuera de la ciudad.

Una soleada mañana de domingo, Yesenia y yo estábamos acurrucadas en nuestra cama viendo una película cuando Lucio irrumpió en la escena. Lanzó un chillido de emoción al abrir la puerta y saltó a la cama con nosotras, deseoso de acurrucarse y ver la película juntos.

"Buenos días, amiguitas", dijo él, acomodándose entre nosotras. "¿Qué haremos hoy?"

A pesar de sus buenas intenciones, nos sentimos invadidas y le pedimos amablemente que nos diera un poco de privacidad, ya que no estábamos adecuadamente vestidas para la compañía.

"Por favor", respondió él, ignorando nuestra petición. "Relájense. Están bajo las cobijas y no puedo ver nada".

Yesenia y yo intercambiamos miradas cómplices mientras lo observábamos ver la película, hasta que finalmente el aburrimiento le venció y se fue. A medida que nuestra necesidad de privacidad se fortalecía, también se hacía más evidente el efecto de ya no querer vivir bajo el mismo techo.

Esa tarde, Yesenia me miró con determinación en los ojos. "Tal vez sea el momento de comenzar a buscar nuestro propio lugar juntas", me dijo, sabiendo que habíamos soñado con tener nuestra propia casa durante meses. "¿Qué opinas?". Llena de emoción, respondí inmediatamente que sí.

Yesenia y yo teníamos la esperanza de hacer realidad la compra de una casa, pero después de reunirnos con un prestamista hipotecario, nos enfrentamos a una tarea desafiante: juntar el veinte por ciento de enganche, más los costos de cierre, para una casa promedio de doscientos mil dólares, una suma de dinero con la que no contaba.

A pesar del éxito que mi negocio conllevaba, el dinero parecía escaparse de mis manos sin que supiera dónde o por qué. Pero afortunadamente, Yesenia tenía buenos hábitos financieros y había logrado ahorrar exactamente lo que necesitábamos.

Aunque la infancia de Yesenia estuvo marcada por la escasez, su madre le inculcó la importancia de la seguridad financiera desde muy joven. Su madre quedó huérfana a los cinco años, pero vendía crema agria y tamales puerta en puerta para llegar a fin de mes y ayudar a mantener a sus hermanos. Su inquebrantable ambición la llevó a superar las barreras del idioma cuando emigró a Estados Unidos, todo con el objetivo de brindar a su familia una vida mejor a través del trabajo duro como emprendedora independiente.

Su madre era un ejemplo de éxito en Estados Unidos. Gracias a su capacidad de ahorro, ingenio y habilidad para identificar oportunidades de inversión en subastas, había prosperado económicamente. Yesenia creció con las enseñanzas de su madre resonando en sus oídos: la frugalidad atrae a la oportunidad y aquellos lo suficientemente sabios para aprovechar las oportunidades que se presentan pueden cosechar grandes recompensas.

Después de consultar con su madre, decidimos que comprar una casa era una mejor inversión que alquilar. Con la guía de nuestro agente inmobiliario, buscamos por todas partes la casa perfecta que satisficiera todas nuestras necesidades. Después de una larga búsqueda, finalmente nos decidimos por una propiedad de nueva construcción, lo que nos permitió personalizar cada detalle. Con gran emoción y después de medio año de espera paciente, nuestras esperanzas y sueños se hicieron realidad cuando las llaves de nuestro nuevo hogar abrieron el camino hacia una nueva etapa de nuestras vidas.

A pesar de nuestros fondos limitados para la mudanza, Yesenia y yo estábamos decididas a crear una vida más cómoda. Dado que mi negocio de interpretación médica había tenido éxito hasta ese momento, pensé que obtener nuevas certificaciones podría ser clave para expandirme aún más. Por lo tanto, decidí perseguir la certificación de intérprete judicial, que prometía recompensas más lucrativas.

Al compartir mis planes con Lucio y Yesenia, ambos se entusiasmaron y decidieron acompañarme en mi próximo viaje. En la fiesta de inauguración de nuestra casa, hablamos nerviosamente sobre el arduo examen que nos esperaba, y ofrecí compartir mis materiales de estudio.

"Acabo de comprar varios libros para el examen de la corte", le dije a Lucio. "Algunos fueron difíciles de conseguir, pero como no los voy a leer todos al mismo tiempo, puedo compartirlos contigo. Y si tú consigues otros libros, ¡podríamos intercambiarlos!" Lucio asintió levemente, como si un pensamiento silencioso pasara por su mente pero se mantuviera sin ser expresado. Antes de que la conversación pudiera continuar por ese camino, él cambió de tema y me pidió que le sirviera otro trago.

A pesar de mi confusión, accedí a su solicitud y llené su vaso, preguntándome si algo había cambiado en él o si simplemente no había notado esa faceta suya antes. Yesenia también parecía haberlo notado.

Lucio siempre había sido un maestro de las sorpresas, pero después de mudarnos encontró nuevas formas de llamar la atención. Mientras Yesenia y yo optábamos por noches tranquilas en casa en lugar de salidas nocturnas a clubes, Lucio seguía apareciendo sin previo aviso con la simple excusa de que "necesitaba un trago". Su estilo de vida festivo ya no nos atraía de la misma manera que antes, y lo que era más evidente era que cada vez parecía más centrado en sí mismo que en cualquier otra cosa.

Tres semanas más tarde, el destino me sonrió en el hospital al encontrarme con un intérprete médico que había superado exitosamente el examen de intérprete judicial. Al compartirle mis planes, su rostro se iluminó de alegría al saber que yo también me estaba preparando para ello. "¡Sabes qué? ¡Tengo algo perfecto para ti!", exclamó emocionado. "Poseo un glosario completo con todos los términos que necesitas memorizar para aprobar el examen". Era su propia guía, fruto de un estudio intenso y probada eficacia.

Agradecí su generosa ayuda con una sonrisa rebosante de ilusión. Sentí como si me hubiera ganado la lotería, expresándole mi cálida gratitud. Intercambiamos nuestras direcciones de correo electrónico y, al poco tiempo, su mensaje apareció en mi bandeja de entrada.

Llena de entusiasmo, decidí compartir esta oportunidad con Lucio, así que le reenvié rápidamente el correo electrónico:

¡Adivina qué! ¡Tenemos el glosario ideal para pasar el examen! ¡Disfrútalo.

Pero a los pocos minutos de enviar el mensaje, recibí una respuesta sorprendente por parte de Lucio:

Jaja, qué genial, pero ya lo tengo. El mismo intérprete me lo envió hace un par de semanas. Pensé que habías visto mi correo en la cadena...

Yesenia y yo nos quedamos sin palabras. Después de todo, si Lucio ya tenía el material de estudio que necesitábamos, *¿por qué no lo había compartido antes, cuando me ofrecí a prestarle mis libros?* Decidimos que la única forma de obtener respuestas era enfrentarlo directamente.

En nuestra próxima reunión, expresé mi perplejidad y confusión. "No entiendo. Habíamos hecho un acuerdo para ayudarnos mutuamente con este examen", reflexioné en voz alta.

"¿Por qué no nos compartiste que tenías este material cuando hablamos de compartir los recursos?" preguntó Yesenia con asombro, sus ojos brillando de incredulidad. "Este glosario es superior a cualquier otro libro".

Lucio respondió con altanería, con un tono que dejaba entrever su posesividad. "Pues... no estoy obligado a compartir mis secretos con ustedes", dijo. La extrañeza de la situación se volvía más evidente mientras nuestras miradas se entrecruzaban, cuestionando la lealtad de nuestra amistad. No podía comprender por qué se negaba a revelar información que nos beneficiaría a todos. Pero lo que me desconcertó aún más fueron sus palabras posteriores: "Además, ¿qué han hecho ustedes por mí para incentivar mi cooperación?".

Yesenia habló con pasión acerca de cómo los amigos deben estar siempre dispuestos a apoyarse mutuamente, ya sea ofreciendo una mano amiga o compartiendo información valiosa, sin esperar algo a cambio de antemano. Sin embargo, Lucio parecía estar alejado de ese ideal.

"Relájate", dijo Lucio con desdén. "Ambas están exagerando".

No podía creer que Lucio no reconociera nuestras acciones de ayuda. Durante su difícil proceso de divorcio, habíamos estado allí para él, adelantando varios meses de alquiler y ofreciéndole trabajo en la oficina de Yesenia, permitiéndole quedarse con el 100% de las ventas que realizara. Pero la cuestión no era quién había ayudado a quién, sino la falta deliberada de ayuda por parte de Lucio.

Después de esa conversación, Yesenia y yo comprendimos que debíamos establecer límites más firmes en nuestra amistad con Lucio. Buscábamos un intercambio equitativo de ayuda, en lugar de un recuento de quién había dado qué primero. Decidimos que era mejor prepararnos para el examen por nuestra cuenta, aunque yo seguía asignándole citas de traducción como una muestra de buena voluntad.

Cuando surgió el tema de mezclar los negocios con la amistad, compartí con Yesenia mi opinión de mantenerlos separados. Aunque ella se mostraba inquieta, entendía que seguir trabajando con Lucio era beneficioso para ambos, pero había algo que la preocupaba profundamente.

"Solo ten cuidado", me advirtió finalmente. "Hay algo que no me da buena espina".

Llegó el gran día en que Yesenia y yo nos presentamos al examen de traducción de la corte, pero Lucio nunca apareció. Como sospechábamos, la prueba resultó ser extremadamente difícil, a pesar de todo el tiempo y la energía que habíamos invertido en prepararnos. Al recibir la noticia amarga de que ninguna de las dos había aprobado, sentí una sensación de desconcierto.

"No sé qué hacer ahora", le confesé ansiosamente a Yesenia. Si bien mi negocio de traducción estaba prosperando, ya no veía un crecimiento significativo en él. Además, la idea de quedarme en la industria de las traducciones médicas para siempre no me resultaba atractiva. Aunque disfrutaba de mi trabajo, la constante lucha por clientes contra otras agencias se había vuelto agotadora.

Comprendiendo mi decepción, Yesenia me ofreció una perspectiva diferente. "¿Qué tal si esto no es más que una oportunidad disfrazada?" dijo con voz esperanzadora. "¿Has considerado retomar tus estudios y asistir a la universidad?" Quedé en silencio, reflexionando sobre su sugerencia.

Con el corazón encogido, expresé a regañadientes mis dudas: "No lo sé", admití, preocupada de que mi larga ausencia de la escuela pudiera obstaculizar mi aprobación en el examen de admisión. Sin embargo, antes de que pudiera terminar mis pensamientos, Yesenia intervino con palabras llenas de esperanza y confianza, como si supiera lo que pasaba por mi mente.

"Escucha", me dijo con convicción, "olvida las dudas que Erasmo alguna vez sembró en tu mente. Posees una fuerza extraordinaria, y sé que puedes lograr cualquier cosa si te entregas por completo.

No creas ni por un instante que sus palabras son ciertas; es triste, pero mira cómo ha terminado su historia".

Erasmo y yo habíamos tomado caminos separados, y lo que le esperaba a él fue un desafortunado giro de los acontecimientos. Después de tomar el control del bar que habíamos construido juntos, no pasó mucho tiempo antes de que lo perdiera todo y desapareciera sin dejar rastro.

Reflexionando sobre mi conversación con Yesenia, no podía evitar pensar en el Dr. Leenards y su brillante ejemplo de inteligencia. En su casa, decorada con premios y títulos que adornaban las paredes, emanaba un aura acogedora, una energía que nunca era abrumadora, pero siempre me animaba a seguir explorando el camino de la educación. Y en ese momento, me di cuenta de algo: quizás hay algo más que una simple relación de causa y efecto... ¡quizás *puedo elegir el efecto* que este examen reprobado tendría en mi vida! Tal vez podría ser el comienzo de algo aún más grande y mejor.

Tomar la decisión de hacer un cambio en la vida suele ser difícil, pero a veces necesario. Sabía que volver a estudiar era mi mejor opción para crecer y expandirme, aunque aún no estaba segura de qué campo de estudio elegir. Después de explorar diversas posibilidades, la lingüística se presentó como una opción fascinante. Soñaba con trabajar en emocionantes proyectos de confidencialidad como parte del equipo de intérpretes del FBI, lo cual parecía una oportunidad perfecta para desarrollar nuevas habilidades y ampliar mis horizontes.

Con una confianza fortalecida por la fe inquebrantable de

Yesenia en mí, me presenté al examen de ingreso en el colegio comunitario. Y para nuestra sorpresa, mis resultados fueron aún mejores de lo esperado, ¡incluso después de haber pasado un tiempo lejos de las aulas!

"Mi amor", me susurró Yesenia, con los ojos llenos de asombro, "siempre supe que eras lista, pero ahora me doy cuenta de que eres aún más inteligente de lo que imaginaba, ¡quizás incluso más de lo que tú misma creías!".

La sorpresa en su voz se mezclaba con admiración y orgullo. Era cierto, los resultados de mis esfuerzos habían superado mis propias expectativas después de haber pasado por un largo período de desánimo. Gracias a su constante estímulo y apoyo inquebrantable, me aventuré en un emocionante viaje hacia un programa de grado asociado en el colegio comunitario.

A medida que avanzaba en mis estudios de lingüística, me encontré en una encrucijada: aunque me sentía cómoda en mi campo, no podía negar que algo faltaba en mi corazón, una pasión ardiente que aún no había descubierto. Fue entonces cuando el Dr. Leenards, con su brillantez e inteligencia, me inspiró a explorar el vasto campo de la psicología. Sin embargo, la perspectiva de embarcarme en al menos siete años de estudio me desalentaba. Aun así, decidí dar un paso adelante, enfocándome en los cursos de nivel básico con la esperanza de que el camino se aclarara a medida que avanzara.

La primera semana de clases estaba impregnada de entusiasmo y alegría, pero todo cambió con una llamada telefónica sombría y cargada de pesar.

"Carlita", sollozó mi madre al otro lado de la línea. "Las cosas entre tu padre y yo han tomado un rumbo oscuro". Tras una pausa cargada de dolor, continuó: "Descubrí que me ha sido infiel". Las palabras de mi madre golpearon mi corazón con fuerza, revelando una verdad desgarradora. Mi padre, tras ser confrontado, había estallado en cólera y la había empujado bruscamente contra el sofá de su despacho. Sin embargo, mi madre, llena de coraje y fortaleza interior, se defendió valientemente y logró escapar de aquel lugar. Con una determinación inquebrantable, decidió que esta vez no habría lugar para el perdón hacia mi padre. "Esta fue la gota que derramó el vaso. Voy a dejar a tu padre de manera definitiva".

"Espera, ¿cómo?" le pregunté, sintiendo la angustia invadirme. "¿Estás bien? ¿A dónde irás?"

"Estoy bien", respondió con valentía. "Estoy en casa de Rosy". Un destello de consuelo recorrió mi ser al escuchar el nombre de Rosy, quien, hace siete años, también me había brindado su apoyo incondicional. La voz de mi madre expresaba una determinación férrea, prometiendo que permanecería junto a Rosy hasta que pudiera alcanzar un acuerdo de divorcio definitivo con mi padre.

Al percibir que mi madre estaba atrapada en un torbellino de agitación, reminiscente de los tiempos que habíamos vivido con él en el pasado, no dudé en ofrecerle un refugio seguro: nuestro hogar. Mi madre, abrumada por la situación, no pudo contener sus emociones y las lágrimas brotaron sin restricción. Sin pausas ni consideraciones prácticas, ambas colgamos el teléfono y nos aferramos a la esperanza como náufragas en el océano, resistiendo hasta que mi madre finalmente volvió a contactarme. Sin embargo, su voz denotaba aún más angustia que antes.

"Tu padre no está cooperando con la separación", dijo con voz entrecortada. "No sé qué hacer". Explicó que mi padre se había negado a enfrentar la realidad de la separación y le había negado acceso a los recursos económicos que habían compartido, dejándola atrapada en un abismo de desesperación y desesperanza. Si quería abandonarlo, tendría que hacerlo con apenas unos pocos cientos de dólares que había guardado por

120

su cuenta y una maleta repleta de ropa, al igual que yo había hecho en su momento.

"Mamá, siempre sabes qué hacer", le respondí con convicción. "Sigue tu instinto, como siempre me dices". Ella suspiró pesadamente y, unos momentos después, continuó.

"Mi corazón está cargado de mucho más que simple traición. Los constantes arrebatos de tu padre han pasado factura y han afectado mi bienestar de una manera mucho más profunda que cualquier saldo bancario. Después de todo, tu padre puede quedarse con el salón y el dinero; lo único que anhelo es recuperar mi paz mental. Por lo tanto, si la generosa oferta de refugio de Yesenia y tuya sigue en pie, deseo aceptarla. Gracias a Dios, aún puedo valerme por mí misma y recuperar mi estabilidad económica en un futuro cercano".

El coraje y la resistencia de mi madre eran realmente impresionantes.

A sus 64 años, la mayoría de las personas pensarían en jubilarse, no en comenzar de nuevo. Sin embargo, aquí estaba ella, con décadas de arduo trabajo a sus espaldas y un futuro incierto por delante. En lugar de dejarse desanimar, aceptó este nuevo desafío con gratitud en su corazón.

"Te puedes quedar todo el tiempo que necesites", le dije a mi madre con seguridad. "Te apoyaremos pase lo que pase, no te preocupes por el dinero".

No pude evitar sentirme decepcionada por la actitud de mi padre. Aunque entendía que no quería que mi madre se marchara, bloquearle el acceso a sus cuentas bancarias definitivamente no era lo correcto. Las conversaciones sobre cómo dividirlo todo al cincuenta por ciento en caso de una eventual separación habían quedado grabadas en los recuerdos lejanos de mi infancia, como un contrato basado en la confianza que ahora parecía carecer de significado alguno. "Por ahora, tenerlo todo a mi nombre es más sencillo", podía imaginar las palabras de mi padre resonando en mi cabeza, recordando esas conversaciones de antaño.

La ira y el desprecio de mi padre se desbordaron cuando se enteró de mi apoyo hacia mi madre. Sus mensajes se volvieron aún más venenosos, y un nudo en el estómago se formaba cada vez que veía una notificación en la pantalla de mi teléfono durante mis clases. Sentí el peso de su desaprobación y la presión de tener que lidiar con su negatividad mientras intentaba concentrarme en mis estudios. Era un constante recordatorio de la toxicidad que había existido en nuestra relación familiar.

Como siempre, eres la manzana de la discordia.

Lo que estás haciendo es separar a tus padres, como siempre has querido.

¡Tu y Yesenia pagarán por esto! ¡Todo se les va a devolver al triple!

Con cada nuevo mensaje, mi corazón se aceleraba y una corriente de miedo me invadía. Sus palabras evocaban en mi mente los recuerdos dolorosos y, a pesar de todo, no podía evitar responder con cólera, alimentando así el fuego que ardía entre nosotros.

Con el paso del tiempo, la rabia y la furia crecían en el interior de mi padre. En su mente, yo le estaba arrebatando a su esposa y había nacido en él un deseo inquebrantable de venganza para castigarme. Aunque yo solo anhelaba una oportunidad en el siguiente capítulo de mi vida, él parecía empecinado en atraparme en este ciclo tóxico de energía negativa que me asfixiaba, apretando su lazo alrededor de mi cuello.

Me sentía como un pequeño pájaro intentando liberarme

de las zarzas de la vida, pero por más que aleteara y volara alto, sus garras afiladas siempre me desgarraban. Aunque me encontraba emocionalmente exhausta, una conversación esclarecedora con Yesenia me iluminó como un faro salvavidas, guiándome fuera de la oscuridad.

"Yo creo que los vampiros existen", dijo Yesenia una noche con naturalidad, tras haber visto la película Crepúsculo. "Si no son chupadores de sangre, son drenadores de energía". Sus palabras flotaron en el aire como una niebla y mis ojos se abrieron de par en par al establecer una conexión inesperada. Ahora lo veía con claridad: no todos los vampiros llevaban colmillos y tenían la piel pálida; algunos eran miembros de carne y hueso de nuestra propia familia, que succionaban nuestra energía vital. Me di cuenta de la cantidad de energía que mi propio padre me arrebataba en cada estallido, una verdad tan dolorosa como innegable.

Luchaba desesperadamente por evitar que la corriente de las disputas de mis padres me arrastrara hacia abajo, pero cada conversación con mi padre me producía una opresión en el pecho que se negaba a desaparecer. Era un ciclo vicioso del que ninguno de los dos podíamos escapar, y si quería tener alguna oportunidad de triunfar o ingresar en una de las mejores universidades, necesitaba encontrar la paz dentro de mí.

Con esta nueva perspectiva, reuní valor y decidí tomar las riendas de mi propia vida. Opté por no permitir que su vampirismo emocional continuara afectándome. Aprendí a establecer límites y a proteger mi bienestar emocional. Aunque el proceso de sanación sería largo y desafiante, estaba decidida a liberarme de las cadenas que me ataban a esa dinámica tóxica.

Me negué a dejarme intimidar por su actitud amenazadora y decidí no abandonar a mi madre cuando más me necesitaba. Así que, una vez más, levanté mi barrera protectora y rompí los lazos con mi padre. Aunque una parte de él seguía arraigada en lo más profundo de mi corazón, sabía que ya no tendría poder ni influencia sobre mis decisiones. Cada vez que las fuerzas contrarias intentaban influenciarme con el miedo, mi determinación se fortalecía más que nunca; estaba decidida a tomar el control de mis emociones y no le daría más acceso a mi campo energético hasta que él comenzara a respetarme.

Romper los lazos con mi padre no fue fácil. Ambos nos enfurecíamos mutuamente, y a veces esa confrontación se convertía en una adicción a la que parecía aferrarme. Sin embargo, sabía que debía separarme por mi propio bien y por mi cordura. Pero lo peor era el dolor que sentía por mi madre.

Cuando finalmente mamá llegó al aeropuerto, la alegría y la tristeza se entrelazaron en un abrazo único. Nuestras lágrimas eran un río de emociones, liberando sentimientos que creía que nunca podrían salir de mi interior.

"Perdóname, mamá, por favor", le dije con los ojos llenos de lágrimas. "Siento que soy responsable de todo esto. Si hubiera dicho menos o si hubiera sido diferente, tal vez nada de esto hubiera ocurrido". En ese momento, mi corazón se rompió y la inmensa culpa amenazó con consumirme. Mi madre secó mis lágrimas y me hizo callar con su cálido abrazo.

"No, Carlita, no es culpa tuya que yo haya decidido dejar a tu padre", respondió ella. *"Todas las acciones y eventos de la vida siguen una ley oculta de causa y efecto* que nos enseña valiosas lecciones a lo largo de nuestro viaje. Todo sucede por una razón; nada ocurre por casualidad. Por lo tanto, estamos exactamente donde debemos estar".

NUEVE
FLUJO Y REFLUJO

---

*"Todo fluye hacia dentro y afuera; todo tiene sus mareas;
todas las cosas suben y bajan; el oscilante péndulo se
manifiesta en todo; la medida del giro a la derecha, es la
medida del giro a la izquierda; el ritmo compensa."*

—*EL KYBALIÓN*

YESENIA y yo nos aseguramos de que mi madre estuviera bien establecida en los Estados Unidos, por lo que le ofrecimos un empleo en la oficina de impuestos de Yesenia, donde las cosas funcionaron sin problemas durante seis meses. Sin embargo, apenas un día después de que expirara su visa de turista, recibimos una llamada de mi padre al número de la oficina, el único que no estaba bloqueado.

"Yesenia", dijo la recepcionista nerviosa en cuanto nos vio entrar. "Hay un mensaje para ti en el contestador".

El mensaje que dejó mi padre estaba impregnado de rabia:

"Me limité a llamar para advertirte que pienso contactar a inmigración y denunciarte a ti y a tu madre. ¡Les diré que Yesenia es una *pollera!*", expresó mi padre con ira en el mensaje dejado en el contestador.

Fue extremadamente doloroso y vergonzoso escuchar esas palabras. Tachar a Yesenia de estar involucrada en actividades ilegales era una acusación grave y completamente falsa, una etiqueta que insinuaba que había traficado con personas a través de la frontera.

De alguna manera, mi padre había descubierto el lugar donde mi madre trabajaba. Sin embargo, desconocía que ella ya había obtenido la residencia permanente con la ayuda de mi hermano, con quien habíamos estado en contacto durante años gracias a Internet. Por lo tanto, mi madre tenía el derecho legal de trabajar en los Estados Unidos. Su presencia me brindaba consuelo, pero lidiar con mi padre parecía sacado de una pesadilla.

Después de haber llevado una vida cómoda en Guadalajara, mi madre no temía comenzar de nuevo en los Estados Unidos. Aunque su trabajo temporal en la oficina de Yesenia le había proporcionado seguridad económica durante seis meses, su verdadera pasión trascendía esos límites. En nuestro afán por apoyarla, surgió una idea: *¿por qué no ayudarla a abrir su propio salón de belleza?* Con su experiencia y conocimientos en el campo, combinados con nuestras habilidades empresariales, nos pareció la mejor opción para brindarle a mi madre la oportunidad que se merecía: alcanzar el éxito en sus propios términos.

Por un giro del destino, el negocio de Yesenia prosperó durante el año y ella decidió invertir. Compró el edificio que albergaba su oficina, que en el pasado había sido una clínica de salud cerrada desde hace tiempo. Ya teníamos planes de renovarlo para albergar a dos nuevos inquilinos cuando nos dimos cuenta de que un espacio sería perfecto para el nuevo salón de mi madre.

Con el paso de unos pocos meses, una dosis de imaginación y la generosidad de los padres de Yesenia, nos embarcamos en la renovación del edificio. Los contratistas trabajaron incansablemente a nuestro lado, convirtiendo ambos espacios en locales comerciales con un toque industrial. Cada rincón del local fue transformado con esmero y dedicación, convirtiéndolo en un refugio acogedor y especial para mi madre. Y así, en un abrir y cerrar de ojos, llegó el momento esperado: mi madre se mudó a su nuevo salón, convirtiéndose en nuestra primera inquilina.

Mi madre, valiente y resiliente, había atravesado numerosas dificultades, pero en medio de ese tumulto, su vida se erigía como un faro de esperanza en la oscuridad. A pesar de las emociones encontradas que acompañaban el proceso de su divorcio, ella encontró la fuerza y el coraje para seguir adelante.

Conforme el divorcio avanzaba, las emociones entre mis padres oscilaban como un péndulo. Recuerdo que cuando era pequeña, su amor florecía como los cerezos en primavera. Pero ahora, que la separación era definitiva, parecía como si el invierno hubiera llegado de manera anticipada, sepultándolos bajo una nueva capa de desprecio. Era como si el tiempo y el espacio se hubieran deformado, creando una extraña anomalía que parecía alejarse de la realidad conocida.

Debido a que mis padres se habían casado en Guadalajara, mi madre tenía que regresar allí para comparecer ante los tribunales. Sin embargo, en repetidas ocasiones, mi padre fijaba citas en el juzgado de manera intencional, solo para no presentarse. En una ocasión, la esperó en el estacionamiento después de que ella acudiera sola ante el juez.

"Ay, ¿llegué tarde?" preguntó con arrogancia. "Te dije que, si te ibas, no te llevarías nada. Mientras yo no acuda y tú gastes dinero en boletos desde Pasco, ya veremos quién se cansa primero". Sus palabras eran como afiladas cuchillas cortando el aire, llenas de odio y resentimiento.

En medio del torbellino de la dolorosa desintegración de nuestra familia, mi madre recibió otro golpe devastador. Mientras cuidaba con amor de sus queridas plantas en el jardín, una actividad que siempre le brindaba alegría, resbaló y se fracturó una vértebra.

Cayó de cabeza con tal fuerza que la vértebra se pulverizó instantáneamente. Durante los meses siguientes, este accidente la dejó casi inmovilizada, sin medios para ganarse la vida, y a mí me resultaba imposible ayudarla económicamente mientras intentaba seguir con mis estudios. Desesperada, llamé a mi padre, aferrándome a la esperanza de que su humanidad prevaleciera por encima de nuestro sufrimiento y nos brindara algo de ayuda económica. Sin embargo, mi súplica fue en vano, y nos encontramos a merced de la tragedia, sin su apoyo.

Y como si el accidente no fuera suficiente, la acusación de bigamia contra mi madre envolvió a mis padres en una neblina aún más turbia. Se descubrió que mi madre nunca había podido divorciarse legalmente de su primer esposo, quien había desaparecido años antes de que mis padres contrajeran matrimonio. A pesar de todas las adversidades, mi madre había decidido seguir adelante y darle una nueva oportunidad al amor al casarse con mi padre. Sin embargo, esa acusación selló la culpabilidad de mi madre, forzando al juez a tomar una decisión que otorgó a mi padre el control de todo lo que habían adquirido juntos durante su unión.

El día en que se dictó la sentencia, mi padre llamó a mi madre para discutir el asunto. Sus palabras eran como un eco de manipulación y chantaje emocional.

"Aun puedo venderlo todo y darte lo que te corresponde, a pesar de lo que haya decidido el juez", dijo con una mezcla de soberbia y condescendencia. "Pero solo si vienes a México para que podamos arreglarlo en persona".

Sus palabras resonaron en el corazón de mi madre como una advertencia clara y despiadada, pero en lugar de debilitarla, endurecieron su determinación como el acero. Mi madre sabía que no podía caer en su juego. No cedería ante sus manipulaciones ni permitiría que su crueldad la doblegara. Había encontrado la fortaleza dentro de sí misma para enfrentar las adversidades y superar los obstáculos que la vida le había presentado.

Después de casi un año de intenso dolor y múltiples diagnósticos desalentadores, mi madre logró una recuperación completa de su fractura. Los médicos estaban asombrados y no podían explicar cómo se había recuperado sin necesidad de cirugía. Algunos lo llamaron un milagro, pero sea cual sea la razón, una cosa era segura: *el poder de la mente puede superar incluso las limitaciones físicas.*

Con el espíritu renovado por la recuperación de mi madre, me sumergí por completo en mis clases en el colegio comunitario. Descubrí que todas las materias me parecían fascinantes: la geometría y la literatura revelaban misterios en cada página, la filosofía me invitaba a reflexionar sobre la vida misma y la psicología desvelaba los fascinantes secretos de nuestra mente. Sin embargo, pronto llegó el momento de elegir una carrera y transferirme a una universidad más grande. Ante esta perspectiva, Yesenia me invitó a explorar la vibrante ciudad de Seattle y a conocer la majestuosa Universidad de Washington, donde ella misma se había graduado. "Quizá esta universidad robe tu corazón de la misma manera en que lo hizo con el mío", me dijo entusiasmada. Emocionadas, planeamos nuestra escapada para el próximo fin de semana.

Y Yesenia tenía razón: el campus universitario era sencillamente fascinante. Los cerezos florecían en una explosión de color rosa, mientras los estudiantes paseaban bajo sus ramas y se reunían para estudiar juntos. Luego visitamos la Biblioteca Suzzallo, que parecía sacada de un cuento de hadas. Su techo imponente me hacía sentir diminuta ante su grandeza, con la luz del sol derramándose a través de elaboradas vidrieras que llenaban el lugar de una belleza sobrecogedora. Sentí como si hubiera entrado en el mismísimo Hogwarts, sumergiéndome en un mundo de conocimiento y posibilidades infinitas.

"¡Este lugar es increíble!" exclamé, con los ojos brillando de emoción. "Pero, ¿realmente crees que me aceptarán?" Solo el 53% de los solicitantes eran admitidos en esa prestigiosa universidad.

"¡Estoy segura de que sí!" respondió Yesenia con convicción. "Sé que serás aceptada si te esfuerzas al máximo". Con su apoyo y su fe en mí, sentí una chispa de esperanza.

Siguiendo su consejo, me esforcé al máximo para obtener buenas calificaciones en cada curso y mantenerme en el cuadro de honor trimestralmente. A medida que pasaba el tiempo, mi sueño de ingresar a la Universidad de Washington se volvía cada vez más alcanzable.

"Ya que te gusta manifestar tus deseos a través de la visualización", me sugirió Yesenia unos meses después, "volvamos a Seattle para explorar los vecindarios en los que nos gustaría vivir *si* te aceptan, perdón, *cuando* te acepten".

Organizamos otro viaje de fin de semana y planificamos un recorrido para ver diferentes propiedades. Aunque visitamos numerosos lugares, ninguno de ellos nos parecía el indicado. Sin embargo, en nuestra última mañana antes de regresar, algo captó nuestra atención.

Un edificio destacaba entre los demás mientras cruzábamos una calle, irradiando una luz especial que nos atraía hacia él. Un cartel de "puertas abiertas" colgaba de sus paredes, como un faro de bienvenida para aquellos lo suficientemente curiosos como para responder a su llamado.

"Mi amor, creo que estos apartamentos nos fascinarán", dijo Yesenia emocionada, con brillo en sus ojos. "Pero recordemos que solo estamos aquí para mirar y no vamos a comprar nada, así que no le demos falsas esperanzas al agente". Asentí en acuerdo y comenzamos nuestro recorrido por los condominios.

El flamante complejo estaba recién construido, con detalles lujosos y extras seductores, como una terraza al aire libre en el cuadragésimo primer piso. El agente, apenas disimulando su entusiasmo al compartir la información, nos habló sobre la fecha de finalización que coincidía perfectamente con la posibilidad de que me aceptaran en la universidad; parecía como si el destino conspirara a nuestro favor.

"Además", agregó el agente con emoción, "hay un rumor de que Amazon está planeando establecer su base justo en frente de nosotros. Si esa noticia se hace pública, ¡los precios de nuestros condominios se dispararán como un cohete!"

"¿Cuáles son los requisitos para reservar uno?" preguntó Yesenia.

"Solo se requiere el 5% del precio de compra como depósito", respondió el agente. "El resto del pago inicial se realizará una vez que el condominio esté listo y firmemos los documentos dentro de dos años". Al escuchar esto, Yesenia se volvió hacia mí.

"¿Te gusta?" me preguntó, sus ojos llenos de alegría mientras arqueaba las cejas de forma juguetona.

Le devolví la sonrisa y exclamé encantada: "¡Estoy completamente enamorada! Pero, ¡ni siquiera he aplicado a la universidad!" La curiosidad me invadía y estaba ansiosa por descubrir lo que me propondría a continuación...

"Tengo suficiente dinero para el depósito, pero no para el enganche", dijo Yesenia, con un destello de esperanza en su voz. "Tenemos dos años para trabajar duro y ahorrar durante la temporada de impuestos si queremos hacer esto realidad. Sé que podemos lograrlo, pero tenemos que estar en la misma sintonía si realmente queremos lograrlo". Antes de que terminara su frase, sellando así nuestro destino, mi respuesta surgió rápida como un rayo: "¡Sí!"

Los sueños de Yesenia de vivir en un rascacielos en Seattle habían formado parte de su tablero de visión durante años, y ahora parecía que el universo conspiraba para hacerlos realidad.

Convertirlo en realidad era motivo suficiente para apostar todas las fichas, pero el depósito de 25.000 dólares exigía estrategia y concentración. Esto nos motivó aún más a enfocarnos en nuestros objetivos, lo que implicaba que Yesenia me aterrizara cuando mis hábitos financieros necesitaban un pequeño ajuste.

"Mi amor, ¿alguna vez alguien te ha dicho que eres un poco adicta a las compras?" me preguntó con complicidad mientras paseábamos por la tienda. Me quedé petrificada al sujetar la bolsa que acababa de tomar del estante.

"¿A qué te refieres?" pregunté. Ella encogió los hombros y sonrió, mientras yo continuaba con mi discurso defensivo. "¡Por eso trabajo! Para poder gastar mi dinero en cosas que me gustan y disfruto", respondí, un poco irritada.

"Sé que estamos en una buena posición financiera en este momento", dijo ella, "pero con los nuevos gastos que se avecinan, deberíamos considerar ahorrar un poco más. Especialmente si planeamos comprar un apartamento en Seattle".

Las palabras de Yesenia me golpearon como si ya hubiéramos tenido esa conversación muchas veces. En mi relación anterior, a menudo gastaba más de lo que podía permitirme, sin un propósito real en la vida, simplemente dejándome llevar sin pensar en el futuro. Pero ahora las cosas eran diferentes: ambas compartíamos un mismo objetivo y eso lo cambiaba todo.

En nuestra visión compartida de un futuro mejor, Yesenia y yo nos propusimos alcanzar la estabilidad financiera. Con el apoyo de mi madre, que era una fuente de motivación, tuve claro que debíamos hacer cambios para lograr ese objetivo. Por lo tanto, con una nueva determinación, me propuse administrar mi agencia con mayor eficiencia y buscar más traductores para poder crecer.

A pesar de mi temor a mezclar lo personal y lo profesional, continuaba asignándole citas de trabajo a Lucio. Aunque al principio hizo esfuerzos por reparar nuestra amistad, se hizo evidente que su enfoque transaccional no era compatible con el tipo de amistad que deseábamos. Sin embargo, no podía seguir ignorando el impacto que esto tenía en mi trabajo.

Le había reservado una semana de citas a Lucio, pero en el último momento canceló, alegando que un viaje repentino a Las Vegas era más importante. "Lucio", exclamé exasperada por teléfono, "no puedes hacerme esto".

"Lo siento", dijo él. "Encontrarás la manera de resolverlo". Lucio ya había hecho esto en repetidas ocasiones, lo que me obligaba a buscar a otra persona dispuesta a cubrir las citas que él dejaba vacantes. Encontrar a alguien que pudiera asumir citas de último minuto no siempre era fácil, lo que a menudo me llevaba a recurrir a otra agencia y perder dinero en el proceso. En esas circunstancias, parecía más un gasto que un beneficio tenerlo en mi equipo. Pero eso estaba a punto de cambiar; esta sería mi última batalla contra sus cancelaciones repentinas.

"Lucio, lo entiendo", le dije. "Pero no es la primera vez que cancelas en el último momento por querer ver a un amigo o asistir a otro evento en lugar de cumplir con tus citas. Lo siento, pero no puedo seguir asignándote trabajo. Necesito a alguien en quien pueda confiar".

"Haz lo que quieras", respondió. Un par de días después, me envió otro mensaje:

Carla, sé que me ofrecí a ser tu patrocinador para inmigración, pero necesito que me retires de ese proceso de solicitud.

Después de vivir varios años en Estados Unidos, seguía obligada a tener un patrocinador que se responsabilizara de mí en caso de que alguna vez necesitara ayuda pública, algo que no había sucedido en mis nueve años aquí. Lucio había ofrecido su nombre cuando éramos amigos íntimos, pero ahora que las cosas habían cambiado entre nosotros, se había retractado de su promesa. Con comprensión, le envié un mensaje como respuesta:

Sin problema.

Yesenia parecía la persona perfecta para convertirse en mi nueva patrocinadora de inmigración, hasta que mi abogada me hizo una advertencia.

"No es fácil cambiar de patrocinador", me dijo. "Cuando alguien firma una declaración jurada de apoyo, asume una responsabilidad legal y financiera hacia el inmigrante patrocinado hasta que esa persona se convierta en ciudadano estadounidense o acumule 40 trimestres de trabajo".

Después de colgar el teléfono con mi abogada, le envié otro mensaje a Lucio.

Lamento decirte que mi abogada me informó que no puedo cancelar tu patrocinio hasta que obtenga la ciudadanía, le expliqué. *Eso ocurrirá en menos de un año, y no hay nada que pueda hacer al respecto hasta entonces.*

Encuentra la manera, respondió él fríamente. Frustrada, revisé el sitio web del Departamento de Seguridad Nacional, donde encontré un párrafo relevante que copié y le envié en un mensaje para dejarle claro que no había nada que pudiera hacer para poner fin a su patrocinio hasta que obtuviera la ciudadanía:

Tu obligación como patrocinador termina si tú o el individuo patrocinado muere o si el patrocinado cesa de ser un residente permanente legal y se va de los Estados Unidos.

Después de un momento, recibí su respuesta:

¿Lo ves? Sí hay una manera.

Decidí no contestarle, y ese fue el último mensaje que recibí de Lucio. Aunque la vida presentaba pequeños obstáculos, académicamente todo iba a la perfección. Con un promedio de 3.86 y una ambición ardiendo en mi corazón, solicité la admisión en la Universidad de Washington. Finalmente me había decidido por la carrera de psicología, basándome en todo lo que había aprendido del Dr. Leenards. A medida que el péndulo de la vida ascendía con este empeño, esperaba ansiosamente la respuesta que moldearía mi futuro.

Mientras tanto, seguía absorbiendo información en cada sesión de traducción con mi mentor. Me fascinaba su forma de combinar la medicina oriental y la sabiduría ancestral con su propio enfoque holístico y espiritual. Del mismo modo, las clases en el colegio comunitario avivaron una curiosidad insaciable en mí, especialmente aquellas que revelaban nuevas posibilidades de tratamientos médicos más allá de los convencionales, utilizando psicodélicos como el ayahuasca y la psilocibina.

Mi anhelo de adentrarme en el conocimiento de las plantas medicinales y la posibilidad de utilizar la sabiduría ancestral para tratar enfermedades me cautivó por completo. Fue entonces cuando me encontré con un curso ofrecido por la Universidad de Washington que exploraba precisamente este tema. A lo largo de los siglos, estas infusiones poderosas habían sido empleadas por nuestros antepasados debido a sus propiedades medicinales. En la actualidad, algunos terapeutas se aventuraban a estudiar sus beneficios para aliviar trastornos mentales como la depresión o la adicción.

Pero lo que me resultaba aún más fascinante era la promesa de adentrarme en un reino más allá de la curación física, donde estas plantas podrían desbloquear las puertas de nuestra glándula pineal, *donde se encuentra un potencial ilimitado esperando ser descubierto.*

La espera interminable llegó a su fin cuando finalmente recibí la ansiada carta de admisión a la Universidad de Washington. Yesenia y yo nos llenamos de emoción y anticipación, sabiendo que pronto emprenderíamos nuestro viaje a Seattle, una ciudad repleta de oportunidades y promesas. Sin embargo, antes de dar ese paso, había asuntos que resolver, como encontrar un reemplazo adecuado para mí en The Language Spot.

La tarea de encontrar a alguien que pudiera ocupar mi lugar no resultó fácil. Busqué incansablemente al candidato ideal, alguien capaz de enfrentarse a los desafíos diarios, adaptarse rápidamente y brindar un servicio excepcional a nuestros clientes, incluso con poco tiempo de aviso. Necesitaba un equipo comprometido que compartiera mi visión y pudiera mantener la calidad y el nivel de atención que caracterizaba a nuestra agencia.

Después de un arduo proceso de selección, encontré un grupo excepcional que encajaba perfectamente con lo que buscaba. Nuvia, una ex locutora de radio con una actitud burbujeante y llena de energía; Evelyn, prima de Yesenia, una joven con un gran potencial a pesar de su corta edad; y Matías, mi amable cuñado, una persona confiable y detallada. La experiencia previa de los tres trabajando junto a Yesenia en su oficina de impuestos los hacía aún más adecuados para el puesto.

Cada uno de ellos poseía un dominio casi impecable del inglés y el español, así como habilidades naturales para atender a los clientes de manera efectiva. Aunque Matías logró superar ambas partes del examen de inmediato, Nuvia y Evelyn necesitaron una segunda oportunidad. No me quedó más que transmitirles palabras de aliento y confianza: "Estoy segura de que tendrán éxito en el próximo intento. Una vez que lo logren, podré comenzar a asignarles citas".

Nuvia, con voz temblorosa y ansiedad palpable, expresó su necesidad de empezar a trabajar lo antes posible. Su historia de lucha contra el cáncer como madre soltera, sin empleo para pagar las facturas médicas o mantener a su hija, me conmovió profundamente. Sentí un fuerte impulso de ayudarla a levantarse nuevamente. Antes de que pudiera detenerme, respiré profundamente y le dije...

Tal vez pueda asignarte algunas citas mientras tanto, pero debes programar un nuevo examen oral de inmediato y nadie debe enterarse de esto, especialmente Lucio", le dije a Nuvia, consciente de la amistad que existía entre ellos. No podía permitir que nadie se enterara del riesgo que estábamos asumiendo. Una vez que lo entendió, Nuvia aceptó la condición y me agradeció con una gran sonrisa. "¡Gracias, Carla!", exclamó mientras me abrazaba.

Rompiendo todos los protocolos establecidos, también llegué a un acuerdo similar con Evelyn. Por el momento, los números de Lucio y yo aparecerían en las facturas en lugar de los suyos hasta que ellas pudieran aprobar los importantes exámenes orales en su segundo intento y obtener su propio número de proveedor. Aunque esto suponía un desafío para mi brújula moral, decidí hacerlo.

Mientras una intuición misteriosa susurraba en mi oído que permaneciera alerta ante este acuerdo, todo lo demás seguía felizmente encarrilado, tanto en lo académico como en lo romántico. Era como si el destino se hubiera confabulado para reunirnos a Yesenia y a mí. Aunque en algún momento había afirmado que nunca me casaría con una mujer, mis palabras cambiaron rápidamente al enamorarme de ella. Así que planeé una escapada romántica a la isla de Holbox, el último rincón virgen del paraíso en el Caribe mexicano. Allí, rodeadas por las llamas danzantes de las velas y las estrellas que se fundían en la espuma del mar, le pregunté si nuestras almas debían unirse para siempre.

En ese instante, sentí el amor irradiando en mi corazón. Algo mágico acontecía, y la evidencia brillaba en los ojos de Yesenia cuando respondió: "Esta es la actividad más romántica que me ha sucedido en la vida". Ambas nos reímos, como si compartiéramos un chiste secreto, mientras mi corazón se desbordaba por la presencia de esa mujer tan honesta y transparente que tenía ante mí. Por último, me miró profundamente y pronunció esas dulces palabras: ¡aceptaba casarse conmigo!

Regresamos a casa y, tras varios meses de anticipación, finalmente llegó el momento: nuestro recién construido apartamento en Seattle estaba listo para convertirse en nuestro hogar. Colaboramos con mi madre para asegurarnos de que no quedara sola en nuestra casa en Pasco y pudiera mejorar su situación financiera, así que conseguimos dos compañeros de cuarto para brindarle apoyo adicional. Finalmente, en el verano de 2016, nos mudamos a la Ciudad Esmeralda.

Yesenia y yo habíamos alcanzado un punto de no retorno: el momento en el que nuestros sueños estaban a punto de desplegarse. Con una sensación de liberación, empacamos todas nuestras pertenencias en busca de los ilimitados potenciales que yacían en el corazón de Seattle, dejando atrás cualquier carga emocional de enredos pasados. Juntas nos sentíamos invencibles mientras emprendíamos vuelo hacia nuevos horizontes.

DIEZ
EL PRÍNCIPE DE LAS FLORES

"La vida no se trata de encontrarse a sí mismo. Se trata de crearse a sí mismo."

—*GEORGE BERNARD SHAW*

Recorrer y sumergirme en el maravilloso y mágico campus de la Universidad de Washington sin duda me brindó algo más que un respiro. Era como si la esencia de estar rodeada de estudiantes de todo el mundo sedientos de sabiduría fuera contagiosa, y esas ansias por empaparse de conocimiento me inspiraban. Aunque mis clases eran desafiantes y abrumadoras en comparación con las del colegio comunitario al que asistí previamente, las cosas seguían en marcha. A pesar de los consejos contrarios de los asesores, decidí tomar todos los cursos complejos a la vez. Quería mantener abierta la opción de ingresar a la facultad de medicina si la psiquiatría era mi verdadera vocación, y eso requería cumplir con cursos adicionales de ciencias naturales. Nadando entre las olas de ecuaciones matemáticas, leyes físicas y teorías filosóficas, así fue como me recibió mi primer trimestre en la universidad.

Evelyn fue mi salvavidas, permitiéndome hacer malabares con las exigencias agitadas de la vida estudiantil y mi negocio. Al ver su capacidad organizativa, sentí que era la respuesta a una oración. Ella se mantuvo firme en The Language Spot mientras yo continuaba con mis estudios universitarios, pero incluso sus poderosas habilidades no podían compensar por completo mi falta de presencia allí. Aún así, logró mantener las cosas funcionando de la mejor manera posible, permitiendo que mi pequeña empresa se mantuviera a flote en las turbulentas aguas de las sorpresas de la vida.

Dado que necesitaba un impulso en mis ingresos, acepté la oportunidad de formar parte del sector de la traducción en Seattle. Esto me brindó una mayor exposición dentro de la industria médica después de tomar citas en el Hospital de Niños de Seattle y contribuyó a que Yesenia y yo pudiéramos hacer realidad nuestros sueños de boda.

A punto de crear un nuevo futuro juntas, Yesenia se puso en contacto con un viejo amigo de la familia, un sacerdote católico. Aunque sabíamos que una boda tradicional estaría fuera del alcance de las normas eclesiásticas, aún teníamos la esperanza de que pudiera unirse a nosotras y pronunciar algunas palabras significativas en nuestra unión.

"Nos encantaría que estuvieras presente", le dijo Yesenia al padre con entusiasmo. "Aunque no sea una ceremonia oficial, ¿podrías venir como amigo y otorgarnos tu bendición?"

"Aprecio mucho su generosa oferta", respondió él cortésmente, "pero desafortunadamente debo rechazarla. Si asisto a la boda y alguien en la iglesia se entera, podrían expulsarme". Nuestros corazones se hundieron al escuchar su respuesta, pero mi espíritu creativo despertó con una idea que nos brindaba la oportunidad de afirmar nuestro amor con el favor de los siete elementos sagrados de la naturaleza.

"Mi amor", le dije, "¡No te desanimes! ¿Qué te parece si tenemos una boda tradicional Maya en la Riviera Maya? Es el lugar de origen de nuestros ancestros, y allí la homosexualidad no es discriminada". Le expliqué que la homosexualidad de hombres y mujeres solo fue considerada un pecado después de la llegada de los conquistadores españoles a México. La cultura Maya aceptaba la homosexualidad, tanto así que incluso tenían un dios llamado Xochipilli, conocido como el Príncipe de las Flores, considerado una deidad protectora de las personas homosexuales.

Yesenia estuvo de acuerdo en sellar nuestros votos con una ceremonia tradicional maya oficiada por chamanes, con la única condición de que los chamanes no llegaran ataviados con todas sus galas de plumas y su jolgorio. Desafortunadamente, los chamanes ignoraron su petición. Cuando llegó el día, mientras ella caminaba por el pasillo del brazo de su madre, profundamente católica, fue imposible que ninguna de estas mujeres ignorara no a uno, sino a dos chamanes semidesnudos danzando alrededor del humo del incienso de copal.

Nuestra ceremonia tuvo lugar en la orilla turquesa de Playa del Carmen. Después de la ofrenda ardiente de copal, los chamanes continuaron honrando sus antiguas tradiciones soplando en conchas marinas sagradas, enviando oraciones, pidiendo permiso y bendiciones desde cada punto cardinal.

Nos brindaron un reconfortante balché de corteza de árbol y miel para beber, bendecido según la antigua tradición chamánica.

Después, nuestros votos quedaron sellados al intercambiar flores amarillas en mi mano y blancas en la suya, representando la unión de nuestros corazones como dos flores de la naturaleza: blancas para la luz de la luna y amarillas para los rayos del sol.

En ese momento atemporal, finalmente unimos nuestras palmas con cintas rojas como emblemas simbólicos del comienzo de un amor verdadero y eterno.

Después de depositar las flores, semillas de cacao y agua en la tierra, Yesenia y yo lavamos nuestros pies como símbolo de confianza y humildad, y los chamanes invitaron a nuestras madres y amigos cercanos a orar por nosotras. Con el sonido de una concha marina, tambores y la quema del copal, ofrecimos nuestras flores al mar, besándonos para comprometernos oficialmente una a la otra; un voto eterno sellado y bendecido por la gracia de la Tierra y el Universo. En ese instante mágico, sentimos la presencia de la naturaleza y de todas las fuerzas cósmicas que nos rodeaban. El amor que nos unía era un hilo etéreo que se entrelazaba con la esencia misma de la Tierra y el cielo, resonando en armonía con el latido del cosmos.

Maravillada por la feliz unión de nuestros corazones y la hermosa luna de miel que le siguió, floté en las nubes durante el resto de esa semana. Sin embargo, justo cuando nuestra luna de miel llegaba a su fin, una llamada de Nuvia me sacudió de mi ensueño y me devolvió bruscamente a la cruda realidad.

"Carla, no sé si estás al tanto", dijo ella con voz llena de pánico, "pero hay investigadores de L&I recorriendo las clínicas de la ciudad y cuestionando a la gente; están investigando The Language Spot". La noticia de la investigación me provocó un escalofrío que recorrió mi cuerpo hasta los huesos.

Meses atrás, algunos comprobantes de pago habían sido rechazados debido a discrepancias en el formato y los números de proveedor. El departamento de L&I nos exigía que los volviéramos a presentar siguiendo sus directrices actualizadas.

Este dilema se convirtió en un problema de 30.000 dólares, ya que había pagado a los intérpretes por esos servicios que el departamento había rechazado. En busca de una solución, pedí ayuda a mi recepcionista para que se encargara de una tarea abrumadora: recrear los comprobantes denegados de los últimos tres meses y completar cada formulario según el formato actualizado. No solo debía transferir todos los datos relevantes de los documentos anteriores, sino también asegurarme de que los nombres coincidieran con los números de proveedor.

"No estoy segura de lo que saben", dijo Nuvia nerviosamente, "pero están haciendo muchas preguntas a muchas personas". La advertencia de Nuvia me sumergió en una oleada de pánico, mi mente se adentró en las oscuras profundidades. Jadeando, pregunté frenéticamente a Yesenia:

"¿Qué debo hacer?" Tomando mis hombros para tranquilizarme, como si estuviera conteniendo cualquier temor que amenazara con apoderarse de mí, ella respondió con firmeza:

"Respira profundo y trata de calmarte", dijo ella. "Conozco a alguien que enfrentó un problema similar. Voy a llamarlo para pedirle el contacto de su abogado". La compasión de Yesenia fue como un soplo de aire fresco, ofreciéndome esperanza en medio de los valles de mi desesperación. Hizo la llamada y más tarde ese día, logramos tener una conversación con el eminente abogado Jim Frush. Después de compartirle mi difícil situación, finalmente habló.

Jim declaró solemnemente que si la investigación resultaba desfavorable, podría significar la ruina absoluta: no solo mi negocio desaparecería en un instante, sino que mi propio nombre, mi estatus migratorio y mi cuenta bancaria se verían arrastrados por el lodo, corriendo el riesgo de perder mi residencia y ser deportada. La perspectiva era tan escalofriante que sentí un calambre recorrer mi espalda.

"Pero", continuó Jim, su voz llena de serenidad, "mantén la calma. No dejes que esta situación consuma tu vida". Me habló de la ley de Murphy, implorándome que no me dejara derrotar, pero insistiendo en que me preparara para lo peor. Aunque sabía que el camino que se avecinaba sería largo y difícil, me recordó la importancia de no permitir que esa situación consumiera mi existencia. Sus palabras resonaron en mi interior, recordándome que el tiempo perdido no se puede recuperar una vez que ha pasado. En ese momento, el peso de una decisión recaía pesadamente sobre mi mente: un solo error podría alterar el rumbo de mi vida para siempre. Anhelaba tomar en serio su sabio consejo, aunque parecía demasiado difícil de seguir en mi estado de angustia.

El consejo de Jim fue claro antes de finalizar nuestra llamada: debía tomar medidas extremas para asegurarme de minimizar cualquier daño, lo que implicaba cerrar mi negocio por completo para que él pudiera representarme. Con un apretón de manos telefónico, acepté su plan. El trabajo comenzaría de inmediato, con una tarifa por adelantado que aseguraría su apoyo mientras tanto. "Llamaré a los investigadores para informarles que ya tienes un representante legal", dijo Jim.

Cuando colgué el teléfono, sentí como si inhalara una última bocanada de aire antes de dar el primer paso hacia mares inciertos. La tarea que tenía por delante era desalentadora: informar a mis clientes y traductores que "The Language Spot" debía cerrar sus puertas para siempre. Sin embargo, a pesar del peso abrumador que recaía sobre mí, seguí las indicaciones legales con tanta disciplina como cualquier marinero seguiría las órdenes de su capitán. Me puse en contacto con otras agencias para que se hicieran cargo de las citas programadas y tranquilicé a los clientes sobre la transición, hasta que, con el corazón apretado, vi a "The Language Spot" zarpar del puerto para siempre.

Me sentía derrotada en un mar agitado de desesperación; la traducción había sido la boya que me había mantenido a flote durante años, y ahora, con un solo error, la había hundido en las profundidades más temibles. De la noche a la mañana, los horizontes de felicidad fueron reemplazados por una profunda oscuridad, mientras la pena por el fracaso pesaba en mi mente:

¿Me dejarían los vientos de la vida a la deriva y me devolverían por donde había venido? Resuelta, pero aún insegura de lo que me esperaba, como un marinero perdido que busca consuelo tras días en el mar, tomé el teléfono y llamé a mi madre.

Le compartí mis pesares y ella me habló con una suave sabiduría que parecía fluir por mis venas, recordándome que la vida está llena de giros y vueltas. *"Debes cambiar tu mentalidad si deseas que la situación cambie",* me dijo después de escuchar atentamente mis preocupaciones. "Cada uno de nosotros tiene el poder de elegir cómo reaccionar ante los desafíos: aferrándonos al miedo o enfrentándolos con valentía. Asumir la responsabilidad nos devuelve el control. Si aprendemos las lecciones que nos brinda el destino, la sabiduría interior puede ser la clave para encontrar la verdadera paz".

El consejo de mi abogado, que mi madre respaldó, fue que hiciera todo lo posible y no permitiera que la situación me consumiera. Me instaron a mantener la calma y enfocarme en la positividad. Cualquiera que fuera el giro que tomaran los acontecimientos, solo conduciría a algo mejor si mantenía un estado mental positivo.

Al concluir nuestra conversación, mi madre me sugirió que buscara orientación espiritual para obtener mayor claridad interior. La sugerencia quedó flotando en el aire, pero de repente, alguien vino a mi mente: ¡Eva, la lectora de cartas! Una amiga me había hablado de ella hacía algún tiempo y me había proporcionado toda su información. Eva podría ser exactamente lo que necesitaba para desvelar los misterios que la vida tenía reservados para mí.

Inmediatamente, me sentí atraída por la idea de visitar a Eva. Una chispa de esperanza se encendió en mi interior, ansiosa por descubrir qué mensajes y revelaciones podrían aguardar en las cartas. No era una creyente ferviente, pero en momentos de incertidumbre, el velo entre el mundo tangible y el espiritual parecía desvanecerse, invitándome a explorar las posibilidades más allá de lo visible.

Sin demora, tomé el teléfono y marqué el número que mi amiga me había compartido. La voz cálida de Eva respondió al otro lado de la línea, y una sensación de alivio me invadió al escucharla. A través de nuestras palabras, pude percibir su sabiduría y su conexión con lo más profundo del universo.

Con su invitación amable, acordamos una cita para la próxima semana. La emoción se mezclaba con una pizca de nerviosismo mientras imaginaba las cartas extendidas sobre la mesa, revelando los secretos que el destino había tejido para mí.

La semana siguiente, al entrar en su despacho, mi expectación iba en aumento, pues parecía un portal hacia mundos invisibles de sabiduría antigua y conocimientos mágicos. Momentos después, Eva señaló maravillosamente aspectos de mí misma que no podría haber conocido sin su visión sobrenatural. Luego, se sentó en su exuberante acolchado y me pidió que expusiera todas mis preocupaciones, mientras las cartas esperaban pacientemente comprender.

"¿Me dirás lo que me depara el futuro?", le pregunté, mirándole a los ojos con una mezcla de curiosidad e inquietud. Tras reflexionar por un momento, respondió con firmeza.

"Nadie puede predecir con exactitud lo que nos espera; *las posibilidades son infinitas y se moldean con cada paso que damos en la vida*". Explicó cómo el tarot funciona como una seductora herramienta de adivinación que nos ofrece perspectivas sobre nuestros futuros viajes, como hilos de tiempo que se entrelazan y serpentean en nuestro camino hacia el destino.

Mientras reflexionaba sobre sus palabras, Eva me desafió a buscar una respuesta más precisa. Me animó a ver si los mensajes astrológicos interconectados de las cartas podían ofrecer una iluminación personal al barajarlas con una pregunta en mente. Tres barajadas más tarde, algo se agolpó en mi mente y, con temor en el corazón, hice la temida pregunta:

"¿Seré deportada como resultado de esta investigación?". Eva me pidió que sacara una carta de su misteriosa baraja y la volteara frente a mí. Siguiendo sus indicaciones, revelé la carta del Sol, una imagen que irradiaba una extraña sensación de felicidad y abundancia. Eva me explicó que esta imagen representaba la perfección y la excelencia debido a su forma redonda, como ciertas células y planetas en el universo.

"Pero El Sol también puede significar que las cosas saldrán a la luz", dijo Eva, mirándome con intensidad. "Y siempre y cuando estés en el lado correcto, la situación resultará a tu favor". Un escalofrío recorrió mi espalda mientras consideraba sus palabras. ¿Y si no estaba realmente "en el lado correcto"? Inspiré profundamente, sintiendo la expectación palpitar en mi pecho. Con manos temblorosas, saqué otra carta de la baraja como ella me indicó: ¡El Carro!

"Habrá cambios", continuó Eva. "El Carro, junto con El Sol, puede indicar velocidad y decisión, revelando la verdad. El Carro trae consigo nueva energía y se lleva lo viejo, avanzando lejos del pasado". Sus palabras fueron alentadoras, y me hizo un gesto inquisitivo con la cabeza, animándome a hacer otra pregunta. Respiré profundamente una vez más, y mi mano se sumergió en la baraja como un pájaro en busca de su nido, ansioso por encontrar respuestas.

"¿Iré a la escuela de medicina?", pregunté mientras revelaba mi tercera carta: El Emperador. Eva me explicó que esa carta representaba a los reyes y el poder, y simbolizaba tomar el control de cualquier situación que la vida nos presentara y asumir la responsabilidad de cada paso que damos en nuestro viaje.

Mi lectora de cartas concluyó la sesión con un sabio consejo: "Las cartas revelan que debes embarcarte en un viaje de autoexploración y descubrir el camino que te llevará a tu máximo potencial. No será fácil, e incluso puede que vaya en contra de las expectativas que tienen sobre ti, pero *cuando sigas este camino con el corazón abierto, descubrirás que fluye en armonía con tu verdadero ser*. La clave está en reconocerlo cuando se te presente. La facultad de medicina puede ser donde te espera el destino, o tal vez no. La respuesta yace únicamente en tu interior".

Salí de nuestra reunión con la mente llena de pensamientos y sentimientos encontrados, como si estuviera inmersa en un mar de dudas. Las palabras de Eva seguían resonando en mi interior, y a medida que reflexionaba sobre ellas, un mensaje claro comenzó a brillar entre la confusión: el camino que había elegido, seguir una carrera en psiquiatría, iba a ser una batalla cuesta arriba. Sentía un profundo deseo y entusiasmo por esta profesión, pero al mismo tiempo, surgían interrogantes sobre si todo el esfuerzo y el dinero invertidos en construir mis aspiraciones se materializarían. Un solo delito en mi historial podría desmoronar todo como arena entre mis dedos y hacer que ese "sueño" se desvaneciera rápidamente.

La respuesta, como Eva había mencionado, residía en mi interior. Pero la pregunta persistía: *¿cómo se suponía que debía encontrarla?* Me sentía perdida, como si estuviera en medio de un laberinto sin una salida clara. Necesitaba una guía, una brújula que me indicara el camino correcto.

ONCE
EL OFICIO

"La oportunidad a menudo viene disfrazada en forma de desgracia o derrota temporal."

—*NAPOLEÓN HILL*

Con el corazón destrozado y la esperanza desvaneciéndose, descubrí una fuerza interior que me impulsó a seguir adelante. Tanto mi abogado como mi madre me aconsejaron que continuara llevando una vida lo más normal posible mientras perseguía mis estudios de medicina. Después de reflexionar detenidamente, decidí que, a pesar de todas las preocupaciones y dudas en mi mente, la medicina sería el camino que elegiría.

Cuando finalmente me gradué de la Universidad de Washington con excelentes calificaciones, mis aspiraciones de estudiar medicina parecían estar al alcance de mi mano. Después de largas horas de estudio y dedicación para obtener una puntuación alta en el exigente examen de admisión, presenté la prueba con gran expectativa. Sin embargo, mis ilusiones de convertirme en médico sufrieron un inesperado revés cuando recibí los resultados: una puntuación de 498. Aunque no alcanzaba el puntaje promedio de 500 requerido por la mayoría de las facultades de medicina, decidí arriesgarme y presenté solicitudes en tres facultades en Washington, solo para recibir una serie considerable de rechazos. Si quería ingresar a la escuela de medicina, tendría que dedicar nuevamente cientos de horas al estudio y enfrentar el desafiante examen de admisión de ocho horas el próximo año.

Después de sentirme insegura y derrotada una vez más, tomé la decisión de tomarme un año sabático académico para trabajar y ahorrar fondos mientras reflexionaba sobre qué camino tomar en mi futuro. Durante esos meses de introspección, Yesenia había tomado un rumbo totalmente nuevo en su carrera y se había convertido en agente de préstamos hipotecarios.

Un día, Yesenia consiguió un cliente que estaba a punto de hacer una oferta por una casa en Tacoma, ubicada a 45 minutos de Seattle, pero el cliente deseaba hacer una última visita para tener plena certeza. Comprendiendo su necesidad de seguridad, Yesenia llamó a una agente inmobiliaria para explicar la situación y organizar la visita.

"¡Tengo excelentes noticias para ti!" le dijo Yesenia emocionada a la agente. "Tengo un cliente aprobado que necesita ayuda para presentar una oferta en Tacoma."

"Lo siento", explicó la agente inmobiliaria, "pero Tacoma está fuera de mi área de trabajo".

"Entiendo", respondió Yesenia, "pero el cliente ya está completamente aprobado; ya vio la casa en un open house y está listo para hacer una oferta. No tendrías que mostrar más casas; la venta prácticamente ya está hecha".

"Lo siento, pero llámame cuando tengas clientes en Seattle", respondió la agente con firmeza.

La cara de Yesenia reflejó su decepción mientras colgaba el teléfono. Yo estaba allí, inquieta en mi asiento, escuchando su conversación. Era sorprendente que la agente rechazara aquella venta. Yesenia me miró con determinación y pude ver cómo una idea empezaba a formarse en sus ojos marrones.

"Oye, ¿y si obtienes tu licencia de agente inmobiliario?" me preguntó. Levanté una ceja mientras procesaba su propuesta. "La mujer con la que hablé acaba de dejar pasar una comisión de 15.000 dólares solo porque no quería manejar 45 minutos". Mis ojos se abrieron de par en par, incrédula.

"¡Yo sí manejo 45 minutos por 15.000 dólares!" respondí emocionada.

"Según lo que he visto hasta ahora, no creo que los agentes inmobiliarios tengan que hacer mucho", dijo ella ingenuamente. "Solo tendrías que ir a mostrar casas de vez en cuando y podrías ganar mucho dinero". Aunque aún no estaba convencida del todo de cambiar de profesión solo por el dinero, sabía que necesitaba empezar a generar ingresos pronto. "Ya has tomado el examen de admisión a la escuela de medicina", me animó Yesenia. "En comparación, el examen de bienes raíces debería ser mucho más fácil. ¡Estoy segura de que lo superarás sin problemas!".

Hasta ese momento, mi única referencia de la industria inmobiliaria era a través de Yesenia, quien recientemente se había convertido en miembro fundador de NAHREP, la Asociación Nacional de Profesionales Inmobiliarios Hispanos. Sin embargo, nunca había considerado unirme al sector inmobiliario. La idea de embarcarme en una nueva carrera me llenaba de incertidumbre, pero también me intrigaba la posibilidad de explorar un camino completamente diferente y abrir nuevas oportunidades en mi vida.

Me encontraba en una encrucijada, con mi carrera profesional en un delicado equilibrio. Tenía que elegir entre un posible trabajo como agente inmobiliario y la oportunidad segura que me ofrecían para trabajar en un laboratorio realizando investigaciones psicológicas con monos. Sin embargo, al final del día, todo se reducía a un criterio: el dinero. Aunque el puesto en el laboratorio era muy valorado y podría ser beneficioso para futuras solicitudes a una facultad de medicina, el salario de 16 dólares por hora apenas superaba el salario mínimo de 11 dólares. Aprovechar una oportunidad tan única requeriría un gran sacrificio, pero *¿qué me compensaría más?*

Después de días de investigación, descubrí que convertirme en agente inmobiliario era relativamente sencillo. Según mis investigaciones en Internet, solo tomaría alrededor de un mes prepararme para el examen. Razoné que solo lo haría durante mi año sabático, para ahorrar un poco de dinero y volver a aplicar a la facultad de medicina. Sin embargo, *¿realmente deseaba volver a aplicar?*

Mientras contemplaba mis pensamientos, una mezcla de miedo y ambición se apoderaba de mí. Una parte de mí quería seguir estudiando medicina y seguir adelante, pase lo que pase. Sin embargo, otra parte comenzaba a susurrarme que siguiera un camino impredecible. La idea revolvía mi estómago, pero también me brindaba una extraña sensación de alivio, como si el fracaso en mi examen de admisión fuera la llave que abría una nueva y emocionante aventura. Por un lado, sentía un nudo en el estómago ante la idea de renunciar a mi meta después de tantos años de preparación para una carrera en medicina. Pero por otro lado, casi podía escuchar las sabias palabras de Eva resonando en las cámaras de mi corazón.

Debo estar abierta a los caminos que fluyan en armonía y explorar mi máximo potencial, pensé. Pero, *¿cuál camino me llevará allí?* Tras considerar cuidadosamente cada oportunidad, me decidí por el sector inmobiliario, aunque fuera solo por un año.

Con los materiales en mis manos y un espíritu inquisitivo, comencé a prepararme para mi viaje en el sector inmobiliario.

Tras aprobar el examen, llegó el momento de encontrar una inmobiliaria que me diera la oportunidad de crecer como agente novata. Después de entrevistarme con un par de ellas, Horizon Realty parecía ser la elección correcta, además de estar convenientemente ubicada cerca de mi casa.

En mi primer día en Horizon Realty, conocí a Mandy: la líder de mi equipo y una fuente de conocimiento y potencial. Su melena negra brillaba con confianza mientras compartía su trayectoria como asistente personal del mismísimo Mike Ferry, fundador de uno de los principales imperios de coaching inmobiliario en el mundo. Había algo innegable en su aura, como estar cerca de la inspiración misma. Mientras hablábamos, transmitía la sensación de que todo era posible si se tenía la pasión y la determinación suficientes.

"Entonces, Carla", me dijo, "¿cuánto dinero te gustaría ganar con nosotros este año?"

"No estoy segura", le respondí tímidamente. "Aún no lo he pensado".

"Bueno, este es un buen momento para empezar", respondió ella con una sonrisa radiante mientras señalaba una página titulada 'Objetivos Anuales'. "¿Cuál es tu objetivo de ingresos para este año?" Volvió a preguntar. Aunque el salario medio estimado para alguien como yo, con una licenciatura en Psicología, era de 60.000 dólares, el sector inmobiliario parecía ofrecer mucho más, así que decidí apuntar alto.

"Quiero ganar alrededor de 100.000 dólares", declaré, esperando que Mandy estuviera de acuerdo con mi respuesta. Según los cálculos que había hecho sobre el mercado local y las comisiones que obtenían los agentes inmobiliarios, me parecía una meta razonable. Sin embargo, en lugar de eso, ella arqueó una ceja en señal de confusión."

"¿Por qué conformarte con tan poco?", me preguntó, y sentí cómo mis mejillas se sonrojaban. "¿Por qué no duplicar o triplicar esa cifra?

¡Incluso multiplícala por cuatro!" Sus palabras me inspiraron a no limitarme y a creer que todo era posible en el sector inmobiliario. De forma jocosa, establecí un ambicioso objetivo de doscientos cincuenta mil dólares al año, similar al salario promedio de un exitoso psiquiatra practicante en Washington, después de dedicar al menos doce arduos años de estudio. Con una mirada de determinación en sus ojos, Mandy me planteó una pregunta crucial: "¡Muy bien! ¿Y cómo planeas lograrlo?" Tragué saliva y solo pude responder con silencio. Pero antes de que la preocupación se apoderara por completo de mí, una chispa de confianza llenó su voz y dijo: "No te preocupes. Vamos a trabajar juntas para lograr tu éxito futuro".

Con un rápido movimiento de su bolígrafo, ella escribió el número 250.000 en la página crujiente. Dibujó un calendario que se extendía durante los próximos doce meses, con anotaciones precisas sobre cuántos clientes potenciales debía contactar, cuántas ventas debía cerrar y a qué precios. "No puedes saber a dónde quieres llegar si no sabes dónde te encuentras ahora, ya que *una visión sin dirección es como tratar de leer un mapa en la oscuridad*", dijo Mandy con convicción. "Así que a partir de ahora, debes medirlo todo. Desde el número de llamadas realizadas, las citas concertadas, los clientes con los que has hablado y las ventas que has conseguido: cada cifra cuenta para comprender qué funciona mejor para ti. ¡Recuerda siempre: el secreto está en los números!" *Ella hace que parezca tan simple,* pensé. No fácil, pero simple.

"Te enseñaré el oficio, y vamos a empezar con lo que yo llamo el truco del 411", dijo ella. El secreto de este truco consistía en dividir los cuatro objetivos anuales en acciones tangibles a realizar cada trimestre, mes, semana y día. A medida que terminábamos nuestra charla, mi cabeza daba vueltas, pero ella no se detuvo allí:

"Nuestra compañía ofrece una amplia gama de oportunidades para aprender y avanzar en tu carrera profesional", dijo ella con calidez. "Ya llevas dentro de ti todo lo que necesitas para triunfar, pero es esencial que inviertas en tu propio crecimiento para descubrir hasta dónde puede llegar tu carrera".

Ese día, su consejo fue que invirtiera en mi crecimiento y aprendiera de una verdadera pionera: Lilibeth Kokoszka. No solo vendió 104 propiedades en su primer año en el sector inmobiliario, sino que a lo largo de 27 años, esta extraordinaria mujer vendió ¡4.000 propiedades! Se destacó como la entrenadora a la que acudir para enseñar a los nuevos agentes cómo hacerlo, permitiéndoles experimentar de primera mano el éxito, tal como ella lo había experimentado.

Mandy explicó que el seminario tenía un costo de 1.600 dólares, algo que no me esperaba, y que tendría que ausentarme una semana entera de trabajo para asistir. Sin saber qué hacer, pude escuchar el eterno consejo de mi padre resonando en mi cabeza: el conocimiento es poder.

Después de escuchar a Mandy hablar y ver cómo ella misma se presentaba, sentí un cambio en mi propia energía. *Quizás todo realmente sea posible con la ayuda adecuada,* pensé. Y la oportunidad de aprender el secreto de la riqueza no se presenta todos los días.

Respiré profundamente y me decidí, a pesar de mis dudas por el alto costo del boleto. "Está bien. Iré a la conferencia". Mandy sonrió en señal de aprobación antes de tranquilizarme: "Y, por cierto, no te preocupes por el precio de la entrada". Su guiño reveló que simplemente estaba poniendo a prueba mi compromiso. Me explicó que la mitad del costo sería cubierto por ella, mientras que la otra parte se deduciría de mi primer cheque de comisión. Con eso, se dio la vuelta y se dirigió a su oficina.

Una semana más tarde, me encontré sumergida en un ambiente de lujo y alta costura, lo cual resultó ser una sorpresa para mí. Hombres vestidos con trajes impecables y relojes Rolex brillando en sus muñecas, mientras las mujeres deslumbraban con prendas de diseñador que les cubrían como velos de seda.

Todos estábamos juntos, en comunidad, en el seminario GOLD de Lilibeth Kokoszka: Grid Of a Life by Design. Aunque mi sencillo atuendo destacaba entre la ostentosa opulencia, no hacía sino reafirmar una verdad que se hacía evidente en aquel día: independientemente de las galas de la vida, todos compartíamos un objetivo común: maximizar nuestros sueños de éxito.

Charlie Gibson, una eminencia en el sector, inauguró el evento con un espectáculo grandioso. Luego, todos quedamos hipnotizados por la presencia en vídeo de Lilibeth, quien irradiaba confianza y cautivaba con sus historias de éxito. Mientras tomaba notas frenéticamente para no perderme ninguna perla brillante que nos brindaban estos dos titanes del éxito, nos enseñaron nuevas estrategias, desde mejorar nuestros ratios de cierre hasta maximizar nuestras ventas, prometiéndonos colocarnos sólidamente en el camino hacia el logro de nuestros objetivos.

Las palabras de Charlie resonaron en la sala: "Desvelar el secreto de la vida consiste en ser positivo e irradiar buenas vibraciones para atraer el éxito", afirmó. *"Y nuestro éxito se basa en nuestra razón de ser y en lo que nos motiva cada día.* No se trata solamente del dinero. Primero debemos preguntarnos: ¿Cuáles son nuestros sueños? ¿Cuál es nuestra razón de ser? ¿Por qué estamos aquí?"

Mientras reflexionaba sobre la relación entre la riqueza y el propósito, no podía evitar cuestionarme sobre el mío. A pesar de haber invertido meses en buscar respuestas a través de las solicitudes de ingreso en la facultad de medicina, a mis casi 30 años seguía sin tener una conclusión clara a la vista: *¿por qué estoy aquí? ¿cuál es mi propósito en la vida? ¿Cuál es mi "porqué"?*

"¿Puede el dinero comprar la felicidad?" planteó Charlie, con su mirada recorriendo la sala. Pocos momentos después afirmó que, sin importar en qué lugar de la escala financiera de la vida nos encontremos, ya sea cómodamente en la cima o a duras penas, si tuviéramos cincuenta mil dólares al alcance de la mano, los problemas de muchos parecerían desvanecerse en el aire. "Seguro que los sueldos de cada uno de ustedes difieren; algunos aquí ganan 200.000 dólares al año, otros más de un millón", continuó, con voz seria y reflexiva, mientras un murmullo de acuerdo se extendió entre la multitud. "Pero a pesar de la disparidad de nuestros ingresos, muchos sentimos que algo falta en nuestras vidas. ¿Pero acaso lo que realmente anhelamos es un cero más en el saldo de la cuenta bancaria? Quizás lo que nos falte se encuentre en nuestro interior: *objetivos y aspiraciones más claros para crecer en el viaje de la vida"*.

"En este curso", prosiguió, "les enseñaré no solo a ser económicamente prósperos, sino también a llevar un estilo de vida equilibrado y satisfactorio, diseñado por ustedes mismos". Para resaltar la importancia de esta tarea, nos pidió que cerráramos los ojos y visualizáramos dónde estaríamos exactamente dentro de un año: "imagina cómo sería el éxito para ti... ¡Imagínalo como si ya hubiera ocurrido! ¿Dónde estás? ¿Con quién? ¿Haciendo qué?". Luego, escribimos cartas felicitándonos por nuestros logros futuros, con el objetivo de utilizarlas como recordatorio cuando nos las devolvieran doce meses más tarde.

Charlie reveló el secreto para alcanzar nuestros sueños: el

poder de la manifestación. Nos enseñó que al hablar en presente, nuestra mente inconsciente no distingue entre el ahora y el futuro, y que lo que afirmamos con convicción puede convertirse en una realidad tangible. Inspirado por este nuevo conocimiento, comencé a redactar mi carta:

Enero del 2018

Querida yo del futuro,

Estoy profundamente orgullosa de todos tus logros en este año. ¡No puedo creer que aún no hayamos terminado el año y ya hayas recibido el cheque de comisiones que supera tu meta de 250.000 dólares! Me llena de felicidad verte viajar, disfrutar de momentos de calidad con tu esposa y brindar apoyo económico a tu madre para que no tenga que trabajar tanto. ¡Y felicitaciones por tu nueva adquisición, el Mercedes G Wagon blanco con interiores rojos!

Carla Moreno

Cuando finalicé, cerré la carta y la entregué al equipo organizador. En ese momento, Charlie volvió a romper el silencio en la sala.

"Todo comienza con el pensamiento. Como dijo Napoleon Hill, 'El deseo es el punto de partida de todos los logros'. Un deseo intenso conduce a grandes resultados; solo necesitamos alimentar ese fuego interior". Luego nos entregó a cada uno una lista de 15 libros para seguir nutriendo nuestra ambición y nuestro deseo de alcanzar aún más.

Sus palabras en el seminario fueron tan cautivadoras que no pude resistir comprometerme a leer todos los libros que recomendó. Cada uno de ellos prometía, pero ninguno tanto como "Piense y hágase rico" de Napoleón Hill, un libro que había creado más millonarios que cualquier otro en su lista.

Con entusiasmo, abrí el libro y comencé a leer página tras página.

Napoleón Hill insinuaba un secreto que parecía estar contenido entre las páginas del libro: algo de un valor trascendental que no podía explicarse con palabras ni ser racionalizado de forma lógica. Era algo destinado a ser descubierto por los lectores por sí mismos, penetrando en lo más profundo de sus corazones y almas. ¿Quién hubiera imaginado que esto era mucho más que una guía convencional para alcanzar la riqueza? De hecho, lo que el Dr. Leenards había estado enseñando a sus pacientes todo ese tiempo cobraba vida entre estas páginas: *el poder reside en nuestras mentes,* por encima de cualquier cosa material que podamos esperar obtener aquí en la Tierra.

Sumergiéndome en la abundancia de conocimiento que se encontraba entre cada página, una nueva sensación de posibilidad se encendió dentro de mí. Donde antes había incertidumbre y falta de rumbo, de repente se presentaba la oportunidad de dar forma a mi propio futuro utilizando únicamente el fuego que ardía en mi interior como brújula. Con esta nueva claridad que guiaba todo lo que me esperaba, este viaje podía tomar la forma que yo deseara si me dejaba llevar y abrazaba las posibilidades que se abrían ante mí.

A medida que me sumergía en el mundo de mis colegas en el campo, me maravillaba con la cooperación y el espíritu de equipo que florecían entre aquellos que alcanzaban niveles extraordinarios de éxito. Era impactante contrastar esta colaboración con las pequeñas agencias de traducción que solía frecuentar, las cuales guardaban celosamente sus operaciones y se negaban a compartir información, incluso cuando yo buscaba desesperadamente hacer crecer mi propio negocio. En cambio, mis colegas en el sector inmobiliario disfrutaban de un éxito mucho mayor que cualquier empresa de traducción que conociera, y generosamente compartían los secretos que les brindaban una fortuna. Descubrí que cuando cooperamos y brindamos generosidad, la vida nos retribuye de igual manera.

Como novata en el negocio, Mandy me proporcionó un gráfico circular con estrategias que podrían impulsar mi éxito: llamar a cien personas al día, mostrar casas los fines de semana, informar a mi red social sobre mi nueva carrera y contactar anuncios cancelados y caducados. Si lograba seguir dos o tres acciones de esta lista mensualmente, me aseguraría cerrar tratos.

Exploré todas las opciones, pero decidí enfocarme en las llamadas en frío, aunque se sintieran como un enfoque de fuerza bruta para mejorar mis ventas. La empresa nos proporcionó a todos los agentes de bienes raíces un guion de ventas en forma de un gráfico de flujo para asegurarnos de que cada palabra pronunciada nos brindara una oportunidad de éxito.

Cada día, me propuse realizar 500 llamadas a personas que vivían cerca de propiedades recientemente vendidas y convencerlas de que el mercado estaba en auge. Con Mandy observando a lo lejos por si necesitaba ayuda, mi objetivo era tener al menos 20 conversaciones significativas cada día. Para facilitar mi trabajo, utilicé un programa informático que me permitía marcar varios números simultáneamente hasta obtener una respuesta. Sin embargo, a pesar de haber elaborado cuidadosamente mi persuasivo guion de ventas, no todas las llamadas resultaban exitosas.

"¡Hola! Habla Carla Moreno de la inmobiliaria Horizon Realty Internacional", les decía entusiasmada, "quería ser una de las primeras en informarle que su vecino acaba de vender su casa por 150.000 dólares por encima del precio de lista. ¿Ha considerado vender su casa?". A menudo, recibía respuestas recurrentes al presentar mi oferta por teléfono:

"No, gracias."

"No vendería mi casa a través de alguien que llama en frío".

"Me das lástima".

"¡Vete al diablo!".

Después de escuchar mis llamadas, Mandy me brindó algunos consejos valiosos.

"Cuando menciones 'vender su casa', baja la entonación", me aconsejó, "de lo contrario, parecerás insegura". Cada mañana, mientras Mandy nos escuchaba a mis colegas y a mí realizar nuestras llamadas de ventas, nos animaba desde su oficina con entusiasmo. "¡Cada no te acerca a un sí!" gritaba. "Recuerden: ¡el secreto está en los números!"

Las llamadas en frío me intimidaban tanto que me avergonzaba hacerlas frente a mis compañeros de oficina. A veces, me refugiaba en casa, pero incluso cuando Yesenia solía salir temprano todos los días, a veces se quedaba más tiempo y escuchaba dolorosamente cómo los clientes me cuestionaban en todo momento. Cada vez que surgían sus objeciones, una ola de miedo me paralizaba por completo.

"¿Por qué debería elegirte a ti? ¡Eres el vigésimo agente que me llama esta mañana!", me dijo una señora en una ocasión. "Seguro que me estás llamando en frío porque no tienes clientes ni experiencia". Sin saber qué responder, colgaba el teléfono lentamente, sintiendo cómo mi confianza se desmoronaba.

Enfrenté el rechazo una y otra vez, pero no permitiría que eso me detuviera. Cada "no" que resonaba en mis oídos se convirtió en una fuente de inspiración y canalizaba esa energía de manera creativa. Elaboré un guion para abordar todas las objeciones que me lanzaban y creé respuestas específicas para futuras llamadas en un Rolodex. Al hacer esto, me di cuenta de que los clientes a menudo utilizaban las mismas objeciones. Después de practicar mis respuestas, lo que al principio parecían obstáculos interminables se convirtieron en escalones sobre los cuales podía mantenerme firme con confianza.

En una mañana de viernes, me enfrenté a la misma objeción: "¿Por qué debería elegirte a ti? ¡Eres el vigésimo agente que me llama esta mañana!". Busqué en mi tarjetero y encontré la respuesta perfecta: "Bueno, ahora sabe usted que hay al menos veinte agentes que han trabajado arduamente esta mañana para hacer negocios, y yo soy uno de ellos. Trabajo con la misma dedicación para vender las casas que pongo en el mercado, así que ¿por qué no nos reunimos para tomar un café y discutir la venta de su casa?". Después de repasar mis guiones cientos de veces, finalmente obtuve mi primer sí.

"De acuerdo", dijo la señora al otro lado del teléfono. "Nos encontramos en la propiedad hoy a las 3 p.m.". En la oficina, había un gong que sonaba cada vez que alguien aseguraba una cita con un posible cliente, y finalmente pude tocarlo. Todo el equipo vitoreó y celebró mi éxito.

Seguir los consejos de Mandy dio resultados, y logré cerrar dos transacciones antes de que terminara el mes, tal como ella había prometido. Con una sonrisa en su rostro, Mandy me felicitó y me dio una palmadita en la espalda. "¿Ves? Te dije que el secreto estaba en los números". En medio de esa calurosa felicitación, recordé por qué es importante esforzarse por ser la mejor versión de uno mismo. No hay un camino seguro que garantice el éxito, sino que se requiere dedicación, perseverancia y enfoque frente a la adversidad. Aunque hubo obstáculos en mi camino, cada paso dado tenía su propia belleza digna de celebración.

Pasaron los meses y se acercaba la próxima convención de Horizon Realty. Esta vez, tanto Lary Keller, uno de los fundadores de la compañía, como Lilibeth Kokoszka estarían presentes en persona. Mandy había exclamado que si la primera conferencia GOLD me había impresionado, este evento me dejaría asombrada. Llena de entusiasmo por las perspectivas que se avecinaban, invité a Yesenia y a mi cuñada Sandra a acompañarme en el viaje.

Yesenia había compartido la historia con su hermana de la agente poco dispuesta a manejar a Tacoma, y eso fue suficiente para animarla a unirse a la industria también.

Con mi negocio en crecimiento, decidí invertir en el mejor tipo de retorno de inversión: yo misma. Para prosperar como agente inmobiliario, comprendí que no bastaba con adquirir conocimientos teóricos; debía haber pasión detrás de cada transacción. Así que, en lugar de limitarme a realizar llamadas, busqué oportunidades para especializarme a través de certificaciones en la atención a compradores primerizos, programas de beneficios para veteranos y otros cursos que me permitieran ingresar al mercado de lujo y conectarme con inversionistas.

Las posibilidades eran infinitas, y era el momento de encontrar mi nicho ideal.

A medida que ampliaba mi horizonte con habilidades y conocimientos que mejoraban mi profesión, enfrentaba el desafío de lograr que los propietarios de viviendas me eligieran como su representante en la venta. Sin desanimarme, decidí enfocarme en ayudar a los compradores.

Sin embargo, Mandy siempre insistía en que expandir mi alcance como agente de propiedades era esencial para el éxito. Trabajar con vendedores era la clave para aumentar las ventas, ya que era posible manejar cinco o más propiedades en un mes, mientras que resultaba casi imposible trabajar con cinco compradores simultáneamente.

Pero cuando llegaba el momento de la verdad y me encontraba frente a personas que esperaban vender sus casas, todos parecían tener la misma pregunta: "¿Qué experiencia tienes como agente inmobiliario?"

Cuando revelaba mi relativa novedad en la industria, su entusiasmo se desvanecía rápidamente.

"Sé que solo llevo tres meses en esta industria, pero ¡ya he vendido seis casas!"

"Lamentamos decirte, cariño", respondían los vendedores, "pero preferimos alguien con más experiencia".

A pesar de todos mis esfuerzos, seguía enfrentándome a obstáculos. Trece citas habían pasado sin resultados que mostrar...

Decidida a descubrir por qué mis citas no estaban teniendo éxito, busqué ayuda de Yesenia para practicar. Ella aceptó de inmediato y nos encontramos en la entrada de nuestro condominio, como en una cita oficial. Pero esta vez, cuando se abrió la puerta, no era un desconocido quien apareció, sino la sonrisa de Yesenia.

"¡Hola!" exclamé entusiasmada. "Gracias por recibirme y darme la oportunidad de vender tu casa." Me sentí orgullosa, no solo por el guion que había memorizado y las palabras que fluían de mis labios, sino también por el tono persuasivo que había aprendido a incorporar estudiando el poder de la entonación.

"Claro", respondió Yesenia, un poco desconcertada. "¿Te parece si nos sentamos en el comedor?". Asintió con la cabeza y saqué emocionada mi computadora portátil, comenzando a recitar una historia inspiradora sobre cómo mi compañía se diferenciaba de la competencia. Le presenté una serie de conocimientos que prometían el éxito en la venta de cualquier propiedad, según los consejos de Lilibeth Kokoszka. Sin embargo, solo habían pasado tres minutos cuando noté que la mente de Yesenia se había desconectado.

"¿Qué sucede?" pregunté, sintiendo una leve frustración. "¡Nada!" respondió ella. "Por favor, continúa".

"¿Mi presentación es tan mala?" pregunté con frustración en mi voz.

Yesenia respiró profundamente y trató de ser delicada al pronunciar sus palabras, pero aun así, me picaron como mil aguijones de abeja. "Amor, no quería interrumpirte, pero... es *muy* mala", respondió ella, mientras mi rostro se enfriaba al escuchar sus palabras. A pesar de toda mi preparación, de memorizar información y tener fichas para cada posible escenario, ¿cómo era posible que lo estuviera haciendo mal? Estaba siguiendo al pie de la letra el guion de Lilibeth que prometía el éxito.

Con el ceño fruncido y desconsolada, dejé a un lado mi orgullo y me abrí a su crítica. Yesenia me explicó que el problema radicaba en mi exceso de entusiasmo: compartir demasiada información de golpe y utilizar todas las tácticas de venta me hacía sonar como una máquina automatizada.

Ella me compartió una valiosa lección que había aprendido en la escuela de negocios: la importancia de hablar menos y escuchar más en el arte de vender. Me explicó que la verdadera clave no reside en convencer a alguien de que necesita lo que ofrecemos, sino en comprender genuinamente las necesidades y deseos del cliente a través de una escucha activa. "Por más que le digas a un cliente 'este es el mejor lápiz del mundo, escribe al derecho y al revés', nada de eso importa si la persona no necesita realmente un lápiz. Así que primero escucha atentamente", concluyó su lección con sabiduría.

Yesenia había adquirido innumerables experiencias en el

mundo de los negocios desde una temprana edad, vendiendo tamales puerta a puerta con su madre. Conocía todos los trucos para destacar en las ventas y estaba preparada para triunfar en cualquier profesión que eligiera. Sus propios logros en la industria de los préstamos la habían llevado a recibir el premio de "Novata del Año". Con esta nueva motivación y mi determinación de no dejarme desanimar por las críticas (aunque admito que no era mi fortaleza), pude desprenderme de mi ego y aceptar sus consejos con gratitud.

Con las sabias palabras de Yesenia resonando en mis oídos, salí al encuentro de mi cliente potencial esa misma tarde con renovada confianza. Respondí con elegancia y seguridad a cada pregunta, sin revelar demasiada información de golpe, como un torero hábilmente esquivando los ataques de su oponente. La clienta parecía encantada y mi seguridad al presentar la información la condujo hacia la firma para permitirme enlistar su casa, ¡mi primer listado! Finalmente, todos esos meses de práctica estaban dando sus frutos.

Cuando junio llegó, me di cuenta de que había alcanzado mi objetivo de $60,000 en la mitad del tiempo que me había propuesto: ¡solo seis meses! En ese momento, la llama de mi imaginación se avivó. Una fantasía que parecía descabellada de ganar un cuarto de millón de dólares comenzó a florecer con ilusión y promesas, como si algo surrealista estuviera tomando forma en mi propia realidad...

DOCE
LA LIANA DE LOS MUERTOS

"El Universo es mental, dentro de la mente de EL TODO."

—EL KYBALIÓN

LA IDEA de estudiar medicina empezaba a perder brillo mientras crecía la promesa y el potencial que me ofrecía el sector inmobiliario. Sin embargo, mi verdadera pasión seguía anhelando el conocimiento para alcanzar estados superiores de conciencia y conectarme mejor con quienes me rodeaban, incluida la oportunidad de mejorar mi relación con mi padre.

Durante meses, me esforcé al máximo, realizando exámenes de preparación y cursos prácticos para presentarme nuevamente al examen de admisión a la facultad de medicina. Sin embargo, el temor de una posible investigación de L&I que podría arrebatarme mis sueños médicos comenzó a afectar mi entusiasmo. *¿Podría ser el sector inmobiliario mi destino?* Justo cuando estos pensamientos giraban en mi cabeza como un eterno ciclón, recibí una llamada inesperada de mi padre.

Al instante, me estremecí al escuchar sus lágrimas, cargadas de dolor y pena, a través de la línea telefónica. "¡Acaba de fallecer! ¡Se nos fue!" gritaba mi padre, desconsolado. ¿Quién había fallecido? Mi corazón saltó en mi pecho para hacer la pregunta, pero antes de que pudiera pronunciar las palabras, mi padre continuó entre sollozos: "¡Sandy se nos fue". La trágica noticia me sacudió hasta lo más profundo de mi ser, como si me hubieran arrojado un gigante cubo de hielo encima. A pesar de nuestra distancia, ella y yo éramos hermanas después de todo. En ese momento, el tiempo parecía haberse detenido, y la noticia de su fallecimiento llegó con un dolor agonizante: la habíamos perdido debido a una hemorragia gastrointestinal, semanas después de una operación de bypass gástrico.

En un instante, todos los planes cambiaron de rumbo y me embarqué en el primer avión hacia Guadalajara para poder llegar a tiempo a su funeral. De pie en la fila para verla después del servicio fúnebre, experimenté una abrumadora oleada de dolor cuando mis ojos se posaron en el ataúd que contenía prematuramente una vida interrumpida. El remordimiento me consumió cuando los recuerdos de nuestra última conversación, las duras palabras intercambiadas tras aquel incidente del perfil falso de Facebook, volvieron a atormentarme. Ya era demasiado tarde para disculparme o pedir perdón. Sin embargo, en lo más profundo de mi ser, seguía albergando la esperanza de que, contra todo pronóstico, ella hubiera escuchado aquellas súplicas de perdón mientras nos despedíamos delante de su ataúd.

Al descender del avión de regreso a Seattle, sentí un escalofrío recorriendo mis venas. La inesperada muerte de Sandy había sacudido nuestro mundo y me había sumido en profunda reflexión: era crucial que los momentos no se pasaran de forma frívola o descuidada, ya que la vida puede desvanecerse en cualquier instante. Fue entonces cuando una epifanía me iluminó: *el tiempo es efímero pero encierra un inmenso potencial.* A través de nuestras elecciones, podemos aprovechar la oportunidad de forjar un destino significativo incluso en los momentos más fugaces del tiempo.

En los meses siguientes, compartí mis pensamientos más íntimos con mi amiga Tania durante una reunión. Ambas compartíamos un apetito insaciable por explorar nuestra conciencia a través de tradiciones ancestrales y remedios místicos, por lo que no me sorprendió su sugerencia.

"¡Sé exactamente cómo puedes desbloquear una mayor claridad mental!", exclamó con entusiasmo. En respuesta a su sincera propuesta, bromeé alegremente mencionando que hasta ese momento, la lectura del tarot no me había brindado mucha claridad.

"No, mujer", respondió con emoción. "Esto es diferente, no tienes idea. ¿Has oído hablar alguna vez de la ayahuasca?" Durante mi curso favorito sobre drogas y comportamiento en la universidad, descubrí que este psicotrópico derivado de dos plantas contenía un misterioso poder presente en rituales religiosos y viajes espirituales.

Aprendí que a través del conocimiento ancestral, un chamán o curandero hábil encendía las hojas de diversas plantas para crear un elixir poderoso, elaborado con N-dimetiltriptamina, un psicotrópico natural sorprendente. Según mi profesor, esta ceremonia sagrada era para aquellos buscadores que deseaban desentrañar un mayor conocimiento sobre nuestro universo infinito. La ayahuasca se había esparcido a lo largo del tiempo como polvo mágico de estrellas, destinado a aquellos lo suficientemente valientes como para explorar sus secretos.

"¡Amiga, tienes que explorar este reino espiritual!",

exclamó Tania con entusiasmo. Acababa de regresar de un viaje mágico con una chamana brasileña y compartió relatos de una experiencia transformadora que cambió su forma de entender el mundo. "¡Tuve revelaciones sobre la inmensidad infinita de nuestro universo multidimensional!", expresó asombrada.

"Bueno, suena un poco extraño", bromeé, cuestionando los misteriosos lazos de esta "liana de la muerte".

Tania continuó entusiasmada: "La llaman así porque te conecta con tus ancestros y te permite enfrentar tus mayores temores, ayudándote a elevar tus vibraciones, sanar y recuperar tu poder interior", explicó seriamente, cerrando el puño para enfatizar su punto.

"¿Y esto me ayudará a decidir si debo ir a la escuela de medicina o no?", pregunté confundida.

"Eso no lo sé, pero tengo la sensación de que encontrarás las respuestas", replicó con confianza. "Solo debes establecer tu intención y pedirle a la diosa Pachamama que te brinde la claridad que necesitas. Ella te mostrará lo necesario". Aunque me intrigaba cómo la sabiduría herbolaria podría ayudarme a tomar una decisión sobre mi carrera en medicina, su entusiasmo despertó mi curiosidad innegable.

"¿Y debo ir a Brasil para esto?", pregunté.

"No, la chamana vendrá aquí desde Brasil", respondió ella. "¡Y afortunadamente para ti, regresará el próximo mes!" Yesenia se acercó y, al escuchar la conversación, amablemente ofreció su opinión al respecto.

"Por favor, amor", dijo con tono de preocupación, "no más chamanes".

Respondiendo a su comentario, dirigí mi audaz pregunta a Yesenia, impulsada por la vívida descripción de Tania sobre su experiencia con la ayahuasca. "¿Podemos probarla?". La verdad era que había considerado previamente probar la ayahuasca mientras estábamos en la Riviera Maya unos días antes de nuestra boda. Sin embargo, nuestra organizadora de bodas nos recomendó no hacerlo, advirtiéndonos que algunas parejas habían encontrado tanta claridad que incluso cancelaron sus matrimonios, por lo que consideró que era un riesgo demasiado grande. Tania vio esto como una oportunidad para convencer a Yesenia.

"Yesenia", dijo Tania con determinación, sus palabras llenas de una energía convincente. "Tengo la sensación de que si ambas hacen esta ceremonia de ayahuasca juntas, encontrarán una gran claridad. ¡Sus carreras se elevarán! Lo he experimentado personalmente en mi ceremonia: una ráfaga increíble de precisión sobre lo que la vida puede ofrecernos y hasta dónde podemos llegar".

Estaba claro que la ayahuasca había dejado una fuerte impresión en Tania. Después de participar en la ceremonia, había experimentado una transformación espectacular y había emprendido su viaje para convertirse en fisicoculturista. Entrenó día y noche durante tres meses antes de competir en un torneo nacional contra atletas experimentados que habían estado perfeccionando sus habilidades durante mucho más tiempo que ella. Sin embargo, a pesar de todo, Tania continuó con una fuerza y dedicación extraordinarias, y ganó el primer premio en no una, sino en tres categorías.

Poco después de la reunión, recibí un emocionante correo electrónico de Tania, donde nos compartió información sobre la ceremonia a cargo de la chamana brasileña:

Queridos hermanos y hermanas,

Les invito a participar en nuestra oración Umbandaime, una oportunidad para conectarnos con las energías sagradas y celebrar, sanar y explorar el autoconocimiento. La palabra "umbanda" tiene sus raíces en un antiguo idioma originario de Angola, África, y encierra significados profundos como "magia" y "otra dimensión de vida donde los espíritus residen". También se traduce como "el límite ilimitado, el Principio Divino, la luz radiante, la fuente de la vida eterna y la evolución constante". En su esencia más sencilla, Umbanda puede ser definida como "la religión de la gente".

El correo electrónico que recibimos contenía una fascinante historia sobre la religión Umbanda, revelando un poder psíquico eterno que permea el universo y que permanece oculto en la mente del TODO. También exploraba el profundo significado místico de la espiritualidad y nos invitaba a ser devotos creyentes en las fuerzas invisibles. Finalmente, compartía con reverencia la sabiduría atemporal de los chamanes y nos guiaba sobre cómo participar en la ceremonia sagrada para transformar nuestro destino.

Compartí toda esta información con Yesenia y le mostré diversos documentales y artículos intrigantes sobre la ceremonia espiritual, pero no logré convencerla. Sin embargo, en el día del retiro, finalmente sucumbió a la experiencia.

Tomándome de la mano, Yesenia mostraba preocupación en sus ojos pero también emoción en lo profundo de su ser. "Estoy nerviosa", confesó. "Pero quiero estar ahí para apoyarte. Además, ¿y si realmente encuentras la claridad de la que habló Tania y adquieres un cuerpazo? ¡No quiero quedarme atrás!", bromeó juguetonamente. Reímos juntas ante su comentario, pero sobre todo, sentí una cálida sensación en mi alma al saber que embarcaríamos en este viaje juntas.

Al caer la tarde, nos adentramos en el bosque de Snoqualmie, con los árboles susurrantes que nos daban la bienvenida a medida que nos acercábamos a la cabaña. Ataviadas con prendas ceremoniales y portando fragantes ofrendas florales, llegó el momento tan esperado: las 6 de la tarde marcaban el inicio de una experiencia inolvidable.

La luna proyectaba su resplandor plateado sobre nosotras mientras nos reuníamos en círculo, esperando el místico ritual que nos aguardaba. Después de la bendición de la chamana, cada copa fue llenada ceremoniosamente con ayahuasca, la medicina ancestral que prometía otorgar conocimiento y sabiduría de otro mundo a quienes la bebieran. Con un sorbo vacilante, permití que la amarga y terrosa sustancia se deslizara lentamente por mi garganta, preparándome para las revelaciones que aún estaban por venir.

"Gracias, madre Ayahuasca", repetí en voz alta. "Por favor, dame la claridad que necesito en mi vida en este momento".

El ritmo del tambor primordial nos envolvía mientras todos nos levantábamos de nuestros asientos, algunos ya sumidos en un trance extático. De repente, las palabras líricas de nuestra chamana resonaron por toda la sala: "La vida es música y la música es vida: la melodía es nuestra herencia que fluye a través de nosotros como una guía". Durante veinte minutos nos movimos como una única fuerza palpitante antes de que surgieran diversas reacciones en varios participantes; algunos vomitaban mientras otros corrían apresurados al baño. Aun así, la ceremonia no se detuvo mientras nuestra guía susurraba con serenidad que esto formaba parte de su sagrado camino hacia la paz y la sanación.

"Esto es la purga", nos explicó. "Es una forma de purificar y sanar una mente y un cuerpo contaminados por entidades psíquicas perturbadoras". Con el miedo, la ansiedad y la paranoia impregnando el ambiente, la euforia de Tania contrastaba marcadamente. Había experimentado varias ceremonias de ayahuasca anteriores y parecía disfrutar de la energía que recorría su ser.

Sin embargo, al otro lado de la sala, una chica asustada

experimentaba algo muy diferente: "No lo entiendo", decía entre ataques de vómitos. "Nunca había sido tan intenso".

La chamana sabiamente señaló que cada experiencia era única y que nuestros cuerpos guardaban el secreto de la curación. Como un antiguo oráculo, sugirió con calma que respiráramos profundamente para encontrar lo que realmente necesitábamos, no solo lo que deseábamos, para la restauración completa de la mente y el alma.

A mi alrededor, el frenesí de actividad continuaba mientras mi miedo crecía lentamente. No podía explicar con palabras por qué me sentía tan ansiosa, no tanto por mí misma, sino por Yesenia. *¿Qué había hecho al traerla aquí?* En aquel espacio, había tantas incógnitas. Aunque aún no sentía nada en mi interior, seguía alerta, preparada y a la espera de lo que pudiera sucederle a mi esposa.

Miré a Yesenia mientras nos adentrábamos en la segunda etapa de nuestro viaje. Su sonrisa radiante y su actitud alegre demostraban que, al igual que yo, estaba preparada para otra dosis. Tomando otro sorbo de nuestras copas, el tiempo pareció detenerse y pronto sentimos cómo algo se agitaba en nuestro interior, una fuerza indescriptible que nos conectaba con todo lo que nos rodeaba. Permanecimos inmóviles cerca del sagrado altar mientras misteriosos cánticos llenaban cada rincón con su música mágica... y así comenzó mi viaje.

De repente, sentí cómo me disolvía en el suelo, mi cuerpo se volvía líquido y se armonizaba con los tambores como si fuera uno propio. Sin embargo, aún me resistía a soltarme por completo; seguí aferrada a la mano de Yesenia mientras nos aventurábamos juntas por este camino desconocido. Cuando nuestra chamana nos vio tomadas de la mano, susurró suavemente: "Todo estará bien", y liberó nuestros dedos entrelazados hasta que ya no se tocaban. En ese suspiro de despedida, toda una realidad alternativa se abrió ante mí en un instante, invitándome a explorar sin límites ni restricciones.

Al siguiente momento, me encontré corriendo a través de un bosque iridiscente, una tierra prismática llena de vida y flora con alma. Susurros de amor y comprensión llegaban a mis oídos, como si las plantas me conocieran desde siempre, como si pudieran percibir mi dolor, que era palpable en aquel claro iluminado. De repente, vi a mi hermana Sandy. Su muerte fue tan repentina que no nos dejó tiempo para arrepentimientos o para enmendar nuestros errores, pero aquí estaba frente a mí, como si nada hubiera pasado entre nosotras. Nuestros espíritus se abrazaron mientras nos concedíamos el perdón. Desafortunadamente, pronto la realidad volvió a llamar mi atención, exigiendo mi presencia a pesar de mis etéreos ensueños en aquel paisaje boscoso de caleidoscopio. Pero antes de partir, algo eterno nos unió a mí y a Sandy para siempre: la redención finalmente encontró la paz aquella noche.

Una llamada intrigante y ancestral resonó al ritmo de los tambores, invitándonos a experimentar otra medicina que abriría la puerta a la curación. Kambo: un poderoso antibiótico elaborado a partir de las secretiones tóxicas de una rana arborícola amazónica. Fue administrado con un misticismo ceremonial, mientras tres pequeños círculos se quemaban en nuestra piel, abriéndonos camino y permitiendo que su forma pastosa prevaleciera más allá de los límites físicos, en busca de fortaleza interna.

Con una sola aplicación, sentí cómo una oleada de energía recorría mi cuerpo como una corriente eléctrica. Un calor abrumador fluía por mis venas, liberando una presión y llevándome al borde de la náusea, exhalando su veneno con cada respiración. "Sé fuerte y aguanta", dijo la chamana. "Esto solo durará unos minutos". Sus palabras eran suaves recordatorios de que la fortaleza reside en nuestro interior; sentimientos de claridad, satisfacción y serenidad esperaban después de que este ritual de purificación siguiera su curso.

Luego, embarqué en otro viaje espiritual al ingerir una tercera medicina: Hapé, un polvo amazónico hecho de corteza de árbol. Durante esta experiencia espiritual, escuché muchas voces de otro mundo, como si un poder invisible pero real me estuviera guiando. Durante mi viaje, reconocí a una deidad hindú: Ganesha, hijo de Shiva. Esto me pareció extraño, ya que crecí en una tradición católica. Aun así, su presencia silenciosa hizo que mi mente rememorara sucesos pasados, buenos y malos, presentándome diferentes perspectivas y planteándome preguntas sin respuestas.

Finalmente, pedí un vistazo a mi futuro, y de repente tuve una visión. Ahí estaba yo, en el acogedor balcón de un exquisito hotel de estilo colonial, sosteniendo una taza de café mientras me preparaba para pronunciar un discurso. Miré hacia adentro de la suite del hotel y ahí estaba Yesenia, sentada en el sofá, leyendo un libro en nuestra habitación, brindándome su apoyo incondicional como siempre lo había hecho.

A medida que avanzaba en la experiencia, un increíble sentimiento de trascendencia se apoderó de mí. Mi visión revelaba que mi propósito no estaba ligado a la medicina, a pesar de mi pasado interés en estudiarla. Encontré una señal interna misteriosa que me indicaba que mi verdadera pasión yacía en explorar las profundidades de la mente y la conciencia. Esta atracción ardiente superaba cualquier deseo de prestigio o reconocimiento externo, y me ofrecía un camino hacia un verdadero sentido en la vida. Aunque aún no estaba claro qué profesión seguir exactamente, sabía que debía buscar un camino que alimentara mi deseo de conocimiento y trascendencia, libre de las expectativas de la sociedad y de las limitadas definiciones de éxito.

A través de esta nueva perspectiva, también logré

comprender que mi padre llevaba consigo su propia oscuridad interior y creencias arraigadas. Tal vez él estaba haciendo lo mejor que podía con las herramientas que tenía a su disposición. Por lo tanto, decidí que aunque mantendría mis límites claros con él, me esforzaría por comprenderlo mejor que antes, buscando una conexión más profunda.

Unos meses después del retiro, Yesenia y yo viajamos junto a mi querida madre para celebrar la boda de una prima en Tepoztlán, un pintoresco pueblo conocido por su energía espiritual. Como cierre de la gran celebración, mis padrinos, quienes habían construido su imperio empresarial en Ciudad de México, nos invitaron a pasar unos días en su lujoso apartamento en Acapulco.

Una tarde, Yesenia y yo nos aventuramos en el jacuzzi, sumergiéndonos en la belleza de la naturaleza que nos rodeaba. Nuestros ojos se maravillaron con la perfecta puesta de sol dorada sobre la bahía de Acapulco, mientras las olas creaban una banda sonora relajante para nuestra experiencia. Desde nuestra posición, observamos cómo mis padrinos se reunían con mi prima y mi madre alrededor de una mesa de juegos, compartiendo risas tan alegres que parecía que todos los años de preocupación habían desaparecido en ese momento. Durante toda mi vida, había admirado a mis padrinos, dos exitosos empresarios que habían construido su fortuna a través del trabajo duro. Gracias a su éxito, pudieron brindar a mi abuelita una jubilación cómoda y disfrutar de sus últimos años antes de su fallecimiento prematuro a los 63 años. Mi prima Sandra, una joven visionaria, ahora dirigía el negocio con estilo y gracia, y su ambición inspiraba a todos los que trabajaban a su lado. Observar cómo vivían con tanta alegría y abundancia despertó algo dentro de mí: quería explorar el mundo, vivir sin límites y saborear cada momento como si fuera oro, al igual que ellos lo hacían con tanta elegancia.

En ese instante, miré profundamente a Yesenia y, con determinación, le dije: "Seamos millonarias para disfrutar la vida como mis padrinos". Nuestra conversación iluminó lo que realmente anhelábamos en la vida: la libertad de elegir cuándo trabajar y no estar limitadas por una jornada laboral tradicional. Al final de esa noche, después de un extenso debate bajo el cielo estrellado, llegamos a la conclusión de que esa era nuestra nueva visión: viajar juntas por el mundo, disfrutando de ingresos pasivos sin la necesidad de trabajar en un empleo convencional de nueve a cinco.

"También", añadió Yesenia, "me encantaría tener una casa junto a la playa. Desearía tomar nuestro café por las mañanas mientras el sol y las olas nos dan la bienvenida al despertar, tal como lo hacemos aquí". Respiré profundamente y asentí con entusiasmo. Aunque no sabíamos cómo lograríamos hacer realidad nuestra visión compartida, teníamos una convicción inquebrantable de que todo era posible si nos lo proponíamos, tan cierto como el constante golpear del mar contra la arena. Estábamos decididas a convertir nuestro sueño en realidad, y lo habíamos manifestado al universo con toda nuestra determinación.

TRECE
EL CÍRCULO DE CINCO

"Eres el promedio de las cinco personas que te rodean."

—*JIM ROHN*

DESPUÉS DE REFLEXIONAR sobre mi decisión, comuniqué a mis seres queridos que la medicina ya no sería mi camino. Aunque mi madre estaba muy orgullosa de mis estudios y se había jactado de su hija, la futura doctora, me apoyó en esta nueva y valiente aventura.

"Estoy segura de que podrás aplicar mucho de lo que aprendiste en la carrera de psicología con tus clientes", dijo ella. "Comprender a las personas y sus necesidades te dará ventaja en tu carrera en ventas, Carlita". A pesar de haber optado por renunciar a la vía académica, ella me brindó un apoyo inquebrantable como siempre.

Después de liberarme finalmente de cualquier duda persistente relacionada con la medicina, me entregué por completo a mi nueva carrera en el sector inmobiliario. Fue entonces cuando Yesenia me habló de Adriana, una destacada líder del sector y una de los miembros fundadores de NAHREP, que asistiría a un evento especial esa semana. "Creo que conectarás muy bien con ella", me dijo con seguridad. "¡Debes asegurarte de venir para que la conozcas!"

Seguí su consejo y, al llegar al evento, Yesenia me condujo hacia Adriana y nos presentó. "¡He oído hablar muy bien de ti!", dijo ella con una sonrisa radiante. Podía sentir su presencia animada y enérgica en la sala llena de profesionales inmobiliarios.

Tras nuestro primer encuentro, sentí una conexión inmediata. Nuestra forma compartida de ver la vida parecía unirnos como una cuerda invisible del destino; ambas teníamos grandes ambiciones y un sentido del humor muy similar. Nos reímos hasta altas horas de la noche, hasta que, en un momento, me miró a los ojos y me dijo:

"Deberías venir a trabajar en Sotheby's conmigo y unirte a mi equipo. Es una marca conocida y respetada que rebosa potencial en el mercado de propiedades de lujo".

Reconociendo el potencial que ofrecía esta oportunidad y deseando tener más éxito en el mercado de lujo, le expliqué entusiasmada lo que había logrado hasta entonces: las certificaciones obtenidas y las operaciones cerradas en mi trayectoria como agente inmobiliaria novata. Al parecer, había quedado impresionada.

Me miró y sus ojos cafés centellearon. "¿Sabes qué?", dijo con una leve sonrisa. "Por un momento pensé en reclutarte para mi equipo... pero mujer, tú estás lista para volar sola". Me sorprendí al escucharla decir eso, ya que solo llevaba cinco meses en este sector. Me explicó que, aunque me ofrecería su apoyo y respondería a todas las preguntas que surgieran en el camino, debería considerar independizarme.

Salí del evento con el corazón y la mente rebosantes de posibilidades. En Horizon Realty, formaba parte de un equipo en el que contribuía con la mitad de mi sueldo para obtener ayuda en mis transacciones; una especie de colaboración que tenía un costo elevado pero que aportaba un valor tremendo. Sin embargo, Adriana me alertó de que en Sotheby's no ofrecían tanta formación para los principiantes; no obstante, los demás beneficios que ofrecían hacían que valiera la pena considerar detenidamente mudarme a su compañía.

Horizon Realty brindaba una sólida plataforma de lanzamiento para los nuevos agentes, con una amplia formación y apoyo. Sin embargo, el tamaño considerable de su equipo a menudo dificultaba la comunicación en momentos de necesidad, cuando se requerían respuestas a preguntas sobre contratos o asesoramiento en ventas.

Asimismo, trabajar en equipo me prometía clientes potenciales sin mucho esfuerzo, pero pronto descubrí que rara vez estaban cualificados, y cerrar una de esas ventas era todo menos sencillo. Muchos estaban desempleados o eran personas que llevaban mucho tiempo buscando casa, pero ninguno realmente estaba dispuesto a dar un paso al frente y hacer una oferta. Las únicas perspectivas reales provenían de mis propios esfuerzos al contactar a mi propio círculo o de realizar llamadas en frío.

Por otro lado, me emocionaba enormemente la idea de tener acceso a propiedades de alta gama a través de Sotheby's. Y mi entusiasmo no hizo más que crecer cuando mis cálculos mostraron que, a diferencia del pasado, unirme a ellos aumentaría sustancialmente mis comisiones sin necesidad de compartirlas con un equipo. Animada por las palabras afirmativas de Adriana y por lo que las cifras sugerían, decidí que era el momento de dar el gran salto.

Con la bandera de Sotheby's ondeando detrás de mí, mi determinación de triunfar ardía sin límites, desafiando incluso los intimidantes precios de las propiedades de lujo. Sin embargo, al igual que en Horizon Realty, el éxito dependía de la cantidad y calidad de las llamadas telefónicas. Requería un gran esfuerzo, pero cada llamada me revelaba el secreto: la diligencia es la clave para alcanzar nuestros sueños.

Tras una avalancha de llamadas a propietarios con listados cancelados, incluyendo una al famoso artista de Seattle, Macklemore, finalmente conseguí una cita en Escala, una torre de apartamentos de lujo en el corazón de la ciudad. Sin embargo, mis posibilidades de cerrar el trato de casi dos millones de dólares eran escasas debido a mi falta de experiencia en el mercado de lujo. Sabía que necesitaba pedir ayuda.

Me puse en contacto con mi jefe, expresando la urgencia de la situación y solicitando que un colega con experiencia en el sector inmobiliario de lujo me acompañara a la cita. Si nuestra colaboración culminaba en un cierre exitoso, compartiría la mitad de mi comisión. Decidí que esta inversión podría resultar extremadamente valiosa al adquirir los conocimientos de otro agente.

Poco después, recibí una llamada de Chris, un agente inmobiliario que gentilmente accedió a reunirse conmigo. En la fecha señalada, me encontraba lista para conocer a mi compañero de bienes raíces, y desde el primer instante surgió un vínculo instantáneo; nuestras mentes se entrelazaron en perfecta armonía mientras nos preparábamos para cautivar a nuestro cliente con una presentación impresionante. Nuestra reunión fue un rotundo éxito y, al finalizar, el cliente nos seleccionó por encima de todos los demás para representarlo en la venta de su condominio. Aunque nos esperaba una tarea desafiante, mi emoción era desbordante. ¡Con la invaluable ayuda de Chris, había logrado obtener mi primer listado de lujo!

Cuando me entregué por completo al mundo de los bienes raíces, un fuego apasionado se encendió en mi alma, inextinguible. Sentí como si un nuevo universo de crecimiento y oportunidades se revelara ante mí. Movida por la claridad y el enfoque, decidí desafiarme más allá de mis expectativas y hacer realidad todos los sueños que pudiera imaginar en este nuevo viaje.

La oportunidad de ampliar mis conocimientos llegó rápidamente cuando supe que NAHREP había invitado a Thatch Nguyen, una figura destacada en el sector inmobiliario de Seattle, para compartir sus conocimientos sobre inversión inmobiliaria en un seminario. Cuando llegó el momento, Thatch capturó toda mi atención con su presencia magnética y sus y sus sabias palabras. Nos brindó una visión completa de éste sector, adentrándonos en el innovador método BRRRR, que consistía en buscar propiedades abandonadas que necesitaran renovación, aumentar su valor mediante la remodelación, aprovechar el activo alquilándolo y refinanciarlo posteriormente para obtener capital nuevamente en nuestro bolsillo. De esta forma, podríamos repetir el mismo proceso con otra propiedad utilizando el mismo dinero, y así sucesivamente, hasta adquirir múltiples propiedades.

Además de la información que compartió, Thatch también nos brindó su historia personal de cómo él y su familia huyeron de Vietnam hace 40 años con solo 100 dólares en el bolsillo y una determinación incansable por triunfar. Ahora, se había convertido en un multimillonario cuyas propiedades generaban más de un millón de dólares al año en ingresos pasivos, gracias al astuto método BRRRR.

Mis manos garabateaban con diligencia en mi cuaderno, como si intentara capturar un rayo en una botella. Cada palabra pronunciada me llenaba de electricidad y anhelaba más. Al terminar su presentación, entablé una conversación con otro agente que también había asistido al evento, pero noté que no parecía tan inspirado como yo, a pesar de compartir el entusiasmo.

"¿Estuvo genial, verdad?" me preguntó casualmente. "¡Lo que enseñó fue increíble!" Elogié las palabras de Thatch con pura admiración, describiéndolas como "oro puro". El agente me miró con una ceja levantada, curioso por mi fervor. Dejando atrás esa conversación, me abrí camino entre la bulliciosa multitud para buscar a Thatch, con el objetivo final de agradecerle por la valiosa información.

"Su presentación fue asombrosa", le dije cuando lo encontré. "¡Usted es verdaderamente inspirador! ¿Tiene más información sobre este tema?" Él sonrió y me explicó que, de hecho, tenía un curso completo sobre el método BRRRR. Me entregó su tarjeta con los detalles de un evento que se llevaría a cabo en una semana: una oportunidad para seguir aprendiendo.

Tras una larga semana de expectación, finalmente llegué al anhelado evento de Thatch. Aunque invertí toda la comisión de una venta que tanto me había costado ganar en el precio de la entrada, sentía una confianza interna que susurraba que había valido la pena. Durante varias horas, nos sumergimos en sus métodos para encontrar y evaluar propiedades de inversión, pero quizás lo más importante fueron esos pocos momentos mágicos en los que trabajó personalmente con cada uno de nosotros en nuestras metas individuales. Finalmente, llegó mi turno.

Thatch se volvió hacia mí y planteó una pregunta crucial: "¿Qué te impulsa a crear tu riqueza? ¿Cuál es el propósito apasionado que guía cada una de tus decisiones? ¿Cuál es tu porqué, Carla?"

Mientras reflexionaba una vez más, los pensamientos sobre nuestros planes en Acapulco resurgieron en mi mente. Sin embargo, nuestros sueños de alcanzar la libertad financiera eran apenas susurros lejanos, ya que vivir en la ciudad era costoso y no quedaba dinero para ahorrar o invertir.

La vida había sido un vertiginoso ciclo de trabajo y prisas del cual anhelaba liberarme; quería explorar el mundo junto a mi esposa y, al mismo tiempo, brindarle apoyo a mi madre en sus años dorados.

Cuando finalmente compartí mi sueño, Thatch pudo percibir la pasión y determinación que ardían dentro de mí por proporcionar un futuro seguro a mi madre. Deseaba brindarle la oportunidad de disfrutar cada día sin preocupaciones financieras y liberarla de las responsabilidades laborales cuando así lo deseara. Al pronunciar estas palabras, Thatch sonrió con complicidad, como si comprendiera el significado profundo que tenía todo esto para mí.

"Ese es un poderoso porqué", dijo él. "Desafortunadamente, mi padre nunca pudo disfrutar de su jubilación, pero mi gran motivo para ser millonario fue ayudar a mis padres. Así que voy a ayudarte a que esos mismos sueños se hagan realidad en ti".

A partir de ese momento, Thatch se convirtió en mi mentor, guiándome en mi viaje por el sector inmobiliario y cultivando tanto mi perspicacia financiera como mi mentalidad. En una de sus conferencias, tuve la oportunidad de conocer a otro joven inversionista llamado Jan, quien poseía una impresionante habilidad para discernir si una propiedad tenía potencial o no con solo examinar los números.

Con ojos emprendedores, Jan compartió conmigo su éxito en el mercado inmobiliario. Había descubierto un método de inversión que le permitía adquirir propiedades y convertirlas rápidamente en populares Airbnbs, generando un flujo constante de ingresos pasivos. Al despedirnos de nuestra reunión, sentí una profunda inspiración por las posibilidades que se abrían ante mí, y supe exactamente a quién recurrir si alguna vez buscaba analizar posibles inversiones.

Yesenia y yo estábamos en una misión para convertir nuestros sueños en realidad: viajar por el mundo y adquirir una propiedad con vista al mar, todo impulsado por nuestras conversaciones sobre bienes raíces y finanzas.

La chispa se avivó aún más al tener en cuenta los consejos de Thatch y Jan. Pasamos de ser meros representantes de vendedores y compradores en la industria inmobiliaria a ampliar nuestra visión hacia oportunidades de inversión que nos permitirían alcanzar nuestras metas de manera más rápida y efectiva.

Trabajábamos incansablemente, día tras día, para ganar el dinero necesario y poder comenzar a invertir. Soñábamos con los días en los que podríamos disfrutar libremente de nuestra compañía mutua; sin embargo, la realidad dictaba que todos nuestros recursos se destinaban a pagar nuestras deudas por el momento.

Pero la vida nos tenía preparada una sorpresa inesperada en nuestro condominio. Descubrimos que las opciones de préstamos hipotecarios ofrecían un potencial sin explotar para la plusvalía que habíamos adquirido en los últimos dos años. Con Yesenia liderando el camino, armada con Facebook Marketplace y con éxito en la mira, encontramos seis propiedades en venta listas para su desarrollo, ocultas en un lote asequible que valía 120.000 dólares.

"¡Tengo una idea genial!", exclamó ella entusiasmada. "¿Y si compramos este lote, lo subdividimos y colocamos una casa prefabricada en cada uno de los seis lotes?"

"Eso suena interesante, pero... no sabemos nada acerca de subdividir o desarrollar lotes", respondí, intrigada pero insegura acerca de esta nueva oportunidad. "Suena un tanto complicado para nuestro primer proyecto, ¿no crees?" Parecía una tarea ambiciosa, considerando nuestra falta de experiencia.

"Definitivamente, podemos hacer que funcione", declaró Yesenia con una seguridad soñadora. "Cuando era niña, veía a mi madre comprar terrenos y casas prefabricadas por muy poco dinero en las subastas y convertirlas en verdaderas joyas. ¡Nosotras podemos hacer lo mismo con esta pequeña mina de oro!"

El plan de Yesenia tenía sentido: obtendríamos un HELOC (línea de crédito con garantía hipotecaria) utilizando nuestro apartamento como garantía, y usaríamos los 120.000 dólares disponibles para cubrir los costos del terreno. Con ese dinero en mano, podríamos pedir prestados 40.000 dólares adicionales utilizando su negocio como garantía para comprar la primera casa prefabricada. Aprovechando las ganancias de la venta del primer lote, desarrollaríamos el siguiente, y así sucesivamente hasta su finalización. De esta manera, tendríamos los recursos financieros necesarios para llevar a cabo todo el ambicioso proyecto.

Decidimos comprar el terreno en la ciudad, pero nuestro ambicioso plan de subdividir se complicó rápidamente. Pronto nos dimos cuenta de que, a diferencia de la madre de Yesenia, quien compraba parcelas en áreas rurales que solo requerían una fosa séptica y electricidad, nosotras nos enfrentaríamos a una serie de costosas tareas: desde pavimentar las calles hasta instalar alumbrado. Con los desalentadores impuestos municipales que se avecinaban en nuestra lista de tareas, cada paso adelante parecía más complejo de lo que habíamos anticipado.

Nuestra visión trascendía los límites de nuestra cartera, pero al enfrentarnos a la realidad, no tuvimos otra opción: no podíamos desarrollar lote por lote. Según las regulaciones, debíamos hacernos cargo de toda la subdivisión a la vez. Revisamos todas nuestras expectativas al analizar lo que era factible, pero nos dimos cuenta de que alcanzar el objetivo del desarrollo tenía un costo de 260.000 dólares, mucho más de lo esperado y más de lo que teníamos en el banco.

Pero después de decidir que no aceptaríamos un "no" por respuesta, Yesenia llamó a su madre y a sus dos hermanas mayores para preguntarles si estarían interesadas en invertir con nosotras. Yo llamé a la mía, quien recientemente había recibido una pequeña indemnización por un percance médico que casi la deja ciega.

Armada con mis nuevos conocimientos sobre gráficos financieros y cálculos numéricos, preparé un "pitch deck" que detallaba una increíble rentabilidad del 40% en 2 años, el doble del rendimiento histórico de invertir en bolsa. Aunque podría parecer demasiado bueno para ser verdad en nuestra primera aventura empresarial, mostrar a nuestras potenciales socias esta impresionante tasa de rentabilidad les ayudó a visualizar lo que era posible y nos brindó el impulso necesario para iniciar el proyecto.

Después de escucharnos, parecía que todos estaban de acuerdo, y finalmente se escuchó un "sí" colectivo en el aire.

Con el dinero en nuestras manos, comenzamos la laboriosa tarea de subdividir el terreno en seis lotes. A continuación, nos propusimos desarrollar cada lote por separado, y asignamos esa tarea a Sandra, la hermana de Yesenia, quien tenía una amplia experiencia en la instalación de casas prefabricadas. Sin embargo, a pesar de su experiencia, nos encontramos con otro obstáculo cuando descubrimos que la compra de esas casas resultaba mucho más costosa de lo que habíamos previsto. Afortunadamente, la sabia madre de Yesenia tenía una solución.

"¿Y si pudiéramos comprar estas casas directamente de fábrica con una licencia de distribuidor?", dijo ella entusiasmada. La posibilidad de ahorrar entre un 30% y un 40% fue suficiente motivación, incluso considerando la carga adicional de adquirir dicha licencia. Así que decidimos que valía la pena intentarlo, sin importar los obstáculos que se nos presentaran.

A pesar del desalentador papeleo y la creciente burocracia, y a pesar de los momentos en los que rendirse parecía ser la única opción, ¡lo logramos después de siete meses de altibajos constantes! Finalmente obtuvimos la licencia de distribuidor de casas prefabricadas en nuestras manos.

Habíamos apostado toda nuestra seguridad financiera en un trato que, en retrospectiva, parecía destinado al fracaso. Sin embargo, con el apoyo inquebrantable de nuestra familia en todo momento, descubrimos milagros floreciendo en medio de lo que inicialmente parecía una derrota devastadora.

Con una inversión de trescientos cuarenta y seis mil dólares, esperábamos un éxito rápido. Sin embargo, el proyecto resultó ser largo, tedioso y con costos inesperados. A pesar de los desafíos, nuestro entusiasmo nunca decayó, porque no había nada más gratificante que convertir una idea en realidad.

Aunque el retorno de nuestra inversión no fue tan alto como inicialmente anticipábamos, embarcarnos en este complejo proyecto nos llevó mucho más lejos de lo que habíamos imaginado. Adquirimos una confianza y conocimientos invaluables que alimentaron nuestra ambición de emprender aventuras aún mayores en el ámbito de la inversión inmobiliaria.

Con años por delante hasta la finalización del proyecto de subdivisión, comenzamos a explorar formas de crear algo más simple pero satisfactorio a corto plazo. Fue entonces cuando tuve una epifanía:

"¿Y si vendemos nuestro apartamento?", le propuse a Yesenia. Las oficinas de Amazon frente a nosotros habían aumentado el valor de nuestra propiedad, pero la próxima construcción de nuevos condominios en el centro de la ciudad podría resultar en una caída de precios antes de que nos diéramos cuenta.

Además, nuestra propiedad se había convertido en una carga para nosotras; las costosas cuotas de mantenimiento nos estaban agotando financieramente y nos impedían beneficiarnos mientras estábamos de vacaciones mediante estrategias de alquiler como Airbnb. Lamentablemente, esta lucrativa técnica que algunos inversores utilizaban para financiar sus viajes no nos era permitida debido a las restricciones de la asociación en cuanto a alquileres a corto plazo.

Mi sugerencia de vender nuestro lujoso condominio y comprar una casa para renovar sorprendió a Yesenia, ya que parecía un paso atrás en nuestro estilo de vida. Arqueó las cejas con incredulidad ante lo que consideraba ambiciones excesivas, pero le interesó la idea de retroceder momentáneamente para ganar impulso.

"¡Podemos buscar una casa con un sótano sin terminar, al igual que hace Thatch!", le dije emocionada. "Después de renovar el sótano, podríamos alquilarlo y utilizar esos ingresos para hacer realidad nuestros viajes de una forma más asequible". Mis ojos brillaban de emoción mientras intentaba convencerla. "¡Incluso podríamos refinanciar después de la renovación y utilizar el valor añadido como el pago inicial para la propiedad frente al mar con la que hemos soñado!"

Después de algunas deliberaciones, Yesenia y yo decidimos dar un salto de fe y poner nuestro querido apartamento en el mercado. Durante tres semanas, estuvimos expectantes mirando por la ventana en busca de posibles compradores, pero nada se materializó. Era extraordinario, ya que otros apartamentos en nuestro edificio solían venderse en cuestión de días.

Estaba desconcertada y perpleja, sin entender por qué no recibíamos ofertas por nuestra propiedad. Como agente inmobiliario, sabía que habíamos hecho todo lo necesario para tener éxito en la venta: una presentación impecable, un precio competitivo y estrategias de promoción inteligentes. Sin embargo, para mi incredulidad, no recibimos ni una sola oferta. Descubrimos que otro apartamento con una estructura similar se había puesto a la venta por diez mil dólares menos que el nuestro, lo que nos obligó a reducir nuestro precio. A pesar de nuestros esfuerzos por atraer a posibles compradores, ese otro apartamento se vendió y nosotros aún no encontrábamos interesados.

Aquella mañana, sentí una tormenta de emociones: entusiasmo por lo que el futuro pudiera depararme, pero también aferrándome al miedo e inseguridad como si mi vida dependiera de ello. Habíamos creado tantos recuerdos hermosos en los tres años que pasamos juntas en ese apartamento, y me entristecía dejarlo todo atrás. Además, nuestro condominio estaba en venta, pero aún no teníamos un destino concreto al que ir en caso de que se vendiera. Con la incertidumbre pesando en mi corazón, recurrí a las afirmaciones de YouTube con la esperanza de realinear mi energía. Algo se sentía desequilibrado dentro de mí, a pesar de todas las posibilidades que se presentaban ante mí.

Las afirmaciones de Abraham Hicks resonaban a través de la pantalla, envolviéndome en su melodía elegante. "Las cosas siempre me salen bien", decía la voz en el video. Y dado que las cosas siempre me salen bien, quiero definir más claramente: *¿Qué cosas quiero que me salgan bien?* No solo sueños e ideas al azar, sino cosas tangibles. *¿Qué cosas específicas quiero que me salgan bien?*

Mi corazón se debatía en dos direcciones mientras mis pensamientos giraban en torno a la posible oferta de compra para nuestro apartamento. *¿Realmente quería venderlo?* Habíamos compartido momentos llenos de sueños y contemplado hermosas puestas de sol desde el piso 41, disfrutando de las impresionantes vistas. *¿Valía la pena renunciar a esa como-didad y lujo por un próximo capítulo lleno de incertidumbre?* Cualquiera que fuera la decisión que tomara, una cosa estaba clara: las cosas nunca volverían a ser como antes.

Mientras mis pensamientos se enredaban en este dilema, comenzó a surgir un sentimiento: Yesenia y yo estábamos preparadas para el proceso de venta de nuestro apartamento, pero no estábamos seguras de si eso era realmente lo que deseábamos.

Me encontraba en una encrucijada, en un punto crítico de inflexión. Pasar de un elegante condominio en la ciudad a una propiedad que requería una renovación extrema parecía ser un retroceso en lugar de un avance. Además, como agente inmobiliario que aspiraba al éxito en la venta de apartamentos de lujo en el centro de la ciudad, vivir allí solo me daría presti-gio, y despedirme significaría alejarme aún más de ese mercado.

"Quiero sintonizar la frecuencia de quién soy y esparcir la alegría de quien soy", continuó la resonante voz de Esther Hicks. Al ajustar el dial para sintonizar con la frecuencia de mi alma, sentí una profunda gratitud hacia todos aquellos que me habían enseñado y apoyado hasta ese momento.

"Quiero ser tan fiel en mi frecuencia que todo lo que quiero fluya hacia mí y todo lo que no quiero se aleje de mí", continuó la grabación. Fue entonces cuando me di cuenta: *si me mantenía fiel y conectada a esta melodía de mi ser más autén-tico, lo que me brindaba alegría permanecería cerca, mientras que lo que no estaba en armonía con mi verdadero yo se alejaría.* Pronto, una pregunta surgió en mi mente: *¿Qué es lo que real-mente deseaba?* De repente, una enorme ola de claridad me invadió, como si la respuesta me susurrara directamente desde mi interior.

Después de reflexionar sobre las opciones que tenía delante

de mí, tomé la decisión final: era hora de dejar ir nuestro condominio.

Decidí dejar atrás lo que había sido cómodo durante tanto tiempo en busca de algo nuevo y posiblemente mejor. Con esta determinación arraigada en mi mente, terminé mis afirmaciones y me preparé una taza de café con un nuevo propósito, sintiéndome segura de asumir el riesgo necesario para obtener posibilidades y recompensas.

Como un regalo del destino, recibí una notificación en mi teléfono celular de una agente que había mostrado nuestro condominio a una cliente semanas atrás, pero que inicialmente no había mostrado interés.

Hola Carla, espero que estés bien. Mi cliente ha cambiado de opinión sobre mudarse a otro edificio, y vamos a hacerte una oferta por tu apartamento. Debes recibirla en tu buzón de correo en breve.

¡Qué sorpresa!, pensé. *¿Había sido mi meditación de visualización la que me había conectado con una poderosa fuerza del universo? ¿O era simplemente una coincidencia?* El hecho de recibir una oferta justo después parecía más que suerte, así que opté por creer que había sido una manifestación de una fuerza poderosa e invisible.

Después de aceptar la oferta y vender nuestro condominio, nos lanzamos a la aventura. Guardamos todas nuestras pertenencias en una unidad de almacenamiento y nos embarcamos en un increíble viaje de 15 días por Europa. A nuestro regreso, con una renovada inspiración, encontramos un modesto condominio temporal a través de una subasta: solo tenía 369 pies cuadrados, pero rebosaba de potencial y estaba a una hora de la ciudad. Aceptamos el desafío y lo renovamos para utilizarlo como un lugar de práctica mientras continuábamos buscando la casa perfecta.

Estábamos determinadas a encontrar esas joyas escondidas de las que los inversores hablaban con tanto entusiasmo.

Aunque parecía una búsqueda desafiante, reservada solo para inversionistas experimentados que podían encontrar rápidamente estas oportunidades, nosotras no estábamos dispuestas a rendirnos. Con nuestras oficinas ya lejos, nos instalamos en nuestro apartamento para maximizar nuestro tiempo: convertí el vestidor en mi oficina y Yesenia se instaló en la mesa de la cocina. Con determinación y perseverancia, estábamos decididas a encontrar nuestro próximo hogar.

Después de un mes de búsqueda angustiante, de repente, como el sol que asoma entre las nubes en un día lluvioso, ¡lo encontramos! Allí estaba, una hermosa propiedad de estilo antiguo construida en 1927 y casi en su estado original (excepto por la cocina de los años 60). Con un precio de 640,000 dólares y el potencial de desarrollar un sótano sin terminar, parecía ser el hogar perfecto para nosotras.

Tras una investigación exhaustiva y el asesoramiento de expertos, determinamos que necesitaríamos invertir 250,000 dólares en la remodelación. Según nuestros cálculos y las ventas comparativas, una vez terminadas todas las renovaciones, el valor de la casa (valor después de remodelación, ARV) ascendería a 1.2 millones de dólares, lo que nos permitiría obtener una plusvalía de 300,000 dólares. Siguiendo el método BRRRR, podríamos utilizar el dinero obtenido de la plusvalía tras la refinanciación como el pago inicial para comprar una propiedad frente al mar, convirtiendo así nuestro sueño en realidad.

Después de analizar todos los detalles, le pedí a Chris que viniera a evaluar el potencial de esta casa. Ambos aplicamos lo que los inversores llaman la "regla del 70%", una antigua regla que sirve como guía para identificar posibles inversiones inmobiliarias. Después de pasar la prueba, Chris también concluyó que era una buena compra.

La regla del 70% establecía que no debíamos pagar más del 70% del valor después de la remodelación (ARV) menos los costos de reparación.

En este caso, no debíamos pagar más de 590,000 dólares. Decidimos presentar una oferta ligeramente superior a esa cifra, por un monto de 627,000 dólares, considerando la competencia de otras ofertas por la casa. ¡Y tuvimos la suerte de que el propietario aceptara nuestra oferta!

Después de vender con éxito nuestro primer condominio y pagar el HELOC utilizado en el proyecto de subdivisión, teníamos exactamente $135,000 para utilizar como enganche. Con un préstamo duro, pudimos usar este dinero como el pago inicial del 15%, cubriendo tanto los costos de la nueva compra como las remodelaciones, sin necesidad de préstamos separados.

Después de cuatro meses de arduo trabajo, terminamos la remodelación con un toque adicional: una casa de huéspedes en el sótano con dos dormitorios y un baño. A pesar de la reticencia inicial de Yesenia a mudarnos a la casa mientras se llevaban a cabo las reformas, temiendo que afectara nuestra relación, me alegra decir que todo salió mejor de lo esperado. Celebramos Acción de Gracias rodeadas de aserrín y latas de pintura, pero nos sentimos reconfortadas por una nueva apreciación de todo nuestro arduo trabajo.

Una mañana de marzo de 2020, ¡por fin terminamos los últimos retoques en nuestro sótano y estaba listo para ser publicado en Airbnb! La inversión que habíamos hecho con tanto esfuerzo aumentó en un 20% gracias a la remodelación, lo que nos dio una plusvalía de 323,000 dólares. Sin embargo, en lugar de sentir alegría y emoción, nos invadió una oleada de miedo. La pandemia de COVID-19 había llegado a Estados Unidos y con ella llegó la incertidumbre. Temíamos que afectara todo, desde las regulaciones del mercado inmobiliario hasta las reservas de Airbnb.

En medio de una pandemia mundial, dudábamos si debíamos publicar nuestro nuevo Airbnb en las redes sociales. Parecía algo trivial en comparación con las dificultades que nos rodeaban debido al COVID.

Pero justo después de que tuviera esa idea, decidí publicarla y, para mi sorpresa, recibí un mensaje de una enfermera itinerante preguntando sobre la disponibilidad de la propiedad solo unas horas después. Ella se convirtió en nuestra primera inquilina, alquilando la propiedad durante tres meses, y una vez que se fue, la demanda no hizo más que aumentar. A medida que el trabajo remoto se hizo más común en muchas profesiones durante esos caóticos primeros meses de 2020, la gente aprovechó esta nueva libertad para viajar y trabajar a distancia, lo que generó un auge sin precedentes en los alquileres a corto plazo.

Nuestra remodelación fue un éxito, y con los nuevos inquilinos cubriendo la mitad de la hipoteca, nos sentimos como si hubiéramos abierto un flujo de ingresos inagotable. Utilizamos parte del capital que habíamos ganado en la propiedad a través de una refinanciación con extracción de efectivo, lo que nos permitió recuperar 135,000 dólares, la misma cantidad que habíamos utilizado inicialmente como pago inicial. Las cosas iban mejor de lo esperado... la fórmula había funcionado y estábamos listas para repetir el proceso en otra oportunidad de inversión.

Una tarde mientras organizaba mi cartera, encontré un trozo de papel que había estado conmigo desde que leí por primera vez el libro "Piense y hágase rico". Encontrar este precioso recordatorio que había escrito a principios de año me dejó asombrada.

En el último día de 2019, alcanzaré la extraordinaria cifra de doscientos cincuenta mil dólares, un logro que me brinda posibilidades ilimitadas para disfrutar de la vida. Así es, y ya está hecho.

Experimenté una oleada de emoción al darme cuenta de que había superado esa cifra, ya que nuestro patrimonio neto casi se triplicó en un año, pasando de 135,000 dólares a una asombrosa cantidad de 323,000 dólares. Después de cuatro meses de dedicación al proyecto, había superado mi propio salario como agente inmobiliario tras una sola remodelación, lo cual era el doble de lo que había ganado haciendo llamadas en frío día tras día durante ese año.

Mientras reflexionaba sobre la escena surrealista que se presentaba ante mí, un concepto se cristalizó en mi mente: *la claridad es crucial para poder recibir.* Con esta simple idea resonando como una antigua melodía, lo que parecía imposible de repente estaba al alcance de mi mano, *como si todo lo que tuviera que hacer fuera declararlo y trabajar hacia ese objetivo para que se me concediera.*

Al contemplar cómo me había transformado a través de lo que había leído y estudiado, me di cuenta de que la sabiduría de mis mentores tenía un valor tremendo. Me resultó especialmente esclarecedora su creencia de que *nos convertimos en un reflejo de las cinco personas con las que pasamos más tiempo.*

Descubrí un círculo especial cuando me mudé a Seattle: un mundo con un inesperado y vibrante Círculo de Cinco. Thatch, mi sabio guía que me mostró los tesoros ocultos de las propiedades de inversión; Adriana, una amiga fiel y un apoyo alentador que me infundió confianza para seguir mis sueños;

Yesenia, con su impulso para incursionar en el sector inmobiliario; Chris, la puerta de entrada a mi debut en el mundo de los bienes inmuebles de lujo; y Jan, que me abrió los ojos a un mundo de posibilidades, revelándome las oportunidades mágicas que ofrecen los Airbnbs. Además, la familia de Yesenia y mi madre también fueron maravillosos pilares de apoyo cuando más los necesitamos.

Lo más importante de todo era que cada miembro de mi círculo entendía verdaderamente el significado de *elevarse al elevar a los demás.*

Los primeros pasos que Yesenia y yo dimos en el mundo de los bienes raíces generaron un aumento del 230% en nuestras inversiones, pero no estábamos dispuestas a conformarnos con eso.

No pasó mucho tiempo antes de que aceleráramos aún más las cosas. En un abrir y cerrar de ojos, estos mismos esfuerzos catapultaron nuestro crecimiento patrimonial a un asombroso 400%. Apenas estábamos comenzando nuestro camino, pero ya sabíamos que pronto llegaría el día en que nuestra visión se haría realidad: construiríamos una cartera de alquiler multimillonaria y viviríamos la vida de nuestros sueños.

CATORCE
EL VÓRTICE

"Tanto arriba como abajo; como dentro, así fuera; como el universo, así el alma."

—HERMES TRISMEGISTO

YESENIA y yo nos encontrábamos en la cúspide de nuestros sueños. Habíamos apostado por una casa, asumido riesgos y salido triunfantes. Sin embargo, más allá de esa victoria, nos acechaba una incertidumbre persistente: la investigación de L&I continuaba suspendida sobre nuestras cabezas como nubes oscuras en un cielo tormentoso. Un año completo había transcurrido desde que comenzó esta carga pesada, sin que tuviéramos ninguna pista sobre su avance. Pero un día, cuando menos lo esperaba... ¡me llegó una carta de mi abogado junto a un cheque inesperado!

Querida Carla,

Dado que ha transcurrido más de un año sin tener noticias de los investigadores, dudo que la investigación aún esté en curso. Como resultado, te devuelvo tu depósito en un cheque adjunto.

Saludos, Jim Frush

Tras un viaje emocionalmente agotador relacionado con la investigación, apenas se vislumbraba una esperanza en el horizonte. Siguiendo el sabio consejo de Jim de llevar una vida normal, nos aventuramos en la búsqueda de nuestra siguiente propiedad en el lago Roesiger, un lugar a tan solo una hora de Seattle, donde nos esperaban pintorescas casas con un gran potencial.

Nuestro sueño de tener una casa junto a un majestuoso lago cristalino parecía estar al alcance de la mano. Sin embargo, nuestra determinación en el proceso de búsqueda se puso a prueba cuando nos encontramos con numerosas propiedades que estaban siendo adquiridas por otros compradores que ondeaban sus montones de dinero frente a los vendedores. Nos sentíamos como en una subasta en la que nuestras emociones nos instaban a saltar para ganar, pero con un gran pesar en nuestros corazones, rechazamos todas las ofertas exorbitantes que nos hubieran obligado a desembolsar más de lo que realmente tenía sentido.

Nuestro objetivo de ganancias para el siguiente proyecto se había fijado en una ambiciosa cifra de 250.000 dólares, ya que ahora sabíamos lo que era posible lograr con paciencia y dedicación. Después de una larga búsqueda y numerosos rechazos de ofertas, Yesenia finalmente encontró un tesoro escondido entre la hiedra en internet: un diamante en bruto junto al lago que había pasado desapercibido durante 13 días. Aunque se encontraba en un estado ruinoso, su precio razonable de 650.000 dólares lo convertía en la propiedad ideal.

Junio era el mejor momento para adquirir una vivienda frente al lago, y las propiedades volaban de los anaqueles como pan caliente. Algunas duraban solo unas horas en el mercado... y sin embargo, de alguna manera, esta propiedad seguía disponible. Después de hacer algunos cálculos rápidos, determiné que la casa necesitaría alrededor de 250.000 dólares en reparaciones debido a su tamaño y estado. Con los 135.000 dólares que habíamos ahorrado de nuestra primera aventura de inversión, sabía que, si todo salía según lo planeado, podríamos obtener otro cuarto de millón cuando este proyecto concluyera.

Miré las fotos de la publicación junto a Yesenia, llena de asombro. "Algo tiene que estar realmente mal con esta casa", dije, sintiendo que la situación era demasiado buena para ser verdad. Ella asintió pensativa y sugirió que no estaría de más continuar investigando, así que nos sumergimos en un sueño hasta que el amanecer trajo consigo una hora adecuada para contactar al agente. No podíamos creer lo perfecto que era este lugar; su precio junto con todas las mejoras que habíamos imaginado nos hacían sentir como si algo mágico pudiera surgir de esta casa de ensueño. Pero justo cuando nuestras esperanzas estaban alcanzando su punto más alto, las frías palabras del agente inmobiliario detuvieron nuestra emoción en seco.

"Si no tienen un millón de dólares en efectivo, ni se molesten en venir a ver la casa", nos dijo de manera categórica. "Se está desmoronando. El propietario la compró hace trece años con la intención de arreglarla, pero nunca lo hizo. Hay que demolerla por completo y construirla de nuevo".

Estábamos decididas a explorar la propiedad, a pesar de las advertencias del agente. Sin inmutarnos, llegamos acompañadas de nuestro inspector de viviendas, Brent, y un equipo de contratistas. Sin embargo, en el momento en que nuestros ojos se posaron en la casa, todo movimiento cesó y recibimos una advertencia innegable de que aquel proyecto no sería nada fácil.

"Permítanme ahorrarles el dinero de la inspección", dijo Brent. "El agente tiene razón, esta casa debe ser demolida. Entre la reconstrucción y los muros de contención necesarios, un millón de dólares es una cifra acertada. Solo páguenme por el viaje y listo", dijo, colocando su mano en la cintura. Brent ya se había convertido en mi asesor de confianza, por lo que pudo percibir por mi mirada que no aceptaría un "no" como respuesta, y sin dudarlo, se retractó de su propuesta.

"Está bien", dijo con una sonrisa enigmática. "Entremos en la casa y veamos qué hay, pero no digas que no te lo advertí". Nos abrimos paso hacia la casa, luchando contra la salvaje maraña de maleza y hiedra que ocultaba su potencial. Nuestra misión más urgente era descubrir si los cimientos aún se mantenían firmes, mientras las altas estructuras yacían destrozadas frente a nosotros como un muro de fortaleza infranqueable.

Afortunadamente, uno de los contratistas era lo suficientemente bajo como para gatear bajo los escombros y comprobarlo. Con una mano segura, encajó el desarmador y una oleada de alivio nos invadió al escuchar: "¡Parece que los cimientos están sólidos!". Era justo lo que necesitábamos escuchar.

Después de inspeccionar meticulosamente la casa, Yesenia y yo presentamos nuestra propuesta al vendedor por un total de 590.000 dólares. Calculamos una oferta que tuviera en cuenta todos los riesgos asociados con la remodelación, aplicando la regla del 70% sobre el Valor Después de la Reparación (ARV, por sus siglas en inglés). Para sorpresa de todos, no hubo contraoferta y la aceptación del vendedor selló el trato sin vacilar.

Durante el periodo de viabilidad, contratamos a expertos en ingeniería geotécnica y cimentación para que revisaran la casa con mayor detalle. Afortunadamente, sus informes nos brindaron el alivio que estábamos buscando al confirmar que esta casa tenía potencial a pesar de las preocupaciones iniciales sobre la necesidad de demolerla. Rápidamente nos invadió la emoción de convertirla de la ruina en algo hermoso una vez más.

Cerramos el trato y, después de cinco meses de arduo trabajo, terminamos gastando 308.000 dólares en la renovación. Inicialmente habíamos planeado gastar menos, pero resultó que incluso con una inversión adicional de 58.000 dólares, nuestro patrimonio experimentó un crecimiento fenomenal. Una vez que todo estuvo renovado, volvimos a tasarla y su valor se disparó a 1,179 millones de dólares, un aumento de 281.000 dólares en tan solo unos meses. En el transcurso de un año, nuestro patrimonio neto combinado pasó de 135.000 dólares a 600.000 dólares con solo dos proyectos, lo que nos hizo sentir como si estuviéramos flotando en las nubes.

A pesar de la sombra amenazadora del Covid-19, las personas encontraron formas de maniobrar entre la incertidumbre. Aquellos con trabajos remotos comenzaron a embarcarse en nuevas aventuras, explorando más lugares que nunca y alquilando casas de vacaciones que ofrecían un breve respiro de la vida cotidiana. De la misma manera, aquellos que buscaban casas más grandes con patios y terrazas encontraron refugio en respuesta a unas tasas de interés y pagos hipotecarios sin precedentes. Fue un oasis inesperado en el mundo inmobiliario, donde antes reinaba el miedo, ahora había un mundo lleno de nuevas oportunidades.

A medida que florecía en el auge del mercado, mi negocio inmobiliario se disparó con compradores y vendedores por igual. Sin embargo, en medio de un panorama competitivo más despiadado que nunca, seguí creciendo y adaptándome, desarrollando nuevas habilidades para mantenerme a flote en el campo de batalla.

El mercado inmobiliario de lujo era un terreno difícil en el que introducirse, especialmente debido a la competencia de agentes experimentados que ofrecían propiedades de alto valor, como la de una de mis colegas, listada por 18 millones de dólares. Pero tenía algo que ellos no tenían: una oportunidad en volumen. La mayoría de mis clientes eran latinos que compraban su primera vivienda, y nuestra relación se basaba en que ambos hablábamos español con fluidez, lo que les brindaba una mayor comodidad.

Los clientes fluían y los logros de Yesenia también impulsaban mi éxito. Compitiendo por mantener el ritmo, pronto me encontré en el top 10% de los mejores agentes en mi oficina. Pero eso no fue suficiente; me inspiró aún más al incorporar sus revolucionarias estrategias de marketing en línea, que prometían desencadenar un mayor flujo de clientes potenciales para acelerar mi carrera.

"El futuro del marketing en línea está en los vídeos", declaró Yesenia con voz llena de convicción. "Aunque hayas explorado el marketing impreso tradicional y los folletos en tus talleres, ¿por qué no pruebas los anuncios de video en Facebook? Te sorprenderán los resultados".

A pesar de mi aprehensión por grabar videos, sabía que tenía razón. Cada agente debía esforzarse por obtener sus propios clientes potenciales, y la clave del éxito radicaba en invertir en promoción. Sabía que debía dedicar más energía frente a la cámara para obtener resultados lucrativos, a pesar de sentirme incómoda.

Finalmente, Yesenia me convenció de grabar mi primer video para Facebook, y no podía estar más nerviosa.

"No me puedo concentrar", le dije mientras daba vueltas, intentando encontrar la pose perfecta para la cámara, con mi chongo despeinado moviéndose con cada giro. "Mejor grabamos otro día cuando esté mejor peinada".

"Tu chongo está perfecto", insistió Yesenia. "¡Vamos, hagámoslo de una vez!"

A pesar de mis reservas, decidimos seguir adelante con el rodaje y creamos un video informativo (después de más de seis tomas). Y tal como predijo Yesenia, generó mucho interés, incluyendo una avalancha de comentarios sobre mi rebelde chongo. Mientras algunos se burlaban de mi peinado, otros me elogiaban. En cualquier caso, esta atención desigual me ayudó a obtener muchos "me gusta", lo que me brindó la tracción necesaria para destacar.

Después de ver el éxito y las ventas que surgieron de ese primer video, decidí establecer el hábito de publicar videos semanalmente en las redes sociales. Al principio, no estaba segura de qué contenido compartir, pero Yesenia me orientó para crear contenido que atrajera clientes potenciales y generara ventas.

"Solo haz videos que sumen y aporten valor a tus clientes", me dijo. "Comparte con ellos consejos sobre bienes raíces".

Con las palabras de Yesenia en mente, me propuse la misión de brindar valor para recibir lo mismo, así que comencé a crear contenido con un propósito: mostrar a la gente cómo podían obtener un préstamo, mejorar su puntaje crediticio o invertir de manera inteligente. Muy pronto, esos esfuerzos dieron como resultado el crecimiento de mi audiencia y, con ella, una lista de clientes prometedores.

Un sentimiento de optimismo brillaba en mi corazón como un sol dorado entre las nubes, transformando mi vida y mis negocios en un cofre iridiscente lleno de promesas. Para celebrar nuestro éxito, decidimos hacer una escapada; una querida amiga nos había invitado a su boda en México, y era la excusa perfecta para nosotras. Al descender de las nubes, Zihuatanejo se hizo visible. Tonos cálidos de naranja y amarillo inundaron nuestra vista mientras una suave brisa otoñal nos abrazaba al llegar al aeropuerto. Durante el trayecto desde el aeropuerto hacia nuestro hotel, tres majestuosos halcones se elevaron sobre nosotras en el cielo rojo vibrante.

"¡Mira esto, amor!" exclamé, señalando por la ventana. Los pájaros volaban con nosotras en perfecta formación, como una banda de aviadores experimentados enviados para guiarnos sanas y salvas hacia el hotel. Los ojos de Yesenia brillaron al ver a los pájaros revolotear.

Al día siguiente, Yesenia y yo comenzamos nuestro recorrido por la ciudad, y nuevamente, nuestro paseo en taxi estuvo acompañado por una etérea escolta de tres halcones que volaban sobre nosotras de la misma manera.

"¿Puedes verlo?" pregunté con voz emocionada. Yesenia bajó ligeramente sus gafas de sol y fijó su mirada en el cielo.

¿Eran esos tres halcones de nuevo? Parecían tan familiares en su majestuosa formación mientras maniobraban con gracia en un cielo lleno de nubes. Aunque nos parecía casi mágico, concluimos que se trataba de una extraordinaria coincidencia antes de apartarnos de nuestra sorprendente vista.

Al día siguiente, Yesenia y yo descansábamos junto a la piscina, tomando el sol, cuando ¡nuevamente aparecieron tres halcones! Sin embargo, esta vez no volaban a kilómetros de altura como antes, sino que planeaban graciosamente a nuestro alrededor, como si nos estuvieran rindiendo homenaje o intentando cazar. Como bien dijo Agatha Christie, una vez es una coincidencia, dos veces es una pista, y esta tercera vez era sin duda la prueba de un presagio.

"¡Mira eso!" exclamé, señalando al cielo con un gesto salvaje. Una vez más, Yesenia se quitó las gafas de sol con expresión interrogante.

Con una sonrisa enigmática, dio un sorbo a su mezcal y me

dijo: "Quizás deberías investigar qué significa ver halcones". Así que lo hice, tomé mi teléfono y me sumergí en el vacío digital. Pronto empezaron a llegar respuestas desde lejos, anunciadas por algún blog esotérico de consejos espirituales. Leí:

Ver halcones es un signo de ambición, poder y libertad. Puede indicar un renacimiento al considerar nuevas oportunidades; sin embargo, los halcones también pueden significar precaución, y aquellos que los ven deben permanecer atentos a lo que se avecina.

A medida que mis ojos se deslizaban por el texto, no podía evitar sentirme intrigada por lo que podría significar. Era una señal extraña cuando la vida iba viento en popa, aunque imaginé que las partes sobre ambición y libertad podrían ser ciertas. De repente, una oleada de entusiasmo por lo que podía vislumbrar en el horizonte me llenó de determinación: *Tal vez signifique que hay una oportunidad para mí de asumir aún más liderazgo,* pensé. *¡Debo estar preparada para las grandes oportunidades que vendrán!*

Y era cierto, después de todo: había estado asumiendo numerosos proyectos y responsabilidades nuevas. Habíamos logrado con éxito transformar un sótano desordenado en algo hermoso para alquilar, y también habíamos culminado las remodelaciones de la casa en el lago. Con los ingresos obtenidos de dichos proyectos, sumados a dos líneas de crédito hipotecario (HELOC, por sus siglas en inglés), Yesenia y yo pudimos convertir nuestros sueños en realidad: invertir en dos apartamentos en preventa a lo largo de las hermosas playas del Caribe. Descubrimos un penthouse a lo largo de la costa de Holbox y otro cerca de las sagradas ruinas en Tulum. Ambos se encontraban en plena construcción y estarían listos en dos años. La vida parecía un ciclo perfecto de abundancia, fluyendo rítmicamente en una espiral ascendente. Por lo tanto, decidí enfocarme únicamente en la primera parte de aquel mensaje espiritual.

Como si el cielo bendijera nuestras vacaciones en México, la semana de celebración con nuestra amiga transcurrió en un paisaje bañado por el sol y salpicado de majestuosos halcones, que parecían aparecer como recordatorios desde las alturas. A la deriva en el cálido abrazo de Zihuatanejo, encontré una nueva armonía en mi interior, conectada con mi verdadero ser y preparada para enfrentar las infinitas oportunidades de la vida. Con entusiasmo por lo que el futuro nos deparaba, regresamos a casa, listas para seguir adelante con determinación.

Tras regresar a casa, me dirigí a la cocina y me preparé una taza humeante de café matutino. Luego, con una sensación de satisfacción, fui a recoger el correo al buzón. De vuelta en mi hogar, con la taza de café en la mano, me acomodé en el sofá con un montón de facturas y postales, disfrutando tranquilamente de mi bebida mientras agradecía por el comienzo perfecto de un gran día.

Mientras ordenaba un mar de coloridas ofertas de tarjetas de crédito, revistas con papel satinado y montones de correo no deseado, me sorprendió de repente un sobre ordinario con mi nombre. Mi corazón se aceleró al rasgar los bordes y descubrir en su interior una carta gruesa con un matasellos urgente del Estado de Washington:

ESTADO DE WASHINGTON,
Demandante, V.
CARLA C. MORENO,
Acusada.

El Fiscal General de Washington, en nombre y auto-
ridad del Estado de Washington, acusa a CARLA C.

MORENO *de los delitos de: Robo en Tercer Grado (un cargo) y Robo de Identidad en Primer Grado (un cargo).*

Al leer las primeras frases, la ansiedad se apoderó de mí; un remolino de nervios se agitó en mi estómago mientras las oleadas de preocupación reverberaban por todo mi ser. Aunque solo había echado un vistazo rápido a fragmentos de aquel documento condenatorio, una revelación crucial se hizo evidente: el estado me acusaba de dos delitos graves y poseían un extenso expediente que planeaban utilizar en mi contra durante el juicio.

Un escalofrío me recorrió, acelerando rápidamente mi respiración hasta el punto en el que sentía dificultad para respirar por completo. Desesperada por tranquilizar mi corazón y mi mente, presioné mi pecho mientras el caos giraba a mi alrededor en un torbellino.

Tal vez debería escapar a México inmediatamente antes de que vengan a mi casa con una orden de arresto y me encarcelen por años. ¿Qué pensarán los vecinos? Podría cortar todos los lazos aquí, deshacerme de todas mis inversiones activas y huir... pero ¿Y Yesenia? ¿Y mi madre? ¿Y nuestra familia?

Me encontraba en un estado de pánico total. Llamé a mi abogado de inmediato y me confirmó lo grave que era la situación. Jim no se anduvo con rodeos y sentí que se me salía el corazón cuando pronunció las temidas palabras: "Esto es peor de lo que pensábamos". Continuó advirtiendo que, en caso de llegar a juicio y asumir todos los gastos, podrían desaparecer varios cientos de miles de dólares en un instante. Las posibles consecuencias me hicieron temblar: estaba en juego una pena de cárcel seguida de la deportación. Aunque me aseguró que haría todo lo posible por evitarlo, mi mente daba vueltas.

La noticia me golpeó como una tonelada de ladrillos, sacudiendo mi interior. Me aislé en mi casa durante días, evitando cualquier situación excepto una: ver las elecciones de 2020 con un grupo reducido de amigos cercanos.

Tres días después de nuestra reunión, recibí otra llamada de una amiga que había estado allí. Saludándome con un aire premonitorio, ella suspiró. "Realmente no quería que las cosas fueran así" dijo con gravedad, "pero la otra noche cuando nos vimos no me sentía del todo bien, así que solicité la prueba de Covid y, desafortunadamente dió positiva".

Mis nervios se crisparon cuando la preocupación más grande del mundo se apoderó de mis pensamientos: podría estar contagiada de Covid. Yesenia y yo observábamos las noticias con miedo, sin saber qué nos depararía este insidioso virus. *¿Estaríamos a salvo? ¿Podríamos morir?* Parecía como si una cortina negra se hubiera corrido entre la sociedad y la información segura; no había respuestas claras, solo historias aterradoras que iban desde síntomas leves hasta consecuencias mortales.

Después de recibir esa llamada, nos dimos cuenta de que debíamos actuar con prontitud. Yesenia y yo nos dirigimos rápidamente a una clínica de pruebas y, a pesar de la incomodidad de someternos a la prueba nasal, regresamos a casa llenas de ansiedad esperando los resultados. Afortunadamente, solo transcurrieron 24 horas y recibimos la noticia negativa, lo cual nos permitió respirar aliviadas. *Estuvo cerca,* pensé, dejando escapar un suspiro.

Para el día de mi cumpleaños, convoqué a mis amigos cercanos y familiares, incluyendo a mi madre, a una pequeña celebración en Tri-Cities. Sin embargo, poco sabíamos que en los días siguientes, todos los presentes en la fiesta, incluyéndonos a Yesenia y a mí, comenzaríamos a sentirnos mal. Desafortunadamente, nuestro amigo Fonsi confirmó rápidamente nuestros peores temores: ¡había contraído el Covid! Y en cuestión de días, Yesenia y yo nos encontramos dentro del grupo de personas afectadas por el virus, al igual que todos los demás que asistieron a mi evento.

Yesenia y yo nos vimos sumidas en una fuerte aflicción que nos dejó sin energía, postradas en la cama como dos hormigas picadas por la misma araña venenosa. Pero el verdadero peso en mi corazón era saber que algo que se suponía que debía alegrarme, como la celebración de mi cumpleaños, había causado, sin saberlo, la enfermedad en mis seres queridos más cercanos.

Estaba al borde de la desesperación, en un limbo entre el sueño y la pesadilla. Hace unas semanas, volaba alto, pero ahora sentía que me había precipitado en un abismo sin fondo. El mundo se volteó de repente, y recordé las palabras de Hermes Trismegisto: como es arriba es abajo. Ahora, aquí, en este oscuro precipicio me enfrentaba a una batalla contra la enfermedad y contra mi libertad. ¡Ojalá la Tierra pudiera abrirse bajo mis pies y tragarme por completo! Nunca antes había sentido una conexión tan profunda en la eterna dualidad que existe entre el cielo y el infierno, justo aquí, en la Tierra.

QUINCE
MUERTE DEL EGO

"El que teme sufrir, ya sufre porque teme."

—*MICHEL DE MONTAIGNE*

YESENIA y yo nos habíamos convertido en víctimas de las crueles garras del Covid, sumidas en una oscuridad que nos envolvía como un inoportuno manto. Éramos meras sombras de nosotras mismas, postradas e indefensas, sufriendo dolores corporales, escalofríos febriles y una tos seca que nos robaba la esperanza más que la energía. Estábamos sumidas en un estado de reflexión constante. Los días pasaron como una montaña rusa emocional, haciendo que las plumas de mi espíritu cayeran como las hojas de los árboles en otoño. Antes, estábamos llenas de ánimo, pero ahora nos encontrábamos abrumadas por el miedo en medio de esta tormenta, sin saber qué depararía el futuro.

Afortunadamente, tanto Yesenia como yo, junto con nuestros amigos, nos recuperamos del Covid sin sufrir daños graves semanas más tarde.

Sin embargo, poco después de este breve respiro de alivio, una inquietante realidad se apoderó de Seattle, como si el tiempo se hubiera detenido. Los principales negocios cerraron sus puertas mientras los ciudadanos se aislaban en sus hogares, tratando desesperadamente de frenar la propagación del virus antes de que fuera demasiado tarde.

Mientras tanto, atrapada entre la espada y la pared, y con el tiempo en mi contra, mi abogado y yo pusimos en marcha un plan para luchar contra una condena inminente. Nos propusimos revisar innumerables documentos y recopilar pruebas que demostrarían mi inocencia frente a los cargos que se me imputaban, aunque éramos conscientes de que nuestros esfuerzos podrían no tener resultados favorables. Fue entonces cuando recibí la noticia de que mi destino se decidiría en septiembre de 2021: una fecha para comparecer en el tribunal que se cernía sobre mí como la mismísima muerte susurrándome al oído.

"La fiscal argumenta que cobraste el doble por esas citas", explicó Jim, "y que para hacerlo, robaste las identidades de esas personas".

"Las cosas no son lo que parecen", me lamenté desesperada. "Solo lo hice para que mis intérpretes trabajaran hasta obtener la certificación, pero nunca recibí más de un pago por esas citas, ya que la primera vez rechazaron el pago". Sabía que la controversia estaba relacionada con las solicitudes de pago que había vuelto a enviar a L&I cuando cambiaron al nuevo sistema. Aunque a primera vista parecía extraño, debía encontrar una explicación que arrojara luz sobre todo este asunto.

Tras examinar detenidamente los documentos condenatorios, sentí el feroz mordisco de la traición al darme cuenta de que mi antigua intérprete, María, era un lobo astutamente disfrazado de cordero.

Intentaba acercarse a mí enviándome comentarios amistosos en Facebook y actuando como una amiga, mientras testificaba en secreto ante los investigadores tras puertas cerradas. Parecía estar desesperada por encontrar refugio aquella noche en Seattle, cuando me pidió quedarse a dormir en mi apartamento, al mismo tiempo que alertaba a las autoridades para que investigaran mis negocios y finanzas. También me di cuenta de algo inquietante: María y Lucio eran los que habían puesto en marcha todo el engranaje de la investigación, presentando pruebas y testimonios condenatorios en mi contra.

Cuando los gimnasios cerraron de manera abrupta, mis rutinas de ejercicios matutinos también quedaron en el olvido. Ataviada únicamente con mis pijamas como una especie de armadura frente a mi nueva realidad, deambulaba por la casa como una entidad incorpórea atrapada en el purgatorio. Me sentía impotente e incapaz de controlar a mis demonios internos, que parecían juzgarme en cada paso que daba.

Se acercaba la Navidad y Yesenia y yo seguíamos atrapadas en nuestra casa, sin poder visitar a nuestros seres queridos debido al virus mortal. Cada vez que los titulares o los rumores nos recordaban su virulencia, la desesperación se adentraba en nosotras como tinta negra en un pergamino. La depresión se apoderó inevitablemente de mí mientras la soledad nos rodeaba por todas partes: sin reuniones familiares, sin sonrisas amistosas. Solo nos esperaba un abismo vacío bajo un cielo nocturno sin estrellas, sin la alegría navideña ni los placeres festivos que solían inundar esta época de buena voluntad.

Miré a mi alrededor impotente, sintiéndome como un barco a la deriva en el océano de la vida. Una fuerza invisible, que escapaba a mi dominio, había tomado el control de todo y parecía que, por mucho que intentara mantenerme a flote, algo me empujaba cada vez más hacia el fondo. Era como si me hubieran arrebatado toda fuerza, dejándome solo el agotamiento y miedo, mientras contemplaba con inquietud el futuro incierto que me aguardaba. Con voz temblorosa, confesé a Sandra, la hermana de Yesenia, a través de FaceTime, que me sentía emocionalmente agotada, como si el mundo estuviera conspirando en mi contra. "Ya no puedo más", le dije aquel día.

"Entiendo que te sientas así", dijo Sandra con suavidad, sus palabras resonando en el aire como una melodía esperanzadora. "Pero trata de enfocarte en las cosas positivas; Yesenia y tú se tienen la una a la otra, están sanas y tienen un lugar al que llamar hogar". En ese momento, su sabiduría de vida brilló como una luz en la oscuridad, recordándome la belleza de buscar la gratitud incluso en los momentos más sombríos. Comprendí que, aunque la situación fuera difícil, un cambio de perspectiva podía marcar la diferencia, transformando nuestra realidad para bien o para mal. Juntas, debíamos esforzarnos por elevar nuestra mentalidad y abrazar las bendiciones que aún estaban presentes, recordándonos mutuamente la fortaleza que llevábamos dentro.

Ese mismo día, mi madre me recordó el poder interior, una fuerza espiritual que no debía olvidar que existe. "Tú tienes el poder, Carlita", me animó. Sus palabras danzaban a mi alrededor como musas inspiradoras: "lo único que puedes controlar son tus propios pensamientos, y son precisamente esos pensamientos los que dan forma a tu realidad".

Después de colgar el teléfono, Yesenia y yo nos miramos fijamente a los ojos, compartiendo un entendimiento mutuo de que era hora de cambiar. En ese momento, decidí que debía salir de esa depresión y volver a encender la chispa que se había apagado en mi interior. Era el momento de tomar el control de mis pensamientos y dirigirlos hacia una perspectiva más positiva y esperanzadora.

Tras un periodo abrumador de presión, finalmente recordé las enseñanzas del Dr. Leenards y me sumergí en el poder calmante de la respiración diafragmática. A pesar de los gimnasios cerrados, Yesenia y yo nos las arreglamos para crear nuestro propio gimnasio en casa. Cada mañana, a las 5 en punto, seguía mi ritual: practicaba la meditación con respiraciones diafragmáticas para adentrarme en el significado de lo que la vida me tenía reservado. Luego, plasmaba mis pensamientos en un diario, otorgándoles voz y permitiendo que fluyeran libremente. Finalmente, me entregaba a ejercicios vigorosos que me ayudaban a liberar cualquier exceso de energía o preocupación, permitiéndome dejarlas atrás como el sudor que se desvanecía sobre mi piel.

Con una determinación inquebrantable, me propuse tomar las riendas de mi propia historia y liberarme de los pensamientos de victimismo y traición que habían obstaculizado mi camino. Tomando una tiza en mis manos, garabateé mis objetivos en la pared del garaje, justo al lado del equipo de levantamiento de pesas que acabábamos de adquirir. Aquellas palabras trazadas se convirtieron en un recordatorio tangible de que cada día era una oportunidad para el crecimiento personal y la transformación.

Día tras día, me sumergí en mi entrenamiento, sin importar cuán desafiante pareciera. A medida que me entregaba a los ejercicios, noté que algo estaba cambiando en mí. Las cargas físicas que levantaba con las pesas no solo representaban un desafío físico, sino que también se convirtieron en una metáfora de superación personal. Sentía cómo las pesas me despojaban de más que solo cargas físicas; me elevaban hacia la fuerza interior y la determinación.

En lugar de sentirme una mera víctima de las circunstancias o una marioneta del destino, encontré momentos de empoderamiento en cada levantamiento. Cada repetición se volvió un acto de resistencia y un testimonio de mi capacidad para enfrentar y superar cualquier desafío que se presentara en mi camino.

Una mañana en particular, después de mi sesión de entrenamiento matutino, me tomé un momento para reflexionar sobre mis percepciones. Así que, en un intento de capturar aquellos sentimientos, garabateé algunos pensamientos en mi diario:

Cuando el sol abraza el cielo con esplendor,
y aves celestiales entonan melodías,
la vida se colma de un festín interior,
donde el regocijo danza en armonía.

En el tumulto que con fiereza impera,
la gratitud se alza como tesoro puro,
una oportunidad de inquietar el alma entera,
y de cada desafío extraer lecciones seguras.

En una pregunta que busca la esencia,
más allá del "¿Por qué yo?" en angustia vana,
es mejor cuestionar con prudencia,
que lección esconde, eterna sabiduría humana.

El sendero hacia la libertad verdadera,
se forja al asumir nuestras elecciones,
sembrando responsabilidad sincera,
abandonando victimismos, falsas emociones.

En el camino de la vida, florecemos y crecemos,
desafiando el caos con valiente coraje,
recolectando fortaleza en pasos fervorosos,
hasta encontrar la ansiada libertad en nuestro viaje.

Me quedé contemplando el lápiz caído sobre el escritorio, cuya quietud me suplicaba que tomara las riendas de la situación. Inspirando profundamente, me recordé a mí misma que nadie más podía ser responsable de lo sucedido; todo dependía de mí. Por mucho que hubiera exageración por parte de la fiscalía y de mis enemigos, mis acciones eran claras e indiscutibles: sabía que no debía utilizar esos números de proveedores sin permiso. Ahora debía asumir la responsabilidad de lo que había hecho y averiguar cómo afrontarlo correctamente, sin importar las consecuencias que pudieran venir después.

En medio de la inminente cita con el tribunal, encontré consuelo en mis prácticas espirituales, las cuales me ayudaron a mantener algo de fortaleza mental. Cada mañana, me envolvía en el dulce aroma del Palo Santo, confiando en que su fuego purificaría cualquier energía negativa persistente. Esta práctica se convirtió en un mantra inamovible, recordándome que la negatividad no tenía cabida en mi vida.

A través de la meditación y la lectura de grandes sabios, buscaba respuestas a preguntas sin resolver. Fue en ese momento cuando una frase saltó a mi vista: un secreto de la vida. Decía: "Las cosas no ocurren porque sí, sino que tienen un propósito para ti". Esta revelación resonó profundamente en mi ser, provocando un cambio interno significativo.

Al leer esas palabras, aunque me costó hacerlo, decidí renunciar a la rabia y el resentimiento que habían mantenido cautivo mi corazón durante demasiado tiempo. Comprendí que si seguía aferrándome a esas emociones negativas, solo atraería más negatividad a mi vida, perpetuando un ciclo interminable.

Aquella había sido una situación tormentosa hasta que, finalmente, encontré la claridad que tanto anhelaba. Me di cuenta de que había crecido rápidamente, pero sin una conexión sólida con la tierra ni una dirección clara. Si bien tener el poder de tomar las riendas de mi propio camino había sido una habilidad valiosa como emprendedora, me di cuenta de que también podía llevarme por caminos peligrosos si no se utilizaba de manera adecuada.

Tocar fondo fue un momento crucial que me permitió reflexionar sobre mi vida y comprender la importancia de establecer límites firmes. Me di cuenta de que debía aprender a mantener un equilibrio saludable y crecer de forma sostenible.

Con una nueva mentalidad, comprendí que este momento era crucial para reafirmar mi calidad de ser. En medio de la oscuridad que amenazaba con consumirme a mí y a todo lo que tenía a la vista, la esperanza acechaba, ya que, a pesar de sentirme absorbida por un abismo infinito de oscuridad, tenía fe en que la luz finalmente llegaría.

A medida que se acercaba la fecha de mi cita con el tribunal, los titulares en los periódicos locales se sucedían, cada uno más alarmante que el anterior. De la noche a la mañana, mi historia había pasado de ser un secreto susurrado a una escandalosa narrativa que dejaba a la sociedad temblando de expectación ante lo que estaba por venir.

Ex propietaria de un negocio en Tri-Cities estafa al Departamento de Labor e Industrias de Washingtonmás de 41.000 dólares por servicios que en realidad nunca se prestaron

Una residente de Seattle está acusada de una red de astutas fechorías: falsificación de firmas, robo y facturación fraudulenta al Estado

La propietaria de "The Language Spot" de Pasco es acusada de una lucrativa estafa por valor de más de cuarenta y un mil dólares.

Con cada nuevo titular, sentía cómo mi reputación se desmoronaba. Sin embargo, me aferraba a la determinación de mantenerme inquebrantable ante la creciente ola de atención que amenazaba con envolverme en su inevitable atracción.

A medida que se aproximaba la fecha del juicio, me preparaba para encarar una serie de desalentadores desenlaces: tiempo tras las rejas seguido de una posible deportación a México. Sin embargo, mientras mis ojos se encontraban con los titulares que proclamaban la perdición y la desesperación, me di cuenta de que me enfrentaba a un temor más poderoso que cualquier castigo: el terror a la opinión que los demás tendrían de mí.

Mi peor pesadilla se abatía sobre mí, su venenosa saliva lloviendo como rocío en la medianoche. La pesadilla que tanto temía se había hecho realidad: ser objeto de una investigación pública y aparecer en los noticieros locales. El miedo había estado acechando mi sombra, llenándome de inseguridad y vergüenza, pero después de todos estos años, finalmente me atrapó... ¡y aún seguía viva!

A pesar de los titulares hirientes, mi familia y mis amigos más queridos estaban ahí para recordarme que seguía siendo amada y apreciada. Fueron ellos quienes me sostuvieron en las aguas turbulentas y me recordaron que, aunque los enemigos y desconocidos podían ser crueles, los verdaderos amigos son joyas preciadas.

En medio del torbellino de la adversidad, encontré consuelo en su amor incondicional y en su apoyo incansable, especialmente en el de Yesenia. Una noche, ella me aseguró que, sin importar qué ocurriera, estaría a mi lado para seguir adelante.

Vamos a superar esto juntas", prometió. "Incluso si eso significa emprender un viaje sin retorno hacia México". Ambas sonreímos, no por frivolidad, sino porque comprendíamos que su lealtad era inquebrantable; que estaría a mi lado en cualquier rincón del mundo, dispuesta a enfrentar las dificultades y a celebrar las alegrías que la vida nos deparara.

Tenerla a mi lado era como ser bendecida con una fortuna incalculable, algo que va más allá de cualquier medida material. Tras una exhaustiva revisión de los hechos y la construcción de una defensa astuta, Jim intervino para manejar las negociaciones con los fiscales. A través de detallados intercambios de correos electrónicos y minuciosas revisiones, finalmente todas las partes lograron llegar a un acuerdo. En virtud de declararme culpable, se reduciría mi acusación a un delito menor de hurto en tercer grado, con la condición de cumplir 30 días de servicio social. Lo único que quedaba pendiente era llegar a un acuerdo sobre la pena máxima recomendada, y la redacción de este acuerdo era de vital importancia.

Jim imploró que nuestra solicitud de reducir la pena máxima a 180 días, en lugar de 365 días, fuera una necesidad absoluta para protegerme de la deportación automática. Sin embargo, a pesar de sus valientes esfuerzos por persuadir a los fiscales de nuestra perspectiva, fue lo único que quedó sin resolver cuando llegó el momento de nuestra audiencia.

El tiempo transcurría con lentitud mientras el día más temido finalmente llegaba. Jim y yo nos encontrábamos lado a lado frente a la imponente puerta del juzgado, ambos nerviosos pero ansiosos por enfrentar juntos ese momento.

"No habrá sorpresas desagradables, ¿verdad, Jim?", le pregunté mientras caminábamos por los pasillos del tribunal.

"No", me respondió tranquilizadoramente. "El caso es bastante claro y ya hemos revisado todas las pruebas que presentarán. Te declararás culpable de los cargos, pagarás la multa y cumplirás 30 días de servicio social". Después de sentarnos y repasar todo una vez más, la corte inició oficialmente la sesión.

"Sra. Moreno", dijo el juez. "Ha sido acusada de defraudar al Departamento de Labor e Industrias durante los meses de agosto a octubre de 2015". Mi corazón latía fuertemente en mis oídos mientras él hablaba. "La sentencia máxima por este delito es de 365 días, y su abogado solicita que se reduzca a 180 días". Sus palabras resonaron como una sentencia de muerte, y un escalofrío recorrió mi espalda. Me volví hacia Jim con cierta incertidumbre, pero él me hizo un gesto con la mano para que mantuviera la calma.

Sra. Moreno, por favor, póngase de pie", dijo el juez. Sus palabras resonaron en mi mente como un disparo, sacándome de la nebulosa de incertidumbre en la que me había sumido. Sentí una presión abrumadora, como si la gravedad misma pesara sobre cada centímetro de mi ser. La sangre latía en mis oídos con tal fuerza que parecía a punto de estallar, y sin embargo, a mi alrededor todo se volvió silencio, excepto por la distorsionada voz del juez. Sin dudarlo, obedecí sus órdenes y me levanté.

"¿Cómo se declara ante las acusaciones que se le imputan?", preguntó el juez, frunciendo el ceño en señal de juicio.

Con los labios temblorosos y el corazón afligido, pronuncié las palabras: "Culpable, Su Señoría". El juez inclinó la cabeza y se preparó para anunciar la sentencia cuando, de repente, la fiscal se levantó de su silla reclamando atención. Todos los ojos se posaron en ella, mientras un silencio expectante se apoderaba de la sala.

"Antes de dictar la sentencia, Su Señoría", dijo la fiscal, "Me gustaría añadir una declaración."

"Adelante, Sra. Sierra", respondió el juez. "Su Señoría", continuó ella, "este acuerdo de culpabilidad ha sido una batalla intensa y este caso ha causado un daño profundo que exige medidas para garantizar que la justicia prevalezca a pesar de las recompensas ya recibidas. La fiscalía está de acuerdo en que la

Sra. Moreno reciba 30 días de servicio comunitario en lugar de ir a la cárcel. Sin embargo, nuestra recomendación es que se le imponga la sentencia máxima de 365 días". Al escuchar sus palabras, sentí cómo mi cuerpo se entumecía.

"El Departamento de Labor e Industrias no es la única parte afectada aquí", continuó la fiscal. "Carla Moreno utilizó los nombres y números de proveedores de intérpretes certificados que ya no trabajaban para ella para facturar citas cubiertas por intérpretes no certificados. Ellos no sabían que ella estaba utilizando sus números para facturar esas citas hasta que un investigador de L&I se los notificó. Algunos de los intérpretes que han seguido este caso no están satisfechos con esta resolución y sienten que la Sra. Moreno está escapando fácilmente de las consecuencias. De hecho, uno de ellos afirmó sentirse abofeteado".

La adrenalina se propagó por mi cuerpo como fuego, provocándome un impulso eléctrico de escapar de lo que sentía tan asfixiante. Sin embargo, no tuve más opción que quedarme en mi lugar, incluso cuando el miedo amenazaba con consumirme por completo.

"De hecho", continuó ella, "Me gustaría que tomáramos solo un par de minutos para preguntar si casualmente hay algún intérprete presente cuyo nombre se haya utilizado y que desee hablar con el tribunal". El corazón me dio un vuelco cuando escuché las palabras de la fiscal resonar por toda la sala.

Me forcé a girarme y contemplar los rostros pálidos y ansiosos de mi madre, mi amiga Krystal, Yesenia y sus hermanas que estaban sentadas justo detrás de mí. Su presencia silenciosa era lo único que me brindaba consuelo en ese momento de incertidumbre. En sus ojos, veía la mezcla de preocupación y apoyo incondicional que me daba fuerzas para enfrentar lo que viniera.

"Jim", susurré, "Pensé que esto solo era una audiencia, no

un juicio. ¿Cómo es posible que la fiscal llame a testigos y nosotros no nos hayamos preparado para ello?". En el rostro de Jim solo veía frustración, pero percibía algo más oscuro que se agitaba bajo su piel.

"La fiscal no nos dijo nada al respecto, pero técnicamente no son personas que testifiquen", respondió. "Está tratando de sorprendernos con una estrategia inesperada".

"Oh, parece que tenemos algunos intérpretes presentes de forma virtual", exclamó la fiscal, fingiendo sorpresa mientras señalaba la pantalla digital. De repente, dos nombres se iluminaron en ella: Lucio y María. La noticia me golpeó como una ola inesperada.

"Buenas tardes, Su Señoría", resonó la voz de María a través de la pantalla, cargada de angustia y temblorosa. Aunque prefería ocultar su rostro, pude sentir la intensidad de sus emociones. "Solo quiero decir: el fraude que ella cometió contra el estado me resulta repudioso. ¡Este acuerdo es una deshonra!". De repente, su voz se quebró y una tormenta incontrolable de lágrimas se desató mientras desahogaba su dolor frente al juez. Suplicó no solo justicia, sino también misericordia, para que el juez considerara el resto de mi perfil criminal.

Permanecí perpleja. ¿Mi perfil criminal? ¿De qué estaba hablando? María simulaba sentir tanto afecto por mí, y de repente esa misma devoción se había transformado en un torrente de odio, una fuerza igualmente poderosa pero de naturaleza opuesta. Me sentía culpable por haber utilizado su número de proveedor en una ocasión, pero ¿por qué se había desmoronado de esa manera, como si mi mera existencia le causara tanto dolor? Antes de que pudiera encontrar respuestas, su voz desapareció y fue la voz de Lucio la que tomó su lugar.

Con voz débil, Lucio se presentó ante Su Señoría. "Mi

nombre es Lucio y tengo algo que decir", declaró, decidido a compartir su historia con la sala.

"Las intenciones de Carla eran claras como el agua", aclaró su garganta, llenando la habitación con un suave sonido. "En un principio, hice todo lo posible por ayudarla, porque a pesar de todo éramos amigos. Pero poco sabía que mi nombre estaba siendo utilizado en documentos sin mi conocimiento ni consentimiento. Me causa una profunda angustia saber hasta dónde llegó, solo para beneficiarse a sí misma sin tener en cuenta a los demás".

Mientras el tribunal guardaba un silencio reverente y fijaba su mirada en el monitor, la fiscal, con su traje impecable, se inclinó ante Su Señoría en señal de agradecimiento por la oportunidad de presentar a los testigos. Luego, con una voz audaz, declaró lo siguiente: "Su Señoría, solo le pido a la corte que se enfoque en los hechos ocultos de este caso. La Sra. Moreno no sólo defraudó al Departamento de Labor e Industrias; también defraudó a su propia comunidad, a sus amigos y a personas trabajadoras que se esfuerzan por seguir las normas. Nuevamente, le rogamos a la corte que le imponga la máxima sentencia de 365 días".

"Sra. Sierra", respondió el juez con una voz que resonó con severidad en toda la sala, "entiendo que estos intérpretes se sientan personalmente afectados, pero explíqueme: ¿en qué beneficiaría a estas personas su petición de pena máxima, si la acusada solo cumplirá treinta días de condena y no la sentencia completa?"

Permanecí sentada allí, con los miembros pesados e inmóviles, mientras escuchaba el intercambio de palabras entre el juez y la fiscal. El terror recorrió mi espalda mientras le susurraba a Jim con temor: "¿Qué significa esto para mí? ¿Estaré un año en prisión?", le pregunté, esperando su respuesta que determinaría si aún podía mantener la esperanza o si me hundiría en la desesperación. "Espera", susurró él, colocando su mano en mi hombro mientras la dinámica entre la fiscal y el juez llegaba a su fin.

"Su Señoría, le rogamos que considere la sentencia de la Sra. Moreno de la misma manera que lo haría con cualquier otro delincuente: con la severidad e imparcialidad propias de un tribunal de justicia. Un año completo es la pena máxima para este tipo de delitos; permita que la justicia envíe un mensaje claro de que estas acciones no se tolerarán sin consecuencias".

El juez sacudió la cabeza, exasperado. "Ella solo cumplirá 30 días de suspensión, por eso no veo sentido en imponer la pena máxima", pronunció, con un toque de frustración en su voz. "Me parece que usted busca injustamente añadir penas adicionales debido a la condición migratoria de la acusada".

"No, no, por supuesto que no, Su Señoría", confesó la fiscal con voz temerosa ante la imponente presencia del honorable juez.

Con una solemnidad en el aire, el juez habló con una voz profunda y resonante que provocó un escalofrío en todo mi cuerpo. Parecía saber con precisión el destino que me esperaba sin falta, y comenzó su pronunciamiento: "Señora Moreno, por favor, póngase de pie". Un ominoso silencio se extendió mientras todos los ojos se fijaban en mí. Mi corazón latía con anticipación por lo que estaba por venir, mientras contuve la respiración con inquietud.

"Este tribunal la declara culpable de robo en tercer grado. Tendrá que pagar una multa de 43.000 dólares al Departamento de Labor e Industrias". Hizo una pausa, haciendo que el tiempo pareciera suspenderse en la pesada quietud de la sala. Luego, su voz rompió el silencio y continuó: "Se le ordenará cumplir un máximo de 179 días de sentencia, con 149 suspendidos, lo que resulta en un total de treinta días de suspensión.

El tribunal le requerirá cumplir 10 de esos días en la cárcel y 20 días adicionales de arresto domiciliario con vigilancia constante".

El mazo golpeó con rotundidad el estrado, dejándome frente a un desenlace inesperado: la cárcel. No estaba preparada para esta realidad que me tendría tras las rejas en lugar de en libertad, como había planeado. Sin embargo, la buena noticia era que la deportación inmediata no se había agregado a mi condena pendiente; aunque seguía siendo una amenaza invisible que se cernía sobre mí, con sus garras afiladas ocultas hasta nuevo aviso.

DIECISÉIS
OSCURIDAD Y LUZ

"Una vida dedicada a cometer errores no solo es más honorable, sino más útil que una vida dedicada a no hacer nada."

—GEORGE BERNARD SHAW

"¡Moreno! ¡Recoge tus cosas!" gritó el guardia mientras abría la puerta de mi celda. "Te trasladaremos a otra celda con las demás reclusas. Allí podrás hacer tu llamada telefónica".

Un rayo de sol iluminó la sombría celda mientras el guardia abría la puerta, revelando aquel oscuro espacio. Sentí como si un portal de misericordia divina me invitara a salir.

"¿Qué hora es? ¿Cuánto tiempo he estado aquí?" pregunté, mientras secaba mis lágrimas.

"Son las cinco de la tarde", respondió el guardia aparentemente sin preocupación. Sentí que una ola de tiempo se abalanzaba sobre mí, como si hubiera pasado una eternidad desde que nos encontramos por primera vez en este lugar hace veinticuatro horas. Recorrimos los interminables pasillos laberínticos de la cárcel hasta que finalmente, el guardia abrió una imponente puerta. Pero lo que encontré al cruzarla no era una simple celda, sino dos amplias habitaciones contiguas en un pasillo sinuoso, con duchas y retretes expuestos.

De repente, al intentar dirigirme hacia una de las habitaciones, una figura imponente bloqueó mi camino, y su mirada dura me hizo estremecer. Era pequeña pero corpulenta, con una melena de pelo rubio y canoso que enmarcaba una inquietante sonrisa desdentada. Pasé junto a ella tímidamente, mientras la vi pasar su lengua por el paladar antes de gruñir: "¿Tú eres de las que se duchan?"

"Em, s-sí," murmuré nerviosamente. "Sí, soy de las que se duchan", respondí, esperando haber dado la respuesta correcta.

"Bien, entonces puedes compartir esa habitación conmigo y Boston", dijo la reclusa, señalando un lugar seguro. Una figura alta con trenzas negras relucientes se aferraba al marco de la puerta. Arqueó una ceja, indicándome que ella era a quien la otra reclusa se refería, y me regaló una sonrisa de lado lo suficientemente amplia como para revelar un brillo dorado entre sus dientes.

"También puedes llamarme G", dijo Boston, mientras movía sus trenzas de un lado a otro.

"Esa de allá no se baña y ¡apesta!", exclamó la primera reclusa, señalando a otra mujer con el pelo rojo grasiento, encogida y sudorosa en su cama, como si estuviera ocultándose de algún demonio desconocido. "Ella es Red. Está en la otra habitación sola, y créeme, no querrías estar allí." En un irónico giro del destino, parecía haber sido expulsada para vivir en aislamiento debido a su mal olor.

"Agradecida, coloqué mi colchón y mi manta en la cama de

metal vacía, expresando humildemente mi agradecimiento por permitirme estar en la habitación con las que sí se duchaban.

"Parece intimidante, pero en realidad tiene un corazón tierno", susurró Boston con complicidad, señalando a la primera reclusa, cuyos años parecían haber dejado huellas en su rostro." El tiempo no ha sido amable con ella", agregó, sacudiendo la cabeza con profunda tristeza. "Las drogas la han consumido por completo".

"¡Cállate, Boston!" exclamó Brenda desde el otro lado de la habitación. "¡Tú eres la traficante aquí!"

"Sí, pero yo solo las vendo", declaró Boston con orgullo, señalándose la cabeza para demostrar su astucia. "No las consumo".

"¡Claro que sí! ¡No mientas! ¡Te vi fumando Apache en el parque el otro día con JJ!" *¿Qué significa Apache?*, me preguntaba en mi mente.

La repentina pregunta de Brenda captó mi atención y me trajo de vuelta a la realidad. "¿Conoces a JJ?"

"No, no lo conozco", respondí.

En un tono que podría romper el cristal, Boston reprendió furiosamente a Brenda, recordándole la crueldad y el peligro que le esperaban si seguía cuestionando sus palabras. Su sombría advertencia resonó en el aire: "¡No me obligues a apuñalarte de nuevo!"

"No te atrevas a intentarlo de nuevo, G", gruñó Brenda. "¡Porque esta vez sí te voy a joder!" Se volteó hacia mí y desabotonó parte de su overol naranja, mostrándome las cicatrices en su abdomen. "Esta perra me apuñaló hace dos años", explicó, señalando su redonda barriga. "Mira, aún tengo las cicatrices".

"¡Solo porque fuiste una maldita chismosa!", le recriminó Boston. "Recuerda: aquí no se tolera a los chismosos, o sus secretos desaparecen para siempre". Un nudo se formó en mi garganta y un escalofrío recorrió mi espalda al imaginar las consecuencias de cruzar esa línea.

Después de una profunda discusión, ambas llegaron a la conclusión de que su malentendido se originó en una falta de comunicación, y decidieron dejar atrás aquel distante recuerdo. Además, Brenda aún necesitaba la ayuda de Boston en el mundo del intercambio de estupefacientes.

"De cualquier manera", dijo Boston, abrazando a Brenda y volviéndose hacia mí, "¡bienvenida al calabozo!" En ese momento, mi mente se llenó de anhelos por encontrar refugio en la reconfortante voz de mi esposa más allá de los fríos muros de piedra. Sin embargo, antes de poder sumergirme en esos pensamientos, Boston comenzó a interrogarme, desviando mi atención hacia el presente.

"¿Y por qué delitos estás aquí?" preguntó.

Suspiré profundamente, sintiendo el peso de mi confesión. "Me acusan de haber defraudado al Departamento de Labor e Industrias", respondí.

"¿Fingiste una lesión para sacarles dinero o algo así?" preguntó Brenda con una risa siniestra, dejando ver sus encías desdentadas.

"No", respondí con firmeza. "Hace años, mi empresa proporcionaba servicios de traducción a personas que habían sufrido lesiones laborales a través del Departamento de Labor e Industrias. Sin embargo, durante una investigación, descubrieron que había utilizado intérpretes sin licencias. Me acusaron de fraude por cobrar por esas citas".

"¡Vaya! ¿Y cuánto dinero te quedaste?" preguntó Brenda, sorprendida.

"Según ellos, se alega que envié facturas duplicadas por un total de 43.000 dólares", respondí sinceramente.

"Mierda", exclamó Boston emocionada mientras señalaba en mi dirección. "¡Esta sí que es astuta!"

"Bueno, sí cobré dos veces", respondí a la defensiva, "¡pero no me pagaron dos veces!"

"Entonces, ¿por qué cobraste dos veces?" preguntó Boston.

Respirando profundamente, expliqué el dilema: cientos de facturas electrónicas que requerían formularios físicos de comprobante de cita habían sido rechazadas por estar desactualizados. En lugar de hacer que todos regresaran a las clínicas con nuevos formularios, mi solución creativa fue que mi asistente transfiriera toda la información necesaria de cada formulario antiguo a los nuevos y los enviara por fax una vez más.

"¿Y qué tiene de malo eso?", preguntó Boston, confundida.

"Copiar los formularios de esa manera también implicaba copiar las firmas, algo considerado falsificación", le respondí.

"¿Y no puedes probar que no te pagaron dos veces?", cuestionó Boston.

"Sí", respondí con resignación, "pero eso habría implicado ir a juicio, lo cual era demasiado costoso. Y, aun así, habría tenido problemas por las firmas".

"¿Y cuántos días te quedan?", preguntó ella. "Diez días", dije con el corazón apretado.

"¡Diez días en la cárcel pasan volando!", declaró Boston con entusiasmo. "Yo estaré aquí nueve meses".

"¡Y yo tres!", exclamó Brenda desde el otro lado de la habitación con fervor. "Pero no sé si pueda soportar las gélidas calles de enero. Prefiero quedarme encerrada aquí, al menos hace menos frío y hay comida. Tendré que buscar la manera de prolongar mi estancia o regresar".

Permanecí atónita. ¿Acaso quería quedarse más tiempo? Mi única obsesión era salir de allí lo más rápido posible. La vida, pensé, puede ser una cruel ironía, mientras las múltiples contradicciones de la existencia inundaban mi mente en un fugaz momento de reflexión. En ese preciso instante, el tintineo de unas llaves resonó y un oficial abrió la puerta de la celda con un movimiento ágil.

"¡Moreno!" La voz del oficial resonó en el aire como un trueno mientras avanzaba con un carrito que contenía una pequeña selección de libros. "Aquí tienes el libro que solicitaste." Me precipité hacia su asombroso tesoro literario, pero al llegar, solo quedaba uno: la enigmática biografía sobre Bill Cosby.

"¡Ay, este libro no!" exclamé, sintiéndome desilusionada. "No tengo el menor interés en adentrarme en la biografía de un hombre que cometió abusos contra niños."

"¿De qué estás hablando?" preguntó Brenda, desconcertada. "Acaban de exonerarlo. ¡Salió en las noticias!"

"Moreno, no deberías de precipitarte a juzgar", añadió Boston con sabiduría. " A veces, estamos en esta cárcel por haber cometido errores, pero otras veces estamos aquí simplemente porque nos acusaron falsamente." Las palabras de Boston resonaron en la celda, recordándonos que la vida es a menudo una cuestión de percepción.

"¡Exacto!" exclamó Brenda con voz cargada de dolor. "Recuerdo la primera vez que me metieron en prisión por culpa de ese estúpido de mi novio." Como si hubiera ocurrido ayer, recordó cómo la atraparon con aquella infame bolsita de hierba en Arizona, sumiéndola en una condena de dos años que cambiaría el rumbo de su vida para siempre.

"¡Y a mí me arrestaron solo porque quería ver a mis hijos!", dijo Red, caminando por el pasillo como un león enjaulado, liberada de su sueño intranquilo. "Mis suegros llamaron a la policía y me acusaron de allanar su casa", continuó. "¡Solo estaba en el garaje, discutiendo con el padre de mis hijos!"

A pesar de mi convicción sobre la culpabilidad de Bill Cosby, las palabras de Boston me hicieron reflexionar sobre lo que mi abogado me había dicho durante la preparación de mi caso: *"No es la verdad lo que importa, sino lo que la gente percibe como la verdad; eso es lo que prevalece."*

Finalmente logré comunicarme con mi esposa antes de acostarme y su voz tranquilizadora me envolvió como una manta cálida. A pesar de estar separadas por mundos de distancia, su llamada llenó mi alma de paz. Hablamos durante media hora hasta que los guardias apagaron todas las fuentes de luz para ir a dormir, interrumpiendo nuestra conversación. Pero esos pocos momentos al teléfono me brindaron la calma suficiente que necesitaba.

Boston, quien había apilado cuatro colchones para aliviar la dureza de su propia cama de metal, generosamente me obsequió uno para que pudiera dormir cómodamente. Además, Brenda, con su corazón compasivo, me ofreció dos de las siete mantas que tenía acumuladas. Fue un gesto de generosidad en aquella fría noche de octubre.

"Mientras más tiempo estás aquí, más aprendes los trucos", dijo Brenda, guiñándome un ojo. "Los hemos ido recolectando a medida que van liberando a las reclusas."

A pesar de estar sola y rodeada de una oscuridad impenetrable, sentí una sorprendente sensación de seguridad envolviendo mis hombros como una vieja amiga. Las palabras de Boston resonaron en mi mente como un conjuro mientras me adormecía: juzgar a los demás solo conduce a juzgarse a uno mismo. Y así, repitiendo una y otra vez sus sabias frases hasta que mis párpados se hicieron pesados, finalmente el sueño me encontró.

Esa noche, tuve un sueño muy extraño.

Entré en una sala redonda resplandeciente y de repente todo se iluminó. Una sola vela en el centro proyectaba su luminosa luz en todos los rincones de esa cámara blanca y prístina... ¡incluyéndome a mí! A medida que mi figura avanzaba desde la fuente de luz hacia las paredes, una ominosa silueta oscura se extendía por cada una de ellas hasta que me fundí con la oscuridad.

Cada paso que daba alejándome del centro hacía que mi sombra creciera, cubriendo toda la habitación con la oscuridad. Pero como por arte de magia, esa misma luz volvía a llenar la habitación con una sensación de calidez y equilibrio al regresar al centro. Aunque pareciera extraño a primera vista, esa penetrante oscuridad siempre había estado ahí, pero solo se hizo evidente cuando me atreví a alejarme de la armonía del centro.

Fue entonces, de una manera extraña, que comprendí que el equilibrio no se encuentra en la ausencia de sombras, sino en la forma en que coexisten con la luz. La oscuridad podía resultar aterradora, pero de alguna manera me permitió descubrir la fortaleza y la claridad que yacían en el equilibrio del centro.

Desperté de ese sueño que persistía como una niebla impenetrable, y supe que no sería fácil conciliar el sueño nuevamente. Así que, en plena noche, tomé papel y bolígrafo prestados de Boston, y las palabras comenzaron a fluir. Empecé a transcribir aquella revelación de medianoche como si estuviera destinada exclusivamente para mí, buscando capturar la esencia de la dualidad que había experimentado en aquel momento de introspección.

Cárcel del condado de Franklin, Pasco
Viernes, 13 de Octubre de 2021 (Día dos en la cárcel)
Reflexionando sobre mi enigmático sueño de hoy:

En aquella misteriosa cámara, me invadió un poderoso contraste entre sombras y luminiscencia. Era como si todo lo que tenía ante mis ojos representara dos extremos, símbolos de nuestras elecciones en la vida entre el bien y el mal, lo positivo y lo negativo, la oscuridad y la luz. Sin embargo, otra forma de contemplar estos caminos divergentes es reflexionar sobre la verdadera misión y propósito que cada uno tiene en este mundo.

Nuestra misión en la vida es buscar la felicidad y descubrir nuestro propósito y equilibrio. Incluso cuando se ocultan en la oscuridad, estos momentos pueden ser valiosas lecciones para todos nosotros, ya que nos brindan la oportunidad de cometer errores que nos ayudan a abrir las puertas del conocimiento. En lugar de preguntarnos por qué suceden ciertas cosas, podemos preguntarnos qué nos están enseñando y, a partir de ahí, la luz comienza a brillar nuevamente.

Para comprender plenamente nuestra existencia y nuestro viaje, primero debemos comprender su propósito. Solo al aceptar esta sabiduría podemos reconectarnos con la fuente que nos ha guiado todo el tiempo: una luz presente en cada sombra que se proyecta sobre nosotros y que ilumina cada paso que damos hacia la autorrealización.

En realidad, nuestros obstáculos son regalos: oportunidades de crecimiento y comprensión envueltas en un paquete engañoso. El secreto está en ver la oscuridad como una parte necesaria de la vida, como el yin y el yang: sin uno, no podemos tener el otro; solo es cuestión de descubrir cómo funcionan juntos en perfecta armonía. Más allá de la mera casualidad, cada experiencia encierra en sí misma una oportunidad para descubrir un significado más profundo.

CARLA MORENO

Bajé la mirada hacia mi pluma con una comprensión solemne, encontrando consuelo en el hecho de que la dirección de mi vida dependía completamente de mí. Donde antes había luz a mi alrededor, ahora acechaban la oscuridad y la desesperación. Había abandonado lo más importante dentro de mí: mis valores y mi reputación. *En busca de una gratificación fugaz, sacrifiqué lo que realmente importaba.* Mi ego y mi orgullo perdieron su relevancia en aquella sala del tribunal. Ahora se abría ante mí un nuevo propósito, una oportunidad para redescubrir mi camino.

Nuestra silenciosa mañana se vio repentinamente interrumpida por una estruendosa llamada a la acción: "¡Señoritas! Hora de desayunar", resonó la voz del guardia mientras dejaba caer los paquetes de papel marrón en el suelo.

Me desperté sobresaltada y me encontré con la misma rutina de desayuno: un huevo cocido, una manzana roja y un trozo de pan dulce. Boston suspiró, mirándome a los ojos.

"Moreno, siempre es lo mismo", dijo, notando mi decepción.

Brenda se unió a nuestra conversación con frustración evidente, su boca abriéndose como un abismo, mostrando las tristes circunstancias de sus encías vacías.

"¿Y no entiendo cómo piensan que puedo comer manzanas? Cada vez que vengo aquí, les pido que me las cambien por otra rebanada de pan, pero nunca me hacen caso", exclamó.

Fue entonces cuando le ofrecí intercambiar mi pan por su manzana, conmovida por la alegría que podría brindarle algo tan simple y común para mí. Con los ojos centelleantes, su rostro se iluminó como cuando se le ofrece un caramelo a un niño. "¿Harías eso por mí?", preguntó emocionada. "Por supuesto", respondí, sintiendo cómo la felicidad de Brenda encontraba su origen en algo tan cotidiano como aquel pan.

Sin perder tiempo, devoró el trozo de pan de un solo

238

bocado, con gran emoción en su voz. "¡Mira! Me cabe mucho más por no tener dientes", exclamó.

"Brenda, deja de hacer eso", gritó Boston. "Te vas a atragantar, y se ve asqueroso".

Con la boca completamente llena de pan, Brenda suplicó entre masticadas: "Déjame en paz, G., a veces paso días sin comer, así que tengo que compensarlo cuando puedo".

Boston suspiró mientras las migas de pan se acumulaban a su alrededor. "Nadie te va a robar la comida aquí, tonta", dijo con cariño pero firmeza. "Y especialmente ese pan. Mastica con calma. Además, deberías comer menos, no quieres ponerte más redonda".

Brenda dejó escapar un suspiro de satisfacción y se lamió los labios, como si quisiera capturar la esencia de lo que acababa de probar. "Es que está taaaaan bueno".

No pude evitar sentirme cautivada por el espíritu de Brenda mientras disfrutaba de su comida como si estuviera preparada por un chef con estrellas Michelin. Me hizo reflexionar sobre el destino que nos había llevado a compartir esta celda, a pesar de las diferentes vidas que llevábamos. La suya transcurría en las calles, luchando contra la adversidad y las dependencias, mientras que la mía se mantenía en el olvido de lo que había más allá de las protegidas paredes. Era una extraña paradoja que los dos compartiéramos un destino común en este inesperado viaje de la vida.

Una vez que Brenda saboreó hasta el último bocado, buscó algunas provisiones escondidas bajo su cama: un bote de champú casi vacío, una pastilla de jabón envejecida y una pequeña toalla desgarrada para restregar la suciedad.

Con una sonrisa, me entregó esos objetos como si fueran un regalo precioso. "Eres más amable de lo que merezco", me dijo en voz baja. "Puedes usarlos para bañarte hasta que compres los tuyos en la comisaría".

"Gracias, Brenda", respondí con gratitud mientras aceptaba esos artículos de aseo personal para aliviar mi fatiga. Desde el día en que ingresé a la cárcel, algo se había quebrado en mi interior, pero poco a poco, como copos de nieve cristalizados tras una tormenta, comenzaron a aparecer destellos de aprecio que me permitían ver el mundo con nuevos ojos.

Utilicé el champú de Brenda para ducharme antes de volver a enfundarme en el ajustado overol naranja. Luego, me acurruqué en la cama con la biografía de Bill Cosby en mis manos, pero el tintineo de las llaves del guardia me arrancó de ese mundo momentos después.

"Tomen sus cosas, señoritas, ¡vamos! ¡Es hora de ascender al nivel superior!" El estruendoso grito de la agente Bailey desató una tormenta de excitación entre las mujeres, que ansiosamente recogieron sus pertenencias y corrieron hacia lo que les esperaba arriba.

Confundida, pregunté: "¿Qué hay allá arriba?"

"¡La luz!" respondió Red, con una amplia sonrisa mientras extendía las manos hacia algo invisible en el cielo.

"Nos van a transferir a un espacio más amplio donde hay mucha luz natural, gracias a un enorme tragaluz", aclaró Boston, mostrando un entusiasmo más contenido en comparación con el de las demás.

"¡Además, arriba es donde está toda la diversión! ¡Ahí es donde están el resto de las reclusas!" declaró Brenda, con los ojos brillantes de emoción mientras juntaba las palmas de las manos.

"Incluso podría encontrarme con mi madre allí", agregó Red, rebosando de energía y frotándose las manos. Su comentario me desconcertó por completo. ¿Su madre?

"¿Hay alguna posibilidad de que la encuentres allí?" pregunté, incapaz de comprender lo que estaba escuchando.

"Sí, ella normalmente está aquí", respondió Red con naturalidad, como si fuera algo rutinario. "Bueno, a veces la llevan a la cárcel de Kennewick, dependiendo de dónde la arresten". Sabía que Kennewick era el pueblo vecino, pero aún así, su respuesta me dejó estupefacta.

Mientras nos aventurábamos por los pasillos de la imponente cárcel, llevando nuestras cobijas y colchonetas, Red me habló de su madre. Me contó que fue ella quien la introdujo por primera vez al fentanilo, también conocido como "Apache". Lo describió tristemente como la única forma de conectar con su madre. Todo lo que tenían entre ellas eran esas pastillas azules que las unían... y así comenzó el descenso de Red hacia unas drogas de las que era difícil volver.

Nuestro viaje llegó a su fin cuando las puertas de acero se abrieron con un estruendo poderoso. Tal como nos había predicho Red, fuimos recibidas por un resplandor luminoso que nos dejó deslumbradas. Entramos en esa amplia sala donde dos reclusas salieron corriendo de sus escondites, curiosas por saber quiénes éramos.

"¡Rosa Alba!" exclamó Boston, saltando para abrazar a una de ellas, una amiga perdida desde hacía mucho tiempo. Los años no habían sido amables con la apariencia de Rosa Alba, dejándola sin dientes y con una complexión envejecida. Sin embargo, aún se podía percibir un espíritu juvenil en sus curvas regordetas y en su pelo castaño cortado al ras, que resplandecía con reflejos cobrizos.

"¡Hola, yo soy Brie!" se presentó la otra reclusa con aplomo, irradiando una energía que superaba su corta edad. Su espíritu efervescente estaba envuelto en piel clara y coronado por dos largas trenzas de pelo negro como la noche.

Mientras tanto, los ojos de Red recorrían la sala en busca de algún rastro de su madre. "¿Están solo ustedes dos aquí?", preguntó con cautela, notándose la expectación en su voz.

"Sí", exclamó Brie, con una sonrisa juguetona. "¡Estamos

muy contentas de que las hayan traído! Hemos estado solas las dos durante las últimas tres semanas".

Al observar la escena, me di cuenta de que había siete diminutas celdas donde apenas cabía una litera. En el centro había dos largas mesas iluminadas por un brillante tragaluz. Al contemplar la serie de retretes y duchas sin puertas ni cortinas, no pude evitar sentir compasión por Red. *No la culpo por no querer ducharse con tanta frecuencia, pensé.*

Mientras me dirigía hacia mi nueva celda, Boston me hizo un gesto misterioso. Insistió en que sería mejor si me unía a la multitud que se había congregado en la pequeña celda de Rosa Alba, donde las voces ansiosas hablaban emocionadas sobre algo desconocido. Sospeché que tenía que ver con algún tipo de contrabando, y una voz interior susurró con preocupación: *Ay Dios, ¿cómo le digo que no quiero drogas sin molestarla?*

"¿Sí?" respondí nerviosa, sintiendo temblor en mis cuerdas vocales mientras me acercaba a ellas.

"¿Quieres unas líneas de café?" me preguntó Brie, mientras inhalaba algo por su nariz. Su entusiasmo era contagioso, pero yo me sentía un poco perdida. *¿Acaso era un nombre callejero para alguna sustancia ilícita?*

"¿Qué es eso?" pregunté con curiosidad.

"¡Café!" exclamó Brie, sus ojos se iluminaron y su sonrisa se amplió mientras levantaba delicadamente un frasco de Nescafé.

"¿Y por qué no se lo beben?" pregunté ingenuamente.

Brie describió emocionada cómo inhalar café por la nariz producía una oleada de energía sin igual. Mientras tanto, yo reflexionaba rápidamente sobre el hecho de que cualquier sustancia con efectos psicoactivos, sin importar su forma de administración, técnicamente se considera una droga, incluyendo nuestra querida cafeína. *No voy a juzgar, pensé.*

De inmediato, las ansiosas voces de todas ellas se unieron

en un coro emocionante: "¡Hazlo! ¡Hazlo! ¡Hazlo!", gritaron al unísono, mientras mi mente corría y giraba como un ratoncito en su rueda, instándome a tomar una decisión. *Maldición*, pensé. *¿Debo inhalar café por la nariz para encajar en el grupo, o les digo que no y corro el riesgo de ofenderlas? ¿Y qué sucede si después no les agrado?* Pero al final, algo en mi interior me instó a ser fiel a mí misma y confiar en mi instinto.

"Gracias, pero paso. No quiero meter mi bebida favorita por la nariz. Están un poco locas", respondí riendo suavemente. Con una sonrisa ansiosa y un brillo en los ojos, agregué: "Pero ¿qué tal si me dan una taza para disfrutarlo de la manera habitual? He estado deseando una taza de café desde que llegué aquí".

"¿En serio no lo vas a probar, Moreno?" preguntó Boston con tono serio y autoritario.

"¡En serio! Prefiero saborearlo lentamente, con cada sorbo", afirmé, sonriendo.

Tras una pausa pensativa, Boston me entregó su taza diciendo: "Buen punto". La acepté agradecida, ya que la mía aún no había llegado de la comisaría. Con una sonrisa comprensiva, me aconsejó que dejara correr el agua caliente de la ducha durante un par de minutos antes de añadirla a mi taza de café.

Preparé mi bebida con el agua no tan caliente de la ducha, luego me dirigí a mi litera y me dejé caer sobre el colchón inferior. Mientras tanto, Boston se movía sigilosamente detrás de mí, cargando sus pertenencias.

"De ninguna manera, Moreno", dijo ella, lanzándome una mirada severa y sacudiendo la cabeza desaprobadoramente. "La de abajo es mía. La tuya es la de arriba".

Aunque había suficientes celdas para que cada una tuviera la suya, todas decidimos evitar la soledad y compartir nuestras literas con alguien más. Incluso si eso significaba despertar con los feroces ronquidos de Boston, me brindaba el consuelo de no sentirme tan sola.

En el abrazo de la noche, levanté la mirada para contemplar una belleza lunar hipnotizante a través del tragaluz. La luna llena brillaba con un resplandor plateado, como un diamante que iluminaba el cielo y proyectaba sombras etéreas sobre los árboles, que durante el día lucían verdes como esmeraldas pero que ahora parecían espectrales bajo el manto celeste sombrío. Las maravillas impresionantes de la naturaleza al caer la noche, aunque tenues y premonitorias, seguían teniendo un encanto cautivador.

Fue entonces cuando comprendí una verdad: *la belleza reside tanto en las sombras como en los destellos,* dos elementos entrelazados como estrellas en el firmamento.

Aquella noche, me sumergí en las profundidades de la oscuridad y abracé su poder potencial. A pesar de estar aprisionada entre los muros de una cárcel que intentaban sofocarme, descubrí una luz oculta debajo de todo ello: el autodescubrimiento en su forma más profunda. Durante esas primeras 24 horas en soledad, sentí como si la muerte misma me hubiera llamado; sin embargo, en lugar de desvanecerme, trascendí a un nuevo reino de comprensión. Liberándome de las cadenas y desbloqueando nuevas perspectivas sobre las profundidades de la vida, me comprometí valientemente a explorar nuevos matices de luz que irradiaban desde lo más profundo de la oscuridad en la que me encontraba.

DIECISIETE
RENACER

"La vida es como andar en bicicleta. Para mantener el equilibrio, debes seguir avanzando."

—*ALBERT EINSTEIN*

A MEDIDA que los días transcurrían, fui forjando un vínculo fuerte con Boston y Brenda. Aunque ansiaba mi propia liberación, me entristecía saber que ellas enfrentaban un futuro incierto. A Boston la trasladarían a otra prisión, mientras que Brenda se enfrentaría a las desafiantes calles del invierno. Milagrosamente, a pesar de mis temores de que Inmigración pudiera llamar a mi celda en cualquier momento, pasé esos 10 días sin contratiempos ni más repercusiones por parte de las autoridades.

Con cada tic-tac del reloj acercándose lentamente a las 5 de la tarde, la hora señalada para mi libertad, la anticipación crecía en mí rápidamente. Contaba cada minuto con la esperanza de que llegara finalmente el momento.

Sin embargo, mi corazón se detuvo por un instante cuando las manecillas superaron las 5 y se aproximaron a las 5:30. *¿Y si esto significaba que Inmigración tenía otros planes para mí en lugar de mi liberación?* La ansiedad se apoderó de mí, acelerando mi pulso con cada segundo que traía consigo más incertidumbre.

Apresando mis dientes, consideré las consecuencias de presionar aquel "botón prohibido" que llamaría a los guardias en caso de emergencia en cuestión de segundos. Sin embargo, con el apoyo de Boston y Brenda a mi lado, reuní toda la valentía que tenía dentro de mí para pedir ayuda. Decidida, coloqué las yemas de mis dedos sobre aquel interfono y proclamé mi emergencia a través de los altavoces.

Tras unos momentos de silencio, se escuchó una voz resonante del otro lado del intercomunicador: "Moreno, ¿qué ocurre?"

"Disculpe, oficial, se suponía que iba a ser liberada hoy a las 5 de la tarde", pregunté nerviosamente. "¿Sabe por qué hay retraso?"

"Están realizando algunos trámites con tu expediente", respondió el oficial, su voz entrecortada por el parlante. Me quedé mirando al vacío de la incertidumbre, con una voz constante en mi mente susurrándome que esto podría ser una excusa para ganar tiempo con Inmigración. La respuesta del guardia no calmó mis nervios, ya que solo pudo ofrecer palabras confusas que prometían que alguien vendría a buscarme pronto, pero sin proporcionar ninguna claridad. El tiempo parecía estar suspendido mientras el miedo se arrastraba lentamente dentro de mí..

Finalmente, cuando el reloj marcó las 6 de la tarde, apareció un guardia. *Por fin*, pensé, con un suspiro de alivio.

Con una última mirada a mis compañeras de celda, me volví para despedirme de ellas. Nuestros ojos se encontraron, cargados de emociones compartidas, de amistad forjada en un tiempo y un lugar donde la adversidad nos unió de manera inesperada.

"Guardaré tu contacto", dijo Boston. "Te llamaré tan pronto salga de la prisión. ¡Quiero comprar una casa!"

"¡Y yo quiero saber cuando vuelva la chamana de Brasil!", añadió Brenda. Mientras ellas intercambiaban anécdotas de sus aventuras con las drogas, incluyendo persecuciones policiales a punta de pistola, yo les conté sobre mi viaje con ayahuasca y su potencial para transformar vidas.

"Haría cualquier cosa por dejar el Apache", dijo Brenda, con una súplica de ayuda flotando en el aire.

"Ambas son valientes y fuertes", respondí con sinceridad. "Estoy agradecida por los momentos que hemos compartido juntas". Las abracé a ambas, sabiendo que nuestro encuentro había sido único y que nuestros caminos podrían no volver a cruzarse en el futuro.

Con el guardia a mi lado, comencé a caminar hacia la salida de la prisión. Cada paso que daba me acercaba más a la libertad, pero también dejaba atrás una parte de mí que se había forjado en aquellos días dentro de las paredes de la cárcel. Me despedí mentalmente de todas las experiencias, lecciones y conexiones que había adquirido en ese tiempo.

Cuando salí a la brillante luz del sol, mis ojos fueron recibidos por una visión que me llenó de alegría: Yesenia esperándome con un ramo de rosas rojas y nuestra querida cachorra Lola. Mientras corría hacia ella con los brazos abiertos y el corazón palpitante, le di las gracias a las estrellas por tener una compañera tan especial en este viaje llamado vida. Nos besamos como si fuera la primera vez, abrazándonos con fuerza mientras nuestros corazones latían al unísono.

"Vamos", dijo ella. Con una señal y la mano extendida, me introdujo en el coche. "Todos te están esperando".

"¿Quiénes son todos?" pregunté, lleno de curiosidad y emoción.

Con una misteriosa sonrisa, Yesenia simplemente respondió: "Ya lo verás".

Yesenia condujo por la ciudad hacia la casa de su hermana. Durante el trayecto, sentía una mezcla de nerviosismo y emoción. Mi corazón latía con fuerza, anticipando el reencuentro con la familia y, en especial, con mi madre, quienes habían esperado pacientemente mi regreso.

Cuando llegamos, el júbilo invadió mi ser al ver a todos reunidos. La casa estaba llena de risas, abrazos y cálidas bienvenidas.

Mi madre, con lágrimas de felicidad en sus ojos, me recibió con los brazos abiertos. Su amor y apoyo incondicional se palpaban en cada abrazo, en cada mirada llena de orgullo. Sabía que a pesar de todo, siempre estaría allí para apoyarme.

La mesa estaba repleta de exquisitos manjares, pero mi atención se centró en el mole, mi platillo favorito. El aroma especiado llenaba el aire, despertando mis sentidos y evocando recuerdos de tiempos pasados.

Nos sentamos juntos alrededor de la mesa, compartiendo risas, historias y momentos de gratitud. Cada cucharada de mole era un tesoro para mi paladar, pero también un símbolo de conexión y amor. A través de sus sabores complejos y reconfortantes, podía sentir el calor y el apoyo de mi familia, como si cada ingrediente fuera un abrazo reconfortante.

La noche transcurrió entre anécdotas compartidas, risas contagiosas y miradas cómplices. Cada momento era precioso, un tesoro que guardaría en mi memoria para siempre. Sentí una profunda gratitud por tener a mi lado a una familia tan maravillosa, dispuesta a celebrar mi libertad y acompañarme en esta nueva etapa de mi vida.

Cuando la noche envolvió el ambiente y nuestros seres queridos se despidieron, Yesenia y yo nos encontramos inmersas en una conexión íntima que parecía trascender el tiempo. Sus palabras resonaron en el silencio de la habitación, llenando el espacio con un eco de amor y nostalgia.

"Te extrañé", dijo ella, y su sonrisa iluminó el cuarto como un rayo de luz en la oscuridad.

"Agradezco tu apoyo inquebrantable", respondí. Me recordó a un pilar firme, arraigado en su devoción, que nunca se tambalea, incluso en los momentos más turbulentos de la vida.

"Yesenia alzó su copa de champán y brindó con determinación. 'Por un futuro libre de las sombras del pasado', pronunció con convicción.

"Salud", respondí, uniéndome al brindis. "Por un nuevo capítulo lleno de luz y esperanza". Nuestras copas se encontraron en un tintineo armonioso, como si estuviéramos creando una sinfonía en la que cada nota representara una oda a las infinitas posibilidades que nos aguardan.

EPÍLOGO

"Enamórate. Permanece en el amor. Todo será de otra manera."

—PEDRO ARUPE, SJ

CON MI RECIÉN recuperada libertad y un profundo sentimiento de gratitud, el tiempo que pasé tras las rejas me brindó una perspectiva renovada para apreciar las maravillosas bendiciones que llenaban mi vida. Mientras reflexionaba sobre mi propia experiencia, no podía evitar preguntarme cómo les iría a Brenda y Boston en su travesía para escapar de la opresión que las envolvía. Lo único que deseaba fervientemente era que encontraran seguridad y bienestar mientras buscaban su propio rumbo en el mundo.

Me resultaba surrealista volver a la rutina diaria después de años de evadir la realidad. Sin embargo, poco a poco, los 20 días que estuve bajo arresto domiciliario se desvanecieron en uno solo, y con un sentimiento de alivio, dejé atrás todos aquellos errores enterrados y olvidados, permitiéndome concentrarme en vivir el momento y aprovechar al máximo lo que tenía por delante.

Después de tres años de arduo trabajo, nuestro proyecto inicial de desarrollo resultó ser un rotundo éxito. Aunque la recompensa económica de 75.000 dólares no fue tan lucrativa como se esperaba, el verdadero logro radicó en el vasto conocimiento adquirido, lo cual nos llevó hacia horizontes más amplios de los que jamás habíamos imaginado. Desde entonces, los sueños que surgieron a raíz de este logro se han multiplicado por diez, ya que nos enfrentamos a un desafío aún mayor: construir diecisiete acres a lo largo del majestuoso río Columbia, un recordatorio de que nada es demasiado grande o imposible cuando se trabaja en equipo y en armonía.

En medio del caos tumultuoso que parecía desmoronarse a mi alrededor cuando recibí los cargos en mi contra, me sentía atrapada en una telaraña de incertidumbre y desesperación. Pero entonces, algo se encendió en mi interior y decidí que si había algo que la vida me había enseñado, era la resiliencia. Comprendí que, al igual que yo misma había creado esa telaraña, también tenía el poder de liberarme de ella y encontrar la salida.

Fue en ese momento que nació la inspiración de escribir este libro. En una pared de pizarra negra en mi improvisado gimnasio, en medio del caos provocado por la pandemia del Covid-19, plasmé lo que se convertiría en mi misión: relatar las distintas facetas de mi vida, desde las valiosas lecciones aprendidas hasta los errores cometidos. Mi objetivo era compartir mi experiencia con los demás y transmitir la idea de que siempre hay una luz al final del túnel, si nos esforzamos por encontrarla.

A través de estas páginas, deseaba proyectar la idea de que, incluso en los momentos más oscuros, siempre hay una oportunidad para renacer y encontrar la esperanza. Quería mostrar a los lectores que la adversidad no define nuestro destino, sino cómo enfrentamos y superamos los desafíos que se nos presentan. A lo largo de mi relato, exploraría los recovecos de mi alma y compartiría las lecciones que la vida me enseñó, con la esperanza de inspirar y motivar a otros en su propio camino hacia la superación y la transformación.

Mientras culmino la última página de este capítulo, deleitándome con el aroma y el sabor de mi café, y disfrutando de la fascinante vista al mar desde nuestro penthouse en Holbox, no puedo evitar sentir una inmensa gratitud hacia la vida. Yesenia y yo hemos convertido en realidad lo que alguna vez pareció un sueño inalcanzable. Hemos logrado alcanzar la libertad financiera a través del alquiler de diez propiedades en México y Estados Unidos, lo cual nos brinda ingresos pasivos de doscientos mil dólares al año, exactamente la cifra que Yesenia y yo habíamos establecido como meta para hacer del trabajo una elección, no una obligación. Como lo prometimos, hemos logrado convertirnos en mujeres millonarias. Estamos llenas de alegría al haber podido extender una mano generosa a mi madre, ofreciéndole la posibilidad de jubilarse con nuestra ayuda. Sin embargo, con gratitud y determinación, ella ha tomado la decisión de rechazar nuestra oferta. Ha argumentado que el exceso de tiempo libre podría despertar en ella una inquietud insostenible y prefiere continuar con su exitoso salón de belleza, el cual le brinda los ingresos suficientes para vivir la vida que siempre soñó.

A medida que el tiempo avanza, he sentido cómo mi vínculo con mi padre se fortalece de manera gradual. A pesar de las advertencias iniciales sobre el contenido de este libro, él ha llegado a comprender que la verdad es subjetiva y que cada persona ve las cosas desde su propia perspectiva.

El fallecimiento del doctor Leenards a causa de una

complicación de la malaria fue una pérdida triste y lamentable. No obstante, siento de manera intuitiva que su energía y esencia trasciendan más allá del plano material.

El doctor Leenards fue una persona excepcional, cuya sabiduría, compasión y dedicación dejaron una marca profunda en aquellos que tuvieron la fortuna de conocerlo. Aunque la muerte pueda parecer un final definitivo, creo fervientemente en la continuidad de la energía y la esencia de aquellos que han abandonado este mundo. Aunque su presencia física ya no esté con nosotros, su influencia perdura a través de las memorias que compartimos y las lecciones que aprendimos de él.

A pesar de los obstáculos que encontré en mi camino, me negué rotundamente a permitir que me derribaran o debilitaran. Tomé la decisión de que mi espíritu era inquebrantable y elegí crecer a partir de esas experiencias en lugar de permitir que me consumieran. Espero sinceramente que mi determinación de seguir adelante en la vida inspire a otros a trascender la oscuridad en la que se sientan atrapados, para que puedan vivir días más radiantes.

Del mismo modo, en mi travesía por la vida, tengo una certeza clara: el dinero no es la fuente de la verdadera felicidad. Más bien, actúa como un catalizador que nos impulsa hacia la plenitud, la satisfacción y la libertad que buscamos. *La auténtica alegría surge al reconocer la belleza oculta en el caos,* al apreciar cada complejidad por lo que aporta a las historias que escribimos en nuestros propios viajes. Con dedicación y propósito, somos capaces de alcanzar todo aquello para lo cual estamos destinados, convirtiendo destellos apenas perceptibles en un resplandor absoluto. Pues en lo más profundo de nuestro ser, tanto la luz como la oscuridad revelan nuestra auténtica esencia, trazando el camino hacia nuestra plenitud.

Cuando nos adentramos valientemente en nuestras sombras más profundas y descubrimos su propósito, la vida nos recuerda que *nada sucede por casualidad; todo está interconectado*. Nuestro viaje hacia una comprensión más profunda revela un vínculo sólido entre todos nosotros, una certeza antigua y eterna como el polvo de estrellas del que provenimos. Ese conocimiento nos lleva a una verdad universal que debería fomentar una compasión más amplia entre todos los habitantes de este planeta.

Al reconocer nuestro auténtico potencial y encontrar equilibrio en la vida, una poderosa fuerza se desata en nuestro interior. Al cambiar nuestra forma de pensar y afirmar que lo mejor aún está por venir, puede surgir una *energía superior* que nos impulsa hacia adelante.

Los principios ancestrales y la ciencia moderna danzan en un fascinante ballet mientras nos acercamos a comprender el magnífico poder que habita en nuestro ser. Algunos lo llaman oración, otros lo denominan manifestación o física cuántica; los creyentes reverencian su chispa divina, mientras que los escépticos sostienen que se reduce a un mero efecto placebo. A lo largo de siglos, su denominación ha sido objeto de acalorados debates, ya sea brujería o ciencia, religión o razón. Sin embargo, nadie puede negar la existencia de esta enigmática fuerza que se despliega a nuestro alrededor, impregnando a todos por igual.

Para alcanzar nuestro máximo potencial, debemos tener la valentía de despojarnos del ego que nos envuelve. Quizás nunca logremos desprendernos por completo de él, ya que como seres humanos, el ego desempeña un papel crucial en nuestra existencia. No obstante, si permitimos que la conciencia y la aceptación arraiguen en nuestro ser, entonces se nos abre la posibilidad de vivir experiencias extraordinarias. Al distinguir lo que pertenece exclusivamente a nuestro mundo interior de lo que nos rodea, trascendemos las luchas y pruebas de la vida. El conocimiento nos otorga poder: al reconocer ambas dimensiones, nos liberamos de los problemas que nacen desde nuestro interior, dejando de ser obstáculos en nuestro camino hacia el futuro.

El poder de forjar nuestro propio destino reside en cada uno de nosotros. Al igual que los ríos, que con su fluir moldean la tierra que los rodea, también nosotros tenemos la capacidad de dirigir nuestro propio curso a lo largo del tumultuoso viaje de la vida, siempre y cuando poseamos la suficiente sabiduría interior.

La vida es un teatro en el cual podemos elegir entre dos roles: el de víctima quebrantada o el de vencedor triunfante. Sin embargo, el espectáculo no puede continuar hasta que abramos nuestros ojos y despertemos a la realidad que nos envuelve. Es en ese instante de lucidez que encontramos el poder de tomar las riendas de nuestro destino y trascender las adversidades.

Que nuestra existencia sea una danza de valentía y determinación, donde cada paso en el escenario de la vida nos lleve hacia la plenitud. Que sepamos que somos artífices de nuestra propia historia y que el final de cada acto solo marque el comienzo de un nuevo capítulo en esta maravillosa travesía llamada vida.

CARLA MORENO

Remembranzas Efímeras: El Tesoro del Pensamiento

En la más íntima profundidad de nuestro ser yace la memoria,
eco lejano de vidas, de cuentos bordados con hilos de historia.
No vinimos para aprender, sino a revivir recuerdos,
lecciones que el voraz mar del olvido pretende sumir en silencio.

Cada día, una joya efímera que en el viento se desvanece,
tiempo implacable, sin retroceso, sin tregua que merece.
No apuntes a otros por el sendero que tus pasos han desgastado,
eres el místico de tu viaje, de tu verdad, el único custodiado.

La vida es un lienzo en blanco, esperando a ser pintado,
y tú, arquitecto de tu destino, con el universo estás enlazado.
Pensamientos, semillas cósmicas, que germinan y florecen,
en la tierra y en la mente, en perpetuo ciclo acontecen.

Observa la obra de Miguel Angel, reflejo de la creación divina,
la vida surge del pensamiento, antes que de la materia en su
doctrina.
Eres tejedor de realidades, hilandero de sueños y esperanzas,
tus acciones cincelan glorias o desventuras, modelan tus danzas.

No temas tomar las riendas de tu brillante existencia,
la valentía iluminará el camino que eliges, noble providencia.
Más cruel es la muerte de quien sin decidir ha vivido,
vida prestada, destino perdido, en espejismos se mantiene
cautivo.

Cultiva fe en ti mismo, en los sueños que amas y has querido,
libres los que despiertan, valientes los decididos.
Eres el timonel de las decisiones que tomas,
y también de las oportunidades que dejas pasar, aquellas que
atesoras.

Abraza tu poder creador, desentraña tu esencia,
rompe las cadenas, vive con con plena presencia.
La vida es un suspiro, el tiempo no aguarda en su feroz carrera,
no dejes escapar el instante, vive en plenitud, sin ninguna
barrera.

—Carla Moreno

AGRADECIMIENTOS

A la familia de Yesenia, a quienes he adoptado como mi propia familia, y por el inmenso amor y apoyo que me han brindado a lo largo de nuestra travesía juntos.

A mi Círculo de los Cinco, no estaría en el lugar donde me encuentro hoy si no fuera por cada uno de ustedes. ¡Gracias por compartir conmigo los secretos de su éxito y por inspirar a otros a perseguir la vida de sus sueños!

Y a todos aquellos que han cruzado mi camino y me han impartido valiosas lecciones de vida.

SOBRE LA AUTORA

Carla Moreno es una emprendedora exitosa que se ha destacado en diversos ámbitos: como agente inmobiliaria, inversora en bienes raíces y autora. Nacida en Guadalajara, México, cuenta con más de cinco años de experiencia en la compra y venta de inmuebles, tanto familiares como de lujo. A través de su masterclass online, guía a los estudiantes en el camino hacia la creación de riqueza y el crecimiento espiritual. Actualmente, Carla reside en Seattle junto a su esposa y su fiel terrier tibetano. "En Busca del Oro" es su primer libro, una obra que promete cautivar a los lectores.